# 古典文獻研究輯刊

## 三八編

潘美月・杜潔祥 主編

# 第 34 冊

## 《說文解字》今注
（第九冊）

牛尚鵬 著

國家圖書館出版品預行編目資料

《說文解字》今注（第九冊）／牛尚鵬 著 -- 初版 -- 新北市：
花木蘭文化事業有限公司，2024〔民113〕
目 2+250 面；19×26 公分
（古典文獻研究輯刊 三八編；第34冊）
ISBN 978-626-344-737-0（精裝）
1.CST：說文解字 2.CST：注釋

011.08                                                    112022600

ISBN-978-626-344-737-0

9 786263 447370

古典文獻研究輯刊
三八編　第三四冊　　　　　　ISBN：978-626-344-737-0

## 《說文解字》今注
## （第九冊）

作　　者　牛尚鵬
主　　編　潘美月、杜潔祥
總 編 輯　杜潔祥
副總編輯　楊嘉樂
編輯主任　許郁翎
編　　輯　潘玟靜、蔡正宣　美術編輯　陳逸婷
出　　版　花木蘭文化事業有限公司
發 行 人　高小娟
聯絡地址　235 新北市中和區中安街七二號十三樓
　　　　　電話：02-2923-1455／傳真：02-2923-1400
網　　址　http://www.huamulan.tw 信箱 service@huamulans.com
印　　刷　普羅文化出版廣告事業
初　　版　2024 年 3 月
定　　價　三八編 60 冊（精裝）新台幣 156,000 元　　版權所有·請勿翻印

# 《說文解字》今注
## （第九冊）

牛尚鵬　著

# 目

# 次

# 卷十三上

二十三部　文六百九十九　重一百二十三　凡八千三百九十八字
文三十七新附

## 糸部

糸 𢆯 mì　　細絲也。象束絲之形。凡糸之屬皆从糸。讀若覛。〔莫狄切〕
〔徐鍇曰：一蠶所吐為忽，十忽為絲。糸，五忽也。〕𢆯 古文糸。

【注釋】

一束絲為糸，兩束絲為絲。故從糸之字多與絲有關。丝乃絲之草書楷化字形。甲骨文中幺、糸、絲原是一字。

段注：「細絲曰糸。糸之言蔑也，蔑之言無也。」一條蠶所吐的單根絲曰忽，或曰單紡，太細，繅絲時需將四五根絲縎在一起，合為一縷曰「糸」，二糸合成一縷為「絲」。

繭 𦃩 jiǎn（茧）　　蠶衣也。从糸，从虫，黹省。〔古典切〕𦃩 古文繭从糸、見。

【注釋】

簡化作茧，省旁俗字也。又同「趼」，手腳因摩擦生的硬皮。

段注：「蠶所依曰蠶衣，蠶不自其衣，而以其衣衣天下，此聖人之所取法也。」

繅 𦃃 sāo　　繹繭為絲也。从糸，巢聲。〔穌遭切〕

【注釋】

抽繭出絲，如「繅絲」。俗作繰。包括選繭、剝繭、煮繭、理緒、提緒、絡絲

等環節。

繹　繹 yì　　抽絲也。从糸，睪聲。〔羊益切〕

【注釋】

绎乃草書楷化字形。本義是抽絲，即繅絲過程中的理緒、提緒環節。引申為推演義，今有「演繹」。

段注：「引申為凡駱驛、溫尋之稱。《駉》傳曰：繹繹，善走也。」

緒　緒 xù　　絲耑也。从糸，者聲。〔徐呂切〕

【注釋】

本義是絲頭，指繭的絲頭，即一根單絲（單紡）的絲頭。

絲是自然界中的超長纖維，無須紡緝，繅絲時只需將幾個繭的絲頭（緒）並在一起，於捲繞過程中便可抱合成一根單絲。

泛指開端，今有「端緒」。引申出心情義，今有「情緒」「思緒」。引申出世系義，如「統緒」。前人未竟的事業亦謂之緒，《爾雅》：「緒，繼也。」如「續未竟之緒」。殘餘亦謂之緒，屈原《涉江》：「哀秋冬之緒風。」今有「緒餘」。

緬　緬 miǎn　　微絲也。从糸，面聲。〔弭沈切〕

【注釋】

段注：「緬之引申為凡綿邈之稱。」緬有遠義，今有「緬懷」，猶言遠懷也。「緬想」，遠想也。

純　純 chún　　絲也。从糸，屯聲。《論語》曰：今也純，儉。〔常倫切〕

【注釋】

本義是絲。「純綿」，即絲綿也。

今作純粹字，假純為醇字。《說文》：「醇者，不澆酒也。」純粹則美，故引申出美善義，《詩經》：「文王之德之純。」《廣雅》：「純，美也。」引申出熟練義，今有「純熟」「工夫不純」。

介有大義，有美義；純有大義，也有美義，同步引申也。又捆、包謂之純，《詩經》：「野有死鹿，白茅純束。」又作量詞，匹也，《史記》：「錦繡千純。」衣服的邊緣

亦謂之純。

段注：「《論語》：麻冕，禮也，今也純。孔安國曰：純，絲也。此純之本義也，故其字从糸。按純與醇音同，醇者，不澆酒也，叚純為醇字。故班固曰：不變曰醇，不雜曰粹。崔覲《說易》曰：不雜曰純，不變曰粹。其意一也。美絲美酒，其不雜同也。

不雜則壹，壹則大，故《釋詁》、毛傳、鄭箋皆曰：純，大也。《文王》：純亦不已，即《周易》之純粹也。《詩》之『純束』讀如屯，《禮》之純釋為緣，實即緣之音近叚借也。」

**綃 綃 xiāo**　　生絲也。从糸，肖聲。〔相幺切〕

【注釋】

本義是生絲，用生絲紡織成的絲織品亦叫綃，如「半匹紅綃一丈綾」。「綃頭」謂古代束髮的頭巾。

生絲是桑蠶繭繅絲後所得的產品，俗稱真絲。機繅的又叫廠絲，手工繅的叫土絲。生絲精練去剩餘膠質後，柔軟具有光澤，稱熟絲。練的本義即練絲，去除膠質，變生絲為熟絲。有水練、灰練、日練等。見「練」字注。

段注：「生絲，未湅之絲也。已湅之繒曰練，未湅之絲曰綃，以生絲之繒為衣，則曰綃衣，古經多作宵，作繡。以此生絲織繒曰綃，仍从絲得名也。或云綺屬，綺即文繒也。」

**縎 縎 kāi**　　大絲也。从糸，皆聲。〔口皆切〕

【注釋】

從皆之字多有大義，如偕（強也）、楷（木也，高大喬木）、湝（水流湝湝也）。

**統 統 huāng**　　絲曼延也。从糸，充聲。〔呼光切〕

**紇 紇 hé**　　絲下也。从糸，气聲。《春秋傳》有臧孫紇。〔下沒切〕

【注釋】

下等的絲。段注：「謂絲之下者也。」孔子的父親叫叔梁紇，唐人有紇干承基，紇干乃複姓。

紙 紙 dī　　絲滓也。从糸，氐聲。〔都兮切〕

【注釋】

絲的渣滓。段注：「滓者，澱也。因以為凡物渣滓之稱。」

絓 絓 guà　　繭滓絓頭也。一曰：以囊絮練也。从糸，圭聲。〔胡卦切〕

【注釋】

繅絲時繭絲成結，本義是繅繭時結成疙瘩的絲。

粗綢亦謂之絓，《急就篇》：「絳緹絓紬絲絮綿。」顏注：「紬之尤粗者曰絓，繭滓所抽也。」常用是絆住、阻礙，今有「絓礙」。

段注：「謂繅時繭絲成結，有所絓礙，工女蠶功畢後，別理之為用也。引申為掛礙之稱。」

繇 繇 yào　　絲色也。从糸，樂聲。〔以灼切〕

縗 縗 suì　　著絲於筟車也。从糸，崔聲。〔穌對切〕

經 經 jīng　　織也。从糸，巠聲。〔九丁切〕

【注釋】

经乃草書楷化字形。

本義是織布機的經線。經線固定不動，故引申出經常、恒定義，《孟子·離婁上》：「男女授受不親，禮也；嫂溺援之以手，權也。」古代儒家的書籍叫經，因為經書是不能隨便改變的。哺乳動物的生理週期叫經，時間也是恒定的。經線縱向，緯線橫向，故南北叫經，東西叫緯。

經有治理義，曹丕《典論·論文》：「文章者，經國之大業也。」蔣經國、蔣緯國者，亦取治理國家義。經，理也。理，治也。今有「經理」，皆治理義也。經有名詞義，今有「天經地義」，天經謂天理也。經有脈絡義，中醫把氣血運行的主幹通道謂之經，今有「經絡」。上弔亦謂之經，今有「自經而亡」。經有動詞度量義。經，謀也。《爾雅》：「基，經也。」「基，謀也。」《周禮》：「體國經野。」又有劃分義，《鹽鐵論》：「古者經井田。」

段注：「織之從絲謂之經，必先有經而後有緯，是故三綱五常六藝謂之天地之常

經。《大戴禮》曰：南北曰經，東西曰緯。抑許云：絞，縊也。縊，經也。縊死何言經死也？謂以繩直縣而死，从絲之義之引申也。平者、立者皆得謂之從。」

織 **繼** zhī　　作布帛之總名也。从糸，戠聲。〔之弋切〕

【注釋】

织乃另造之俗字。本義是紡織的總稱。

段注：「布者麻縷所成，帛者絲所成，作之皆謂之織。經與緯相成曰織。古叚為識字，如《詩》之織文，微識也。」

紝 **結** zhì　　樂浪挈令：織。从糸，从式。〔臣鉉等曰：挈令，蓋律令之書也。〕〔賞職切〕

【注釋】

該字《說文》傳本無反切，今據《宋本廣韻》補。

紝 **紝** rèn　　機縷也。从糸，壬聲。〔如甚切〕**㒼** 紝，或从任。

【注釋】

本義是織布帛的絲線。常用義是紡織，「織紝」或「紝織」，同義連文。段注：「蠶曰絲，麻曰縷。縷者，線也。線者，縷也。」

綜 **綜** zōng　　機縷也。从糸，宗聲。〔子宋切〕

【注釋】

織布時使經線上下交錯以受緯線的一種裝置。常用義是編織，今有「綜線」。又聚集也，《廣雅》：「綜，聚也。」今有「綜合」。

段注：「《玄應書》引《說文》：機縷也，謂機縷持絲交者也。又引《三倉》：『綜，理經也。謂機縷持絲交者也，屈繩製經令得開合也。』按今尚謂之綜。引申之義為兼綜，為錯綜。」

綹 **綹** liǔ　　緯十縷為綹。从糸，咎聲。讀若柳。〔力久切〕

【注釋】

今有「一綹頭髮」。

段注：「《篇》《韻》曰：緯十絲曰絡。文互相足也。許言縷不言絲者，言縷可以包絲，言絲不可以包縷也。」

緯 緯 wěi　　織橫絲也。从糸，韋聲。〔云貴切〕

【注釋】

纬乃草書楷化字形。

本義是織布機上的橫線，引申為編織義，常「緯束」連用。《廣雅》：「緯，束也。」引申為東西為緯。五大行星皆東西走向，故謂之「五緯」。

段注：「織衡絲也。衡各本作橫，今正。凡漢人用字皆作從衡。經在軸，緯在杼，《木部》曰：杼，機之持緯者也。引申為凡交會之稱。漢人左右六經之書，謂之秘緯。」漢代有緯書，附會儒家經義，故稱。

繩 繧 yùn　　緯也。从糸，軍聲。〔王問切〕

繢 繢 huì　　織餘也。从糸，貴聲。〔胡對切〕

【注釋】

成匹布帛的頭尾，又稱機頭。

可用來繫物，也可作裝飾品，《洛陽伽藍記》：「以五色繢為繩。」常通「繪」，五彩的刺繡或圖畫，《周禮》：「畫繢之事，雜五彩。」《論語》：「繢事後素。」

段注：「此織餘為機尾。繢之言遺也，故訓為織餘。織餘，今亦呼為機頭，可用繫物及飾物，《急就篇》絛、繢總為一類，是也。」

統 統 tǒng　　紀也。从糸，充聲。〔他綜切〕

【注釋】

本義是絲頭。

引申出統緒、綱要、綱領，今有「血統」「傳統」。又有總括義，「總統」者，統者，總也。引申有全面、綜合義，今有「統理此事」。引申有主管、率領義，今有「統率」「統某某之任」。

段注：「《淮南·泰族訓》曰：繭之性為絲，然非得女工煮以熱湯，而抽其統紀，則不能成絲。按此其本義也，引申為凡綱紀之稱。《周易》：乃統天。鄭注云：統，本

也。《公羊傳》：大一統也。何注：統，始也。」

紀 紀 jì　　絲別也。从糸，己聲。〔居擬切〕

## 【注釋】

本義是絲的頭緒。

《墨子》：「譬若絲縷之有紀。」引申出準則、綱紀義。引申出治理、管理義，《國語》：「紀農協功。」「綱紀」有法度、準則義，也有治理義，《國語》：「此大夫管仲之所以綱紀齊國。」

又十二年為一紀，李商隱《馬嵬》：「如何四紀為天子，不如盧家有莫愁。」諸葛亮用七星燈續命，若成功可多活一紀。又代也，一紀即一代，史岑《出師頌》：「歷紀十二。」

段注：「此紀之本義也，引申之為凡經理之稱。《詩》：綱紀四方。箋云：以罔罟喻為政，張之為綱，理之為紀。《洪範》九疇：五紀。斗、牽牛為星紀。《史記》每帝為本紀，謂本其事而分別紀之也。《詩》：滔滔江漢，南國之紀。毛傳曰：其神足以綱紀一方。箋云：南國之大川，紀理眾水，使不壅滯。」

繦 繦 qiǎng　　牣纇也。从糸，強聲。〔居亮切〕

## 【注釋】

本義是絲上的粗節。

後作為襁褓字。襁褓，繦是繩，褓是抱被。錢，指錢串，引申為成串的錢，後多指銀子或銀錠。蓋後起字也。

段注：「牮纇也。牮見《角部》，各本作牣，非也，今正。牮訓角長，引申為凡粗長之稱。絲節粗長謂之繦。孟康曰：繦，錢貫也。其引申之義也。又引申為繦緥，《呂覽·明理篇》：道多繦緥。高注：緥，小兒被也。繦，褸格上繩也。」

纇 纇 lèi　　絲節也。从糸，頪聲。〔盧對切〕

## 【注釋】

本義是絲上的節，引申為毛病、缺點。

段注：「絲之約結不解者曰纇，引申之，凡人之愆尤皆曰纇。《左傳》：忿纇無期。」

給 絈 dài　　絲勞即給。从糸,台聲。〔徒亥切〕

【注釋】

本義是絲勞損破敗。常用義是欺騙。

段注:「絲勞敝則為給,給之言怠也,如人之倦怠然。古多假為詒字,《言部》曰:詒,相欺詒也。」

納 納 nà　　絲濕納納也。从糸,內聲。〔奴答切〕

【注釋】

納納者,濕潤貌。

今「收納」「出納」字本字當作內,金文內、納通用。納之義在上古多寫作內。段注:「納納,濕意。劉向《九歎》:衣納納而掩露。王逸注:納納,濡濕貌。古多假納為內字。內者,入也。」

納有相反二義:一是交上去,如納糧、納稅。二是拿過來,如納妾、納涼。納有縫補義,今有「納鞋底」。和尚穿的衣服叫百衲衣,是由多種布塊綴補在一塊的。拼湊的版本叫百衲本,如《百衲本二十四史》。納、衲同源詞也。

紡 紡 fǎng　　網絲也。从糸,方聲。〔妃兩切〕

【注釋】

本義是織麻為線。網,織也。

絕 絕 jué　　斷絲也。从糸,从刀,从卩。〔情雪切〕 䌹 古文絕,象不連體,絕二絲。

【注釋】

本義是斷絲。

甲文作 䌹,李孝定《甲骨文字集釋》:「甲文象以刀斷絲形,本義當為絕,與絕為一字,初義為絕,而許訓繼者,此亦治之訓亂。始為一字,繼、絕兩訓,其後始分衍為二。」

段注:「斷之則為二,是曰絕。引申之,凡橫越之曰絕,如絕河而渡是也。又絕則窮,故引申為極,如言絕美、絕妙是也。許書《阜部》云:陘,山絕坎也。是中斷之義也。《水部》曰:濚,絕小水也。是極至之義也。」

絕有極、非常義，如「會當凌絕頂」；有超越義，今有「美妙絕倫」；橫渡謂之絕，《荀子》：「假舟楫者，非能水也，而絕江河。」李白詩：「西當太白有鳥道，可以橫絕峨眉巔。」

繼 繼 jì　　續也。从糸、𢇍。一曰：反𢇍為繼。〔古詣切〕

**【注釋】**

继乃草書楷化字形。𢇍，乃繼之初文，後加糸作繼。

續 續 xù（賡）　　連也。从糸，𧶠聲。〔似足切〕𧷴古文續，从庚、貝。〔臣鉉等曰：今俗作古行切。〕

**【注釋】**

续乃草書楷化字形。

重文作賡，二字古為一字之異體，後分別異用。但意義相同，賡可訓續，非即續字也。《爾雅》：「賡、揚，續也。」賡，音 gēng，如陳賡大將。常「賡續」連用，賡、續之糾葛，或為訓讀所致。

賡有抵償、補償義，如「賡其值」，又寫作「庚」。賡者，更也。賡的抵償、補償義即由此引申，謂另給之錢、物也。

纘 纘 zuǎn　　繼也。从糸，贊聲。〔作管切〕

**【注釋】**

本義是繼承、繼續。《爾雅》：「纘，繼也。」段注：「或叚纂為之。」

紹 紹 shào　　繼也。从糸，召聲。一曰：紹，緊糾也。〔市沼切〕𦃇古文紹，从邵。

**【注釋】**

本義是繼承。

《爾雅》：「紹，繼也。」「紹興」者，繼續興旺也。又指繼承人，《詩經》：「弗念厥紹。」「紹介」謂介紹人也，今有「介紹」，同義連文。

林義光《文源》：「古文紹字，《說文》絕也，字形相近，从糸从刀从卪，刀聲猶召聲，絕與紹同字，相承誤用為斷繼字，古文演變往往加口，故篆从召。」

緂 䌈 chǎn　　偏緩也。从糸，羨聲。〔昌善切〕

綎 綎 tīng　　緩也。从糸，盈聲。讀與聽同。〔他丁切〕 程 綎，或从呈。

【注釋】

綎實乃「挺緩」之本字也。

段注：「綎之言挺也，挺有緩義。綎與綖義別，《韻會》誤合為一字。」《後漢書》：「宜小挺緩，今得逃亡。」《說文》：「挺，拔也。」非本字明矣。今河南方言仍有此語，如「你 tīng 它幾天再去」，謂你緩幾天再去也。

縱 縱 zòng　　緩也。一曰：捨也。从糸，從聲。〔足用切〕

【注釋】

本義是緩和、縱容。引申為橫縱義，引申為放縱，「縱火」猶捨火、放火也。段注：「後人以為從衡字者，非也。」縱橫，漢人只作從衡。

紓 紓 shū　　緩也。从糸，予聲。〔傷魚切〕

【注釋】

本義是延緩，《左傳》：「姑紓死焉。」即緩死也。引申有解除、排除義，今有「紓難」。

段注：「《小雅》：彼交匪紓。傳曰：紓，緩也。《左傳》多用紓字，其義皆同，亦叚抒為之。」

繎 繎 rán　　絲勞也。从糸，然聲。〔如延切〕

【注釋】

勞，謂勞損破敗也。

紆 紆 yū　　詘也。从糸，于聲。一曰：縈也。〔億俱切〕

【注釋】

本義是曲折，迂、紆同源詞也。「一曰：縈也」，故紆有繫、結義，如「紆金佩紫」，指地位顯貴。

段注：「詘者，詰詘也。今人用屈曲字，古人用詰詘。亦單用詘字，《易》曰：往者詘也，來者信也。詘謂之紆，《考工記》：連行紆行。」

**緈 緈** xìng 　　直也。从糸，幸聲。讀若陘。〔胡頂切〕

**纖 纖** xiān 　　細也。从糸，韱聲。〔息廉切〕

【注釋】

纤乃另造之俗字。引申有吝嗇義，常「纖嗇」連用，《史記》：「周人既纖，而師史尤甚。」

段注：「《魏風》：摻摻女手。《韓詩》作纖纖女手。毛傳曰：摻摻猶纖纖也。凡細謂之纖，其字或作孅，《漢·食貨志》如此。」

**細 細** xì 　　微也。从糸，囟聲。〔穌計切〕

【注釋】

從囟聲，隸變作細字。

細即小也，《廣雅》：「細，小也。」「細人」即小人。今南方方言「細妹」即小妹也，「細姨丈」即小姨夫也。引申有節儉義，如「過日子很細」。段注：「微者，眇也。眇今之妙字。」

**緢 緢** miáo 　　旄絲也。从糸，苗聲。《周書》曰：惟緢有稽。〔武儦切〕

【注釋】

犛牛尾的細毛。

**縒 縒** cī 　　參縒也。从糸，差聲。〔楚宜切〕

【注釋】

絲亂貌。段注：「此曰參縒，《木部》曰橤差，《竹部》曰篸差，皆長短不齊貌也，皆雙聲字。」

**繙 繙** fán 　　冕也。从糸，番聲。〔附袁切〕

**【注釋】**

今作為「翻」之異體。

縮 綃 suō　　亂也。从糸，宿聲。一曰：蹴也。〔所六切〕

**【注釋】**

本義是收縮。

引申出收斂、後退義，今有「退縮」。引申為減少義，虧欠義，《淮南子》：「孟春始贏，孟秋始縮。」古人於遠日點地球走得慢，用時較長，謂之贏；於近日點用時短，謂之縮。

縮有濾酒義，《左傳》：「無以縮酒。」又有縱、直義，《爾雅》：「縱、縮，亂也。」縱有直義，故縮亦有，《孟子》：「自反而縮，雖千萬人吾往矣。」縮謂理直也。用繩子捆綁也叫縮，《爾雅》：「縮，綆也。」《詩經》：「縮版以載。」

段注：「《釋詁》曰：縮，亂也。《通俗文》云：物不申曰縮。不申則亂，故曰亂也。不申者申之則直，《禮記》：古者冠縮縫。《孟子》：自反而縮。皆謂直也。《詩》曰：縮版以載。《爾雅》、毛傳皆曰：繩之謂之縮之。治縮曰縮，猶治亂曰亂也。」

紊 紊 wěn　　亂也。从糸，文聲。《商書》曰：有條而不紊。〔亡運切〕

**【注釋】**

本義是亂，今有「有條不紊」。

級 緪 jí　　絲次弟也。从糸，及聲。〔居力切〕

**【注釋】**

本義是絲的次第，泛指次第。引申有層義，今有「七級浮圖」。臺階也叫級，如「拾級而上」。首級也叫級，如「斬級百萬」。

段注：「引申為凡次弟之稱。階之次弟，《曲禮》云：拾級聚足連步以上。尊卑之次弟，賈生云：等級分明而天子加焉，故其尊不可及。《後漢書》注：秦法斬首多者進爵一級，因謂斬首為級。」

總 緫 zǒng（总）　　聚束也。从糸，悤聲。〔臣鉉等曰：今俗作揔，非是。〕〔作孔切〕

## 【注釋】

总乃總之草書楷化並省旁字形。

本義是捆紮、聚束。「總角」指小孩頭上紮的兩個羊角辮，代指童年。引申有統領、總括義，今有「總統」「總兵大人」「總共」「總結」。又有副詞全義，杜甫《泛江》：「極目總無波。」

段注：「謂聚而縛之也。恖有散意，糸以束之。《禮經》之總，束髮也。《禹貢》之總，禾束也。引申之為凡兼綜之稱。俗作揔，又訛作揔。」

暴 𪋿 jú　　約也。从糸，具聲。〔居玉切〕

## 【注釋】

捆綁也。又有連義，《廣雅》：「暴，連也。」

約 約 yuē　　纏束也。从糸，勺聲。〔於略切〕

## 【注釋】

本義是纏繞。

今有「約束」，保留本義。「約車治裝」，即套車也，猶把車馬用具捆在車上。引申有繩索義，《左傳》：「人尋約。」謂每人一根八尺長的繩子。「縛」亦有繩子義，同步引申也。引申有節儉義，今有「節約」，《三國志》：「約食畜穀。」今有請義，如「特約記者」。

繚 繚 liǎo　　纏也。从糸，寮聲。〔盧鳥切〕

## 【注釋】

本義是纏繞，今有「繚繞」。引申有環繞義，班固《西都賦》：「繚以周牆，四百餘里。」

纏 纏 chán（缠）　　繞也。从糸，廛聲。〔直連切〕

## 【注釋】

本義是纏繞。缠乃草書楷化字形，非簡單地省去部分構件也。

繞 繞 rào　　纏也。从糸，堯聲。〔而沼切〕

**【注釋】**

本義是纏繞。

紾 繆 zhěn　　轉也。从糸，㐱聲。〔之忍切〕

**【注釋】**

此「軫轉」之本字也。《說文》：「軫，車後橫木也。」非本字明矣。

繯 繯 huán　　落也。从糸，睘聲。〔胡畎切〕

**【注釋】**

落，今絡字，環套也。今有「投繯自盡」，謂自縊也。又有絞殺義，今有「繯首」。

段注：「落者，今之絡字。古叚落，不作絡，謂包絡也。《莊子》『落馬首』、《漢書》『虎落』皆作落。木落乃物成之象，故曰落成、曰包落，皆取成就之意也。《馬融傳》曰：繯橐四野之飛徵。賈逵注云：繯，還也。按還、環古今字，古用還不用環。」

辮 辮 biàn　　交也。从糸，辡聲。〔頻犬切〕

**【注釋】**

本義是辮子。

結 結 jié　　締也。从糸，吉聲。〔古屑切〕

**【注釋】**

本義是打結。引申出搭建、構建，陶淵明詩：「結廬在人境。」「構」也有此義，如「構木為巢」，同步引申也。段注：「古無髻字，即用此，見《髟部》。」

縎 縎 gǔ　　結也。从糸，骨聲。〔古忽切〕

**【注釋】**

本義是打結，如「心結縎兮折摧」。《玉篇》：「結不解也。」《廣雅》：「縎，結也。」

締 締 dì　　結不解也。从糸，帝聲。〔特計切〕

【注釋】

本義是打結，今有「締結」。

縛 綃 fù　　束也。从糸，專聲。〔符钁切〕

【注釋】

本義是捆綁。引申有繩索義，柳宗元《童區寄傳》：「以縛即爐火，燒絕之。」「約」亦有此二義，同步引申也。段注：「引申之，所以縛之之物亦曰縛。」

繃 綳 bēng（绷）　　束也。从糸，崩聲。《墨子》曰：禹葬會稽，桐棺三寸，葛以繃之。〔補盲切〕

【注釋】

本義是捆綁，簡化字作绷。

絿 絿 qiú　　急也。从糸，求聲。《詩》曰：不競不絿。〔巨鳩切〕

【注釋】

急者，緊也。又急躁也，《詩經》：「不競不絿，不剛不柔。」

絅 絅 jiōng　　急引也。从糸，冋聲。〔古熒切〕

【注釋】

又同「褧」，罩在外面的單衣。段注：「此本義也。《詩》曰：衣錦尚絅。此叚借為褧字也。」

紙 紙 pài　　散絲也。从糸，辰聲。〔匹卦切〕

【注釋】

從辰聲，聲兼義也，從辰之字多有分開義，如派（支流）、脈等。
段注：「水之衺流別曰辰，別水曰派，血理之分曰衇，散絲曰紙，《廣韻》曰：未緝麻也。」

繀 繀 luó　　不均也。从糸，嬴聲。〔力臥切〕

【注釋】

　　段注：「此與顡雙聲，其義亦相近。」

　　給 給 jǐ　　相足也。从糸，合聲。〔居立切〕

【注釋】

　　本義是富足。今有「家給人足」。又有供養義，如「補給」「給養」「自給自足」。在上古漢語裏，給字不表示給與，只表示供給。給與的意思用「與」「予」表示。今給與義，當作丐。見前「丐」字段注。引申出口齒伶俐義，今有「便給」。

　　段注：「足居人下，人必有足而後體全，故引申為完足。相足者，彼不足此足之也，故从合。」

　　綝 綝 chēn　　止也。从糸，林聲。讀若郴。〔丑林切〕

【注釋】

　　「綝縭」謂衣裳、毛羽下垂貌。《釋詁》：「綝，善也。」

　　繀 繀 bì　　止也。从糸，畢聲。〔卑吉切〕

【注釋】

　　《說文》：「斁，盡也。」此完畢之本字也。

　　紈 紈 wán　　素也。从糸，丸聲。〔胡官切〕

【注釋】

　　本義是細絹，細的絲織品。

　　「紈綺子弟」，謂穿著用細絹做的褲子的富家子弟。《紅樓夢》有李紈，《圍城》有蘇文紈。縞、素、紈都是生絹。「素」與「紈」的區別，有粗細之別，「素」特指粗生絹，而「紈」則是細生絹。紈扇（即團扇）的扇面一般就是由細絹削成的。

　　段注：「紈即素也，故从丸，言其滑易也。《商頌》毛傳曰：丸丸，易直也。《釋名》曰：紈，渙也。細澤有光渙渙然也。」

　　終 終 zhōng　　絿絲也。从糸，冬聲。〔職戎切〕 𠇷 古文終。

## 【注釋】

本義是纏緊絲。引申為終結。《詩經》：「終風且霾。」謂既風且霾也。終，既也。

段注：「《廣韻》云：終，極也，窮也，竟也。其義皆當作冬。冬者，四時盡也，故其引申之義如此。俗分別冬為四時盡，終為極也、窮也、竟也。乃使冬失其引申之義，終失其本義矣。有冑而後有冬，冬而後有終，此造字之先後也。其音義則先有終之古文也。」

**繌** 繌 jí　　合也。从糸，从集。讀若捷。〔姊入切〕

## 【注釋】

今「集合」之後起本字也。從集，集亦聲。

段注：「合者，亼口也。因為凡兩合之稱，眾絲之合曰繌，如《衣部》五采相合曰襍也。」

**繒** 繒 zēng　　帛也。从糸，曾聲。〔疾陵切〕緈 籀文繒，从宰省。楊雄以為《漢律》祠宗廟丹書告。

## 【注釋】

絲織品的總稱，也叫帛。布是麻織品之總稱。

**緭** 緭 wèi　　繒也。从糸，胃聲。〔云貴切〕

**絩** 絩 tiào　　綺絲之數也。《漢律》曰：綺絲數謂之絩，布謂之總，綬組謂之首。从糸，兆聲。〔治小切〕

**綺** 綺 qǐ　　文繒也。从糸，奇聲。〔祛彼切〕

## 【注釋】

帶花紋的絲織品，如「綺羅」。張俞《蠶婦》：「遍身羅綺者，不是養蠶人。」這些花紋不是繡上去的，而是直接織成的。錦的花紋也是直接織上去的，錦、綺皆珍貴的絲織品。引申有美麗義，如「綺麗」「綺思」。「綺食」猶美食也。

段注：「繒為迆邐方文，謂之文綺。引申之曰：交疏結綺窗，曰：疆埸綺分，皆謂似綺文。」

縠 𦃃 hú　　細縛也。从糸，㱿聲。〔胡谷切〕

【注釋】

指有皺紋的紗。

縠比綃、紈還要細薄，與紗同類，現在的縐紗即古代的縠。因為它輕而薄，所以古人用霧形容它。宋玉《神女賦》：「動霧縠以徐步兮，拂墀聲之珊珊。」今有「冰羅霧縠」。

段注：「今之縐紗，古之縠也。《周禮》謂之沙，注謂之沙縠，疏云：輕者為沙，縐者為縠。按古只作沙，無紗字。」

縛 𦂅 juàn　　白鮮卮也。从糸，專聲。〔持沇切〕

【注釋】

白色的細絹。紗縠音轉為鮮支，見章太炎《小學答問》。

段注：「卮與支音同，縞為鮮支，縛為鮮支之白者。按據許則縛與絹各物，音近而義殊。縛為鮮支之白者，縛以其質堅名之，字從專。絹以色如麥稍名之，字從肙。」

縑 𦇚 jiān　　并絲繒也。从糸，兼聲。〔古甜切〕

【注釋】

縑是用雙絲織成的細絹。縑雖然較細，但與絹是同類。《上山採靡蕪》：「新人工織縑，故人工織素。」兼聲，聲兼義也。

綈 𦈢 tí　　厚繒也。从糸，弟聲。〔杜兮切〕

【注釋】

一種粗厚光滑的絲織品。綈是厚繒，質地較粗，「綈袍」即粗袍，穿綈袍是很簡樸的。

練 𦅾 liàn　　湅繒也。从糸，柬聲。〔郎甸切〕

【注釋】

练乃草書楷化字形。

本義是把絲織品煮得柔軟潔白。《淮南子》：「墨子見練絲而泣之。」素既未煮

練，也未加任何繪繡。素（即生絹）是生絲織成的，與練（即熟絹）相對而言，練是煮白了的帛。練是白色的，所有古人常說「賜一條白練」。

練色潔白，所以古人常以練喻指清澈的河水或瀑布，謝朓《晚登三山還望京邑》：「餘霞散成綺，澄江淨如練。」也作為喪服之一種。古人服喪十三個月為小祥，小祥之祭叫練，就是因為祭時穿練製的巾衣。練雖細，但也樸實無文，因此若平時穿練做的衣服就是儉樸的了。

絹有生、熟兩種，生絹（即素、縞、紈）是指未經漂煮脫膠的絲織品；熟絹（即練）是經過煮練的絲織品，這樣就可以去除生絲中的絲膠和雜質，經過煮煉的絲帛比生絹更加白淨，後續可再漂白，或者染成其他顏色。《釋名》：「練，爛也，煮使委爛也。」指的就是這種精練脫膠的工藝。而經過染色的熟絹則可稱為彩絹，其色彩十分豐富。

「練」的本義即練絲，指把生絲煮熟，去除膠質，變生絲為熟絲。有水練、灰練、日練等。故「熟練」本謂經過煮練的柔軟熟絲或熟絹，引申為技術純熟。「練」也可用於帛，指把絲織品煮得柔而潔白且有光澤，操作流程大體與練絲同。所異者：絲是未織而練，帛是先織後練。國畫所用者，洇水的是生絹，不洇水的是熟絹。參黃金貴《古代文化詞義集類辨考》。

段注：「湅繒汰諸水中，如汰米然，《考工記》所謂湅帛也。已湅之帛曰練，引申為精簡之稱，如《漢書》練時日、練章程，是也。」

**縞 縞 gǎo　　鮮卮也。从糸，高聲。〔古老切〕**

【注釋】

鮮卮，絹也。縞即絹，細白的生絹。縞、素、紈都是生絹。泛指白色，如「慟哭六軍俱縞素」，「縞素」代指喪服。「縞羽」謂白羽也。

「縞紵之交」，指交情篤深。春秋時，吳國公子季札去鄭國訪問，與相國子產一見如故，公子札送了吳國名貴的縞帶，子產回贈了鄭國名貴的紵衣。縞帶指用白色絹製成的大帶，紵衣指用苧麻纖維織成的衣服。

段注：「《廣雅》：繫總、鮮支、縠，絹也。許謂縞即鮮支。《鄭風》：縞衣綦巾。毛曰：縞衣，白色男服也。王逸曰：縞，素也。任氏大椿《釋繒》曰：孰帛曰練，生帛曰縞。」

**緦 緦 shī　　粗緒也。从糸，璽聲。〔臣鉉等曰：今俗別作絁，非是。〕**

〔式支切〕

【注釋】

一種粗綢。癩蛤蟆名戚施，殆渾身粗劣之故也。

段注：「粗緒蓋亦繪名。《廣韻》云：繪似布。俗作絁。玉裁按：蓋今之綿綢。」

綿綢是抽引繭滓粗絲紡織而成的綢，即用碎絲、廢絲等為原料紡成絲後織成的絲織品，表面不平整、不光滑。

紬 紬 chóu（綢）　　大絲繒也。从糸，由聲。〔直由切〕

【注釋】

後作綢字。絲織品的總稱。

大，粗也。綢的本義是綢繆，《說文》：「綢，繆也。」古代漢語中綢一般不做絲織品講，一般寫作紬。引申有綴集義，《史記》：「父卒三歲而遷為太史令，紬石室金匱之書。」又有抽出、抽引義，「紬繹」謂引出頭續也。

段注：「叚借為抽字，《史記》：紬石室金匱之書。《釋名》曰：紬，抽也。抽引絲端出細緒也。」

綮 綮 qǐ　　致繒也。一曰：徽幟信也，有齒。从糸，啟聲。〔康禮切〕

【注釋】

細密的繒帛。

段注：「凡細膩曰致。今之緻字也，漢人多用致，不作緻。」常作為「肯綮」字，「肯綮」指筋骨結合的地方，比喻要害或最重要的關鍵。

綾 綾 líng　　東齊謂布帛之細曰綾。从糸，夌聲。〔力膺切〕

【注釋】

有斜紋的絲織品。

綾者，陵也。斜坡謂之陵，同源詞也。細薄而有花紋的絲織品，一面光，像緞子。哪吒有混天綾，白居易《賣炭翁》：「半匹紅綃一丈綾。」

縵 縵 màn　　繒無文也。从糸，曼聲。《漢律》曰：賜衣者，縵表白裏。〔莫半切〕

## 【注釋】

沒有彩色花紋的絲織品。

「縵布」謂粗樸的布帛；「縵帛」謂沒有文采的布帛。泛指沒有花紋義，《國語》：「乘縵不舉。」謂沒有花紋的車。從曼聲，聲兼義。從曼之字有大、空義，大則易粗疏。

段注：「《春秋繁露》：庶人衣縵。引申之，凡無文皆曰縵。《左傳》：乘縵。注：車無文者也。《漢·食貨志》：縵田。注：謂不畔者也。」

繡 繡 xiù（綉）　　五彩備也。从糸，肅聲。〔息救切〕

## 【注釋】

俗作綉，後起之俗字也。

本義是繡花。引申為刺繡品，如「蘇繡」，李白詩：「脫繡入田園。」又指華美、漂亮的，如「花拳繡腿」「花梁繡柱」。

段注：「《考工記》：畫繪之事雜五采，五采備謂之繡。按今人以針縷所紩者謂之繡，與畫為二事。如《考工記》則繡亦繫之畫繪，同為設色之工也。」

絢 絢 xuàn　　《詩》云：素以為絢兮。从糸，旬聲。〔臣鉉等案：《論語》注：絢，文貌。〕〔許掾切〕

## 【注釋】

許書有徑引古書語句來釋詞之體例，即「引《詩》說字不立訓者」。本義是有文采，今有「絢麗多姿」。

段注：「馬融曰：絢，文貌也。鄭康成《禮》注曰：采成文曰絢。注《論語》曰：文成章曰絢。許次此篆於繡繪間者，亦謂五采成文章。」

繪 繪 huì　　會五彩繡也。《虞書》曰：山龍華蟲作繪。《論語》曰：繪事後素。从糸，會聲。〔黃外切〕

## 【注釋】

绘乃草書楷化字形。

繪即彩繡也。會聲，聲兼義也。劉勰《文心雕龍》：「視之則彩繪。」猶彩繡也。「繪畫」謂繡與畫，為二事，後指畫畫。

段注：「今人分《咎絲謨》繪、繡為二事，古者二事不分，統謂之設色之工而已。古者績訓畫，繪訓繡。說見績下。」徐灝《注箋》：「蓋設色之工備五彩，渾而言之，皆曰繡；析言之則畫繪為繪，針縷所織者為繡也。」

緀 繀 qī　　帛文貌。《詩》曰：緀兮斐兮，成是貝錦。从糸，妻聲。〔七稽切〕

【注釋】

帛有花紋貌。

古通「萋」，文采交錯。今《詩經》作「萋兮斐兮，成是貝錦」。貝錦，織有貝形花紋的錦緞。「貝錦萋斐」比喻誣陷人的讒言。萋斐，文采相錯雜，比喻讒言。《倚天屠龍記》峨嵋派有女弟子貝錦儀，愛搬弄口舌。此取名之妙也。

段注：「傳曰：萋斐，文章相錯也。貝錦，錦文也。箋云：錦文者，如餘泉、餘蚳之貝文也。按《爾雅》：餘蚳，黃白文。餘泉，白黃文。」

絑 絑 mǐ　　繡文如聚細米也。从糸，从米，米亦聲。〔莫禮切〕

【注釋】

像密集的細米似的繡紋。

段注：「繡謂畫也，米、絑疊韻。此云絑，繡文如聚細米也，皆古文《尚書》說也。」

絹 絹 juān　　繒如麥稍。从糸，肙聲。〔吉掾切〕

【注釋】

麥稍，麥莖也。

絹是生絲織的，即繅出的絲未經煮練漂洗而織成的帛。絹是絲織品中的基本產品，歷代征斂時，絹與穀同是賦租的內容，絹主要是供發放官員俸祿或賞賜之用。見前「練」字注。

段注：「稍者，麥莖也，繒色如麥莖青色也，繒色似之曰絹。漢人叚為羂字。」

綠 綠 lù　　帛青黃色也。从糸，彔聲。〔力玉切〕

【注釋】

元代樂戶（從事音樂、歌舞、妓院等職業）人家的男子要帶綠頭巾以示區別，後演變為今之綠帽子。

段注：「《綠衣》毛傳曰：綠，間色。《玉藻》正義曰：五方間色。綠、紅、碧、紫、騮黃是也。木青克土黃，東方間色為綠，綠色青黃也。火赤克金白，南方間色為紅，紅色赤白也。金白克木青，西方間色碧（也叫縹），碧色白青也。水黑克火赤，北方間色紫，紫色黑赤也。土黃克水黑，中央間色騮黃，騮黃色黃黑也。」

**縹 piǎo　　帛青白色也。从糸，票聲。〔敷沼切〕**

【注釋】

青白色的絲織品。

泛指淡青色，如「縹煙」，「縹色」即淡青色。「縹帙」謂淺青色的書衣，泛指書卷。「縹緗」泛指書卷，淡青色的帛為縹，淡黃色的帛為緗，二者常作書袋。

段注：「帛白青色也。白青各本作青白，今正。此金克木之色，所克當在下也。縹，《禮記正義》謂之碧。《釋名》曰：縹猶漂。漂，淺青色也。有碧縹、有天縹、有骨縹，各以其色所象言之也。」

**繥 yù　　帛青經縹緯。一曰：育陽染也。从糸，育聲。〔余六切〕**

**絑 zhū　　純赤也。《虞書》「丹朱」如此。从糸，朱聲。〔章俱切〕**

【注釋】

朱紅色之後起本字也。

段注：「按市下云：天子朱市，諸侯赤市。然則朱與赤深淺不同。《豳風》：我朱孔陽。傳曰：朱，深纁也。陽，明也。是朱為深纁之說也。凡經傳言朱皆當作絑，朱其假借字也。朱者，赤心木也。許所據壁中古文作丹絑，蓋六經之絑僅見此處，朱行而絑廢矣。」

**纁 xūn　　淺絳也。从糸，熏聲。〔許云切〕**

【注釋】

淺紅色。

段注：「《考工記》：鍾氏三入為纁。《爾雅》：一染謂之縓，再染謂之赬，三染謂之纁。鄭注《禮》曰：纁裳，淺絳裳也。」

絀 𫄙 chù　　絳也。从糸，出聲。〔丑律切〕

【注釋】

段注：「此絀之本義，而廢不行矣，古多假絀為黜。《韻會》絳作縫，非也。」《說文》：「黜，貶下也。」「相形見絀」，絀者，下也，不足也，今有「經費支絀」。

絳 絳 jiàng　　大赤也。从糸，夅聲。〔古巷切〕

【注釋】

絳、朱、赤、丹、紅，見前「朱」字注。今人有楊絳，錢鍾書夫人。

絳是很紅的顏色。清代錢謙益的藏書樓叫「絳雲樓」，後終不免火焚，藏書樓名此多有不妥。如天一閣者，天一生水，乃起名之善者也。藏書樓力避火災，乃可長保。故文淵閣之黑屋頂，黑屬水，亦頗合五行之道。

段注：「大赤者，今俗所謂大紅也。上文純赤者，今俗所謂朱紅也。朱紅淡，大紅濃，大紅如日出之色，朱紅如日中之色。日中貴於日出，故天子朱市，諸侯赤市。赤即絳也。」

綰 綰 wǎn　　惡也絳也。从糸，官聲。一曰：絹也。讀若雞卵。〔烏版切〕

【注釋】

常用義係結也。

《史記》：「絳侯綰皇帝璽。」引申有盤結義，今有「綰個髮髻」。引申為統管、總攬義，《史記》：「獨擅綰事。」「總」亦有係、統管二義，同步引申也。「讀若雞卵」，當與複輔音 gl 有關。

段注：「惡絳也。惡下各本衍『也』，今刪。謂絳色之惡者也。一曰：纙也。纙各本作絹，今正。《网部》：纙，一曰：綰也。二篆為轉注，老、考互訓之例也。」

縉 縉 jìn　　帛赤色也。《春秋傳》：縉雲氏。《禮》有「縉緣」。从糸，晉聲。〔即刃切〕

## 【注釋】

本義是赤色的帛。泛指赤色，「縉雲」謂紅雲也。「縉紳」，本字當作「搢紳」。搢者，插也，插笏於紳也。

段注：「凡許云《禮》者，謂《禮經》也，今之所謂《儀禮》也，十七篇無縉緣，俟考。」

**絳 絳 qiàn**　　赤繒也。从茜染，故謂之絳。从糸，青聲。〔倉絢切〕

## 【注釋】

本義是赤色的帛。泛指赤色。茜，茜草也，或作蒨，可以染紅色，作染料。絳、茜，同源詞也。

**緹 緹 tí（衹）**　　帛丹黃色。从糸，是聲。〔他禮切〕 衹 緹，或从氏。

## 【注釋】

橘紅色。

「緹衣」謂古代騎士的服裝；「緹騎」謂帝王出巡時護衛的騎兵，後指逮捕犯人的騎兵。重文作「衹」，二字本為一字之異體，後分別異用，「衹」作只是字。

段注：「謂丹而黃也。下文云：縓，帛赤黃色。丹與赤不同者，丹者如丹沙，與赤異，其分甚微，故鄭注《草人》曰：赤緹，縓色也。」

**縓 縓 quán**　　帛赤黃色。一染謂之縓，再染謂之䞓，三染謂之纁。从糸，原聲。〔七絹切〕

## 【注釋】

淺紅色。原、縓，同源詞也。

段注：「古以茜染者謂之韎，謂之緹。以朱及丹秫染者謂之縓、䞓、纁。䞓者，赤色也。纁者，淺絳也。」

**紫 紫 zǐ**　　帛青赤色。从糸，此聲。〔將此切〕

## 【注釋】

段注：「青當作黑，穎容《春秋釋例》曰：火畏於水，以赤入於黑，故北間色紫也。《論語》皇疏，《玉藻正義》略同。」

紫是黑、赤合成的顏色。中國古代把顏色分為正色和間色兩類，正色指青、赤、黃、白、黑五種純正的顏色；間色是指綠、紅（古代指粉紅）、流黃（褐黃色）、縹（或叫碧，淡青白色）、紫五種正色混合而成的顏色。五種正色按五行相剋之理合成五種間色。木剋土，故東方正色為青，間色為青、黃合成之綠色；火剋金，故南方正色為赤，間色為赤、白合成之紅色。餘者類推，中方黃、流黃；西方白、縹；北方黑、紫。黑、赤合成紫，段注所改可從。見「綠」字注。

正色和間色不得混用，以明貴賤、辨等級。故孔子說：「紅紫不以為褻服。」不能用紅色、紫色的衣服作為家居時的便服，因為不正經。《釋名》：「紫，疵也。非正色，五色之疵瑕，以惑人者也。」《論語》：「惡紫之奪朱也，惡鄭聲之亂雅樂也。」孔注：「紫，間色之好者。」後有典故「惡紫亂朱」「以紫亂朱」。《天龍八部》中有阿朱、阿紫二姐妹，名字已寓善惡、褒貶。

跟老子有關的有紫氣東來，齊桓公也好紫色，後來紫色成為尊貴的顏色。南北朝有五等官服制：朱、紫、緋（淺紅色）、綠、青。唐代三品以上穿紫，四、五品緋色，六、七品綠色，八、九品是青色。故白居易被貶，「江州司馬青衫濕」，唐代司馬不掌兵，官職很低，乃刺史的副手，無實權。朱不常用，紅最常用，後來紅代替了朱，今有「大紅大紫」「紅得發紫」。

紅 紅 hóng　　帛赤白色。从糸，工聲。〔戶公切〕

## 【注釋】

本義是淺紅、粉紅色，是紅色中的最淺者。又泛指婦女的紡織刺繡工作，如「女紅」。這個意義先秦多作「工」「功」，漢以後寫作紅。

段注：「《春秋釋例》曰：金畏於火，以白入於赤，故南方間色紅也。《論語》曰：紅紫不以為褻服。按此今人所謂粉紅、桃紅也。」

繱 繱 cōng　　帛青色。从糸，蔥聲。〔倉紅切〕

## 【注釋】

顏色今作蔥字。淺青為蔥，深青為藍。蔥，俗作葱。

段注：「《爾雅》：青謂之蔥。蔥即繱也，謂其色蔥。蔥，淺青也，深青則為藍矣。《市部》曰：大夫赤市，蔥衡。用《玉藻》文也。」

紺 紺 gàn　　帛深青揚赤色。从糸，甘聲。〔古暗切〕

**【注釋】**

揚，發也。深青帶紅色，即今之天青色。

段注：「《釋名》曰：紺，含也，青而含赤色也。按此今之天青，亦謂之紅青。」

綥 綥 qí（綦） 　　帛倉艾色。从糸，畀聲。《詩》：縞衣綥巾。未嫁女所服。一曰：不借綥。〔渠之切〕 𥳐 綥，或从其。

**【注釋】**

今通行重文綦，本義是青黑色，如「綦巾」。常用義是鞋帶子，即「一曰：不借（草鞋）綥」。又有極義，如「綦難」。

段注：「草鞋，絲製者稱履，麻製者稱不借。不借亦作薄借，薄音博。《禮·喪服》傳曰：繩履者，繩菲也。注云：繩菲，今時不借也。不借綦，若今云艸鞵襻也。按許不云『一曰：履係』，而舉不借綦者，以俗語易曉也，如今小兒鞋帶。」

繰 繰 zǎo 　　帛如紺色。或曰：深繒。从糸，喿聲。讀若喿。〔親小切〕

**【注釋】**

常用義是帝王冕上繫玉的彩色絲繩。又作為繅之異體。

段注：「《廣雅》係諸青類，蓋比紺色之青更深矣。《禮記》用為澡治字，他書用為繅絲字。」

緇 緇 zī 　　帛黑色也。从糸，甾聲。〔側持切〕

**【注釋】**

黑色。

「緇衣」，和尚之服，如「月光如水照緇衣」。「緇素」，黑與白也，借指僧人和俗人，因僧尼穿黑衣，而白衣是平常人穿的衣服。「緇黃」指和尚與道士。

纔 纔 shān（才） 　　帛雀頭色。一曰：微黑色，如紺。纔，淺也。讀若讒。从糸，毚聲。〔士咸切〕

**【注釋】**

古假借作「才」字，《桃花源記》：「初極狹，纔通人。」

段注：「雀頭微黑而已，纔、淺亦於雙聲求之，猶竊之訓淺也。江沅曰：今用為才字，乃淺義引申。今經典緅字許無，纔即緅字也。《巾車》：雀飾。注曰：雀，黑多赤少之色。玉裁按，今目驗雀頭色赤而微黑。」

剡 緂 tǎn（毯）　　帛雞色也。从糸，剡聲。《詩》曰：毳衣如剡。〔臣鉉等曰：今俗別作毯，非是。〕〔土敢切〕

綟 綟 lì　　帛戾艸染色。从糸，戾聲。〔郎計切〕

【注釋】

用莫草染成的一種黑黃近綠的顏色。又為絲麻的計量單位。

段注：「《艸部》莫艸可以染留黃，染成是為綟，綟與莫疊韻，與留雙聲。留黃或作駵黃，或作流黃，皇侃作緇黃，蓋即雞黃之色，其色黎黑而黃也。」

紑 紑 fóu　　白鮮衣貌。从糸，不聲。《詩》曰：素衣其紑。〔匹丘切〕

【注釋】

（衣服）鮮明的樣子。

綖 綖 tián　　白鮮衣貌。从糸，炎聲。謂衣彩色鮮也。〔充三切〕

繻 繻 xū　　繒綵色。从糸，需聲。讀若《易》：繻有衣。〔臣鉉等曰：《漢書》：傳符帛也。〕〔相俞切〕

【注釋】

彩色的絲織品。

縟 縟 rù　　繁彩色也。从糸，辱聲。〔而蜀切〕

【注釋】

繁密的五彩文飾，引申為繁縟義，今有「繁文縟節」。

纚 纚 xǐ　　冠織也。从糸，麗聲。〔所綺切〕

## 【注釋】

本義是束髮的帛。直接織成，不用裁剪。用纚包髮，上加簪。

又泛指繩和帶子，多指繫船所用。後纚成為冠的代稱，如「纚冠」。引申繫住義，如「纚髮」「纚結」。又有連續不斷義，今有「連纚」。又指捕魚的一種網。

段注：「冠織者，為冠而設之織成也。凡繒布不須翦裁而成者謂之織成。《內則》注曰：纚，韜髮者也。《士冠禮》曰：纚廣終幅，長六尺。注曰：『纚，今之幘。終，充也。纚一幅，長六尺，足以韜髮而結之矣。』此纚蓋織成，緇帛廣二尺二寸，長只六尺，不待翦裁，故曰冠織。按引申之，網有名纚者。薛綜曰：纚網如箕形，狹後廣前。」

紘 綋 hóng　　冠卷也。从糸，厷聲。〔戶萌切〕綋 紘，或从弘。

## 【注釋】

本義是冠帶子。

冠帶子有兩種：從兩邊下垂，頷下打結的叫纓；一邊下垂，兜住頷下，在另一邊打結的叫紘。

引申有羅網義，《說文》：「綱，維紘繩也。」維，繫也。綱謂繫網的大繩子。紘引申有繩子義，有捆繫義，維亦有此二義，同步引申也。「八紘」即八荒也，指八方極遠之地，猶「四維」謂四方也。

冠卷，即冠圈，又叫武，即罩於髮髻外的圓圈，又叫頍、缺項、委縷。《禮記·玉藻》：「縞素冠玄武，子姓之冠也。」鄭玄注：「武，冠卷也。」《廣雅·釋詁三》：「紘，束也。凡笄貫於卷，紘屬於笄。」《周禮·弁師》注：「小鼻在武上，笄可貫也。」

段注改作「冠卷維也」，云：「維字今依《玉篇》補。《玉藻》：縞冠玄武。注曰：『武，冠卷也。』古者冠與卷殊，《雜記》注曰：秦人曰委，齊東曰武。《喪大記》注曰：『武，吉冠之卷也。』冠卷不得偁紘，故知冠卷下有維字，必為古本矣。《周禮·弁師》注：『朱紘，以朱組為紘也，紘一條屬兩端於武。』又曰：紐小鼻在武上，笄所貫也。《士冠禮》注曰：『有笄者屈組為紘，垂為飾；無笄者纓而結其條。』

按：有笄者，謂冕、弁；無笄者，謂冠。許《一部》冠下曰：弁、冕之總名也。則此云『冠卷維』者，謂冕弁之紘以一組自頤下而上屬兩端於武者也。蓋笄貫於武，紘實屬於笄首耳。許以笄統於卷，故曰冠卷維。許、鄭說略同。

戴先生說冠無笄有武，冕、弁有笄無武，紘屬於笄，說更明瞭。引申之，凡中寬

者曰紘,如《月令》：其器圜以閎。閎讀為紘,《淮南書》有八紘。」

今按：「戴先生說冠無笄有武,冕、弁有笄無武」,戴震謂冠不用笄,兩根帶子繫在武上,從兩邊下垂到頷下打結,即緌也,見下「緌」字注；冕、弁有笄,一根帶子繫於笄的一端,繞過頷下繫於笄的另一端,不繫到武上,即紘也。「冕、弁有笄無武」謂不把帶子繫在「武」上,不是沒有「武」。冕上的橫板叫綖,綖下即冠圈,即武。皮弁、爵弁、韋弁都有武。

「冠無笄有武」,這個「冠」指狹義的緇布冠,此冠無笄,一般的冠都有笄。這種冠是始加冠之冠,最為原始。即用一塊黑布蒙住髮髻,上罩「缺項」(即有缺口的冠圈),冠圈中有四綴,繫小帶固冠,缺口在後項。冠圈兩端有孔,穿以緌繩,在頷下打結。這種冠往往缺頂露髻。士以上人加冠後即棄,而庶民則久著,謂之「緇撮」,即束髮小巾,已非冠。參《古代文化詞義集類辨考》。今影視劇常見的冠是「束髻小冠」,皮製,如覆手正罩髮髻之上,以笄固之,宴居、朝禮賓客時服用,最為便利,從上古至後世都有。

「紘,冠圈維也」,按許慎原義,當是指「緌」,因為緌是繫在冠圈之上的,蓋「緌」「紘」混言不別耳。「緌,冠系也」,解釋也很精準,緌是「冠」的系,非「弁」「冕」之系。《三才圖繪》冠、弁、冕區分甚清,戴震亦區分冠、弁、冕。混言不別,析言有分耳,狹義的冠與弁、冕絕非一物。《玉篇》：「冠,以巾覆物。」《晉書‧輿服志》：「緇布冠,蔡邕云即委貌冠也。太古冠布,齊則緇之。緇布冠,始冠之冠也。」殆最原始的冠乃緇布冠,頭頂蒙塊黑布,故為三加之首。

紞 𦃩 dǎn（髧）　　冠冕塞耳者。从糸,冘聲。〔臣鉉等曰：今俗別作髧,非是。〕〔都感切〕

【注釋】

用來懸掛瑱（塞耳朵的玉）的帶子。今俗字作髧,下垂也,《詩經》：「髧彼兩髦,實維我特。」

段注：「玉裁按,紞所以縣瑱,瑱所以塞耳,紞非塞耳者也。許書冕冠塞耳者,當作冕冠所以縣塞耳者,乃與鄭箋《詩》、韋注《國語》合。」

緌 𦅾 yīng　　冠系也。从糸,嬰聲。〔於盈切〕

【注釋】

系,帶子也。本義是冠帶子,見上「紘」字注。常用義為帶子,毛澤東詞：「今

曰長纓在手，何時縛住蒼龍？」「長纓」謂縛罪人的長繩。

段注：「冠系，可以系冠者也。系者，係也。以二組系於冠卷，結頤下是謂纓，與紘之自下而上系於笄者不同。冠用纓，冕、弁用紘。纓以固武，即以固冠，故曰冠系。許此冠字專謂冠，不該冕、弁。冕用紘，冠用纓。冕可稱冠，冠不得稱冕也。」

紻 紻 yǎng 　纓卷也。从糸，央聲。〔於兩切〕

【注釋】

捲曲的冠纓。

緌 緌 ruí 　繫冠纓也。从糸，委聲。〔儒佳切〕

【注釋】

冠帶子打結後下垂的部分。

緄 緄 gǔn 　織帶也。从糸，昆聲。〔古本切〕

【注釋】

本義是織成的帶子。常用義是繩子，《詩·秦風·小戎》：「竹閉緄縢。」毛傳：「緄，繩也。」

紳 紳 shēn 　大帶也。从糸，申聲。〔失人切〕

【注釋】

見前「鞶」字注。大帶叫紳，大帶下垂的部分也叫紳。「縉紳」者，插笏於紳，或插笏垂紳也。引申為動詞束帶，《韓非子》：「紳之束之。」

段注：「古有革帶以繫佩韍，而後加之大帶，紳則大帶之垂者也。《玉藻》曰：『紳長，制士三尺。子游曰：參分帶下，紳居二焉。』注云：紳，帶之垂者也，言其屈而重也。許但云大帶，亦是渾言不析言。蓋許意以革帶統於大帶，以帶之垂者統於帶，立言不分別也。」

繟 繟 chǎn 　帶緩也。从糸，單聲。〔昌善切〕

【注釋】

繟有和緩義，同源詞也。《說文》：「單，大也。」從單之字多有大義，大則緩。

綬 𦃩 shòu　　韍維也。从糸，受聲。〔植酉切〕

## 【注釋】

綬先秦指連接玉佩、蔽膝與革帶之間的絲帶，秦漢指繫官印的腰帶。維，繩子也。「印綬」，繫印的腰帶。

綬本是連接佩玉與革帶之間的絲帶，轉而指繫官印的腰帶。此種大腰帶為君主所授，官員所受，故綬成為繫官印大帶最通行的專稱。其制，戰國已見端倪，形成印綬之制是到漢代。

漢代的官服，區別官品的方法：一是文官所戴進賢冠的梁數，公侯三梁，中兩千石至博士二梁，博士以下一梁。二是綬帶的稀密與色彩。綬長一丈二尺，以應十二月。寬三尺，以應天、地、人。綬帶圍於腰，綬垂於腹前，綬帶腰側處掛一皮革的鞶囊，囊中盛印。一綬一印。

漢代印綬的品色是：公侯、相公、三公等金印紫綬；九卿（兩千石以上）銀印青綬；下至六百石銅印墨綬，即縣令級別。綬多為皇帝及百官所佩，而誥命夫人、名流仕女亦可佩戴。印綬制度到北周、隋朝已漸趨衰微。蓋官印原來用於簡牘封泥壓印，故印小。而從漢魏起，紙張逐漸流行，印亦越來越大，漸漸不便身帶。印既不佩，綬也失去作用。參《古代文化詞義集類辨考》。

組 組 zǔ　　綬屬，其小者以為冕纓。从糸，且聲。〔則古切〕

## 【注釋】

本義是具有文彩的寬絲帶。

朱駿聲《定聲》：「闊者曰組，為帶綬；狹者曰絛，為冠纓；圓者曰紃，施轡與履之縫中。」又指三股繩，泛指繩子，《詩經》：「執轡如組，兩驂如舞。」

古代四馬拉一車，一馬各有韁繩兩根，四馬共八根，其中兩根固定在車上，另六根抓於御者之手，左右手各三根。此詩形容御者高超之技能，抓三根繩如同抓一根三股繩。不明組之此義，則不能明此詩之妙也。組常用有編織義，今有「組織」。「組練」謂精兵也，辛棄疾詞：「漢家組練十萬。」

緺 緺 guā　　綬紫青也。从糸，咼聲。〔古蛙切〕

## 【注釋】

紫青色的腰帶。

段注：「紫綬名綟綬，其色青紫。何承天云：綟，青紫色也。按紫者，水剋火之間色。又因水生木而色青，是為紫青色。」

綟 綟 nì　　綬維也。从糸，逆聲。〔宜戟切〕

【注釋】

腰帶上繫佩印的絲帶。

纂 纂 zuǎn　　似組而赤。从糸，算聲。〔作管切〕

【注釋】

本義是赤色的帶子。

引申為聚集義，《荀子》：「纂論公察則民不疑。」今有「編纂」。引申為繼承義，《爾雅》：「纂，繼也。」編、纂都有編排、聚集、編纂義，同步引申也。

段注：「按組之色不同，似組而赤者，則謂之纂。《釋詁》曰：纂，繼也。此謂纂即績之段借也。近人用為撰集之稱。」

紐 紐 niǔ　　系也。一曰：結而可解。从糸，丑聲。〔女久切〕

【注釋】

系，帶也。

綟、纂、綸皆帶子，故紐本義是帶子，今有「紐帶」。引申為繫帶的地方，帶之交接處亦為紐，如「印紐」，又叫「印鼻」，通「鈕」。宋趙希鵠《洞天清錄集·古鐘鼎彝器辨》：「古之居官者必佩印，以帶穿之，故印鼻上有穴，或以銅環相縮。」引申為關鍵部位，今有「樞紐」。結而不可解曰締，可解者曰紐。

段注：「締者，結不解也。其可解者曰紐。《喪大記》曰：小斂、大斂皆左衽，結絞不紐。正義云：生時帶並為屈紐，使易抽解。若死則無復解義，故絞束畢結之，不為紐也。」

綸 綸 lún　　青絲綬也。从糸，侖聲。〔古還切〕

【注釋】

青絲帶子，泛指帶子。

配有青絲帶的帽子叫「綸巾」，據說諸葛亮平常戴這種巾。「垂綸」，垂下釣絲

也，即釣魚。又整理絲線，《詩經·采綠》：「之子于釣，言綸之繩。」又治理也，《與朱元思書》：「經綸世務者，窺谷忘反。」

綎 綎 tīng　　系綬也。从糸，廷聲。〔他丁切〕

【注釋】

古代佩玉上的絲綬帶。

絙 絙 huán　　緩也。从糸，亘聲。〔胡官切〕

【注釋】

段注：「緩當作綬。《玉篇》絙下曰：絙，綬也。此亦綬之類也。」古又同「縆」，大繩索也，如「繫以巨絙」。

繐 繐 suì　　細疏布也。从糸，惠聲。〔私銳切〕

【注釋】

細而稀疏的麻布，古時多用作喪服。又通「穗」，即下垂的穗子。「繐衰」，小功之一種。古代小功五月之喪服，用細而疏的麻布製成。

繛 繛 bó　　頸連也。从糸，暴省聲。〔補各切〕

【注釋】

繡有花紋的衣領，泛指衣領。同「襮」。

紟 紟 jīn　　衣系也。从糸，今聲。〔居音切〕 綊 籀文从金。

【注釋】

本義是繫衣襟的帶子。

段注：「聯合衣襟之帶也，今人用銅鈕，非古也。凡結帶皆曰紟。按：襟，交衽也，俗作衿，今人衿、紟不別。」

緣 緣 yuán　　衣純也。从糸，彖聲。〔以絹切〕

【注釋】

純，邊也。本義是衣邊。

引申為泛指邊緣。引申出沿著義，今有「緣流而上」。又有憑藉、靠著義，今有「緣由」，同義連文。由，憑也、從也。《商君書》：「緣法而治。」謂遵循也，亦從也。引申出攀援義，《孟子》：「猶緣木而求魚也。」木，樹也。謂爬樹上找魚也，喻不可得也。李白《蜀道難》：「猿猱欲度愁攀緣。」

段注：「衣純也。此以古釋今也，古者曰衣純，見經典，今曰衣緣。緣其本字，純其叚借字也。緣者，沿其邊而飾之也。緣之義引申為因緣、夤緣，而俗遂分別其音矣。」

襆 𦅷 bú　　裳削幅謂之襆。从糸，僕聲。〔博木切〕

絝 絝 kù　　脛衣也。从糸，夸聲。〔苦故切〕

【注釋】

絝即今之套褲，即綁腿，是套在兩腿上的褲管子，非今之褲子也。上古無今之滿襠褲。後來「絝」也泛指褲子，如「紈絝子弟」，謂穿著絲織品做的褲子的子弟。

段注：「今所謂套袴也，左右各一，分衣兩脛。古之所謂絝，亦謂之襄，亦謂之襗，見《衣部》。若今之滿當袴，則古謂之惲，亦謂之幒，見《巾部》，此名之宜別者也。絝今作袴。」

繑 繑 qiāo　　絝紐也。从糸，喬聲。〔牽搖切〕

【注釋】

本義是套褲上的帶子。

段注：「紐者，系也。脛衣上有系，系於惲帶曰繑。」古代的套褲上面有帶子，係在腰間。

緥 緥 bǎo（褓）　　小兒衣也。从糸，保聲。〔臣鉉等曰：今俗作褓，非是。〕〔博抱切〕

【注釋】

即襁褓字。

段注：「《衣部》曰：襁，緥也。《斯干》：載衣之裼。傳曰：裼，褓也。褓，緥之俗字，古多云小兒被也。李奇曰：小兒大藉。師古曰：即今小兒繃。古多叚借保、

葆字。」

繜 繜 zūn　　薉貉中，女子無絝，以帛為脛空，用絮補核，名曰繜衣，狀如襜褕。从糸，尊聲。〔子昆切〕

綏 綏 bō　　絛屬。从糸，皮聲。讀若被，或讀若水波之波。〔博禾切〕

絛 絛 tāo（縧）　　扁緒也。从糸，攸聲。〔土刀切〕

【注釋】

後作縧字，今簡化漢字作绦。常用義是帶子，如「萬絛垂下綠絲絛」。本義是扁帶子。

段注：「按綏、緎蓋其闊者，絛其陿者，紃其圜者。」

緎 緎 yuè　　采彰也。一曰：車馬飾。从糸，戉聲。〔王伐切〕

【注釋】

見上「絛」字注。

縱 縱 zōng　　緎屬。从糸，从從省聲。〔足容切〕

【注釋】

有文采，可以緣飾衣服等的織帶。

紃 紃 xún　　圜采也。从糸，川聲。〔詳遵切〕

【注釋】

飾履的圓形飾帶。釧為手鐲，環形。同源詞也。

段注：「采彰、扁諸、圜采，蓋古有是名，而漢語猶然。圜采以采線辮之，其體圜也。紃，施諸縫中，若今時絛也。孔穎達曰：似繩者為紃。」

緟 緟 chóng　　增益也。从糸，重聲。〔直容切〕

【注釋】

此「重疊」之後起本字也。

段注：「經傳統假重為之，非字之本，今則重行而緟廢矣。增益之則加重，故其字从重，許書重文若干皆當作緟文。」《說文》：「重，厚也。」增益則厚也。

**纕 rǎng　　援臂也。从糸，襄聲。〔汝羊切〕**

【注釋】

攘有拿過來義，《韓非子》：「其父攘羊，報之以官。」本字當作纕。《說文》：「攘，推也。」此「攘除」之本字也。

本義是捋袖露出手臂。段注：「援臂者，援引也，引袖而上之也，是為纕臂。襄訓解衣，故其字从襄、糸。今則攘臂行而纕臂廢矣，攘乃揖讓字。」

**纗 zuī　　維綱中繩。从糸，巂聲。讀若畫，或讀若維。〔戶圭切〕**

**綱 gāng　　維紘繩也。从糸，岡聲。〔古郎切〕　古文綱。**

【注釋】

本義是魚網上的總繩。

今有「綱舉目張」，目者，魚網之孔也。引申為主要的部分，今有「提綱挈領」。又有法度、綱紀義，今有「三綱五常」。

從唐朝起，轉運大量貨物時，把貨物分批運行，每批的車輛、船隻、計數編號叫作一綱，如「鹽綱」「茶綱」，《水滸傳》有「吳用智取生辰綱」。

**縜 yún　　持綱紐也。从糸，員聲。《周禮》曰：縜寸。〔臣鉉等曰：縜長寸也。〕〔為贇切〕**

【注釋】

係牢射侯上下兩綱的紐襻（扣住紐扣的套）。

段注：「綱紐也。紐者，結而可解也。大曰係，小曰紐。綱之係網也，必以小繩貫大繩而結於網，是曰縜。引申為凡紐之稱。」

**綅 qīn　　絳線也。从糸，侵省聲。《詩》曰：貝冑朱綅。〔子林切〕**

**縷 lǚ　　線也。从糸，婁聲。〔力主切〕**

【注釋】

本義是線，今有「千絲萬縷」。

古有「金縷衣」「金縷鞋」，謂用金線穿編的衣、鞋。引申出一條一條地，今有「條分縷析」。段注：「此本謂布縷，引申之絲亦名縷。」

綫 綫 xiàn（線）　　縷也。从糸，戔聲。〔私箭切〕線 古文綫。

【注釋】

線，古文綫字，今整理異體字廢除。

段注：「此本謂布線，引申之絲亦稱線。許時古線今綫，晉時則為古綫今線，蓋文字古今轉移無定如此。」

絜 絜 xué　　縷一枚也。从糸，穴聲。〔乎決切〕

縫 縫 féng　　以針絜衣也。从糸，逢聲。〔符容切〕

【注釋】

本義是縫衣服。

緁 緁 qiè　　緶衣也。从糸，疌聲。〔七接切〕緀 緁，或从習。

【注釋】

古同「緝」，縫衣邊。

段注：「《衣部》曰：齋者，緶也。《喪服》傳曰：斬者何？不緝也。齊者何？緝也。齊即齋，緝即緁，叚借字也。緁者，緶其邊也。」

絰 絰 zhì　　縫也。从糸，失聲。〔直質切〕

【注釋】

本義是縫衣服。段注：「凡針功曰絰。」

緛 緛 ruǎn　　衣戚也。从糸，耎聲。〔而允切〕

【注釋】

衣服的縐褶。

組 綻 zhàn（綻）　　補縫也。从糸，旦聲。〔丈莧切〕

【注釋】

後作綻，《說文》無綻字。衣服裂開叫綻，縫補也叫綻。

段注：「古者衣縫解曰組，見《衣部》，今俗所謂綻也。以針補之曰組，引申之，不必故衣亦曰縫組。《古豔歌行》曰：故衣誰當補，新衣誰當綻，賴得賢主人，覽取為我組。謂故衣誰則補之，新衣誰則縫之，賴有賢主婦見而為補縫之也。綻字古亦作組，淺人改之。」

繕 繕 shàn　　補也。从糸，善聲。〔時戰切〕

【注釋】

本義是修補，今有「修繕」。另有抄寫義，今有「繕寫」。

絬 絬 xiè　　《論語》曰：絬衣長，短衣袂。从糸，舌聲。〔私列切〕

【注釋】

常用義堅韌、牢固。「絬衣」同「褻衣」，貼身的內衣。朱駿聲《通訓定聲》：「絬，謂絲韌也。」

段注：「今《論語》絬衣作褻裘，《衣部》曰：褻，私服也。然則《論語》自訓私服，而作絬者，同音叚借也。」

纍 纍 léi　　綴得理也。一曰：大索也。从糸，畾聲。〔力追切〕

【注釋】

本義是連綴、相連。

常「纍纍」連用，連綴貌。《樂記》：「纍纍乎端如貫珠。」又有狼狽不堪貌，《史記》：「纍纍若喪家之犬。」又有大繩索義，引申出捆綁義，「纍紲」者，捆綁罪人的大繩子，代指監獄。《說文》無纍字，即纍字也。今積累字，《說文》作絫，「絫，增也」。

段注：「按纍、絫二字大不同。纍在十五部，大索也，其隸變不得作累。絫在十六部，增也，引申之延及也，其俗體作累，古所不用。」

縭 縭 lí　　以絲介履也。从糸，离聲。〔力知切〕

【注釋】

介，畫分也。本義是用絲裝飾鞋頭。段注：「介者，畫也。謂以絲介畫履間為飾也。」今「分離」之本字也，離的本義是黃鸝，非本字明矣。

常用義是女子繫在身前的佩巾，《詩經》：「親結其縭。」「結縭」謂繫上佩巾，代指女子出嫁。引申有帶子義，有動詞捆繫義。

緱 緱 gōu　　刀劍緱也。从糸，侯聲。〔古侯切〕

【注釋】

刀劍柄上所纏的繩子。「緱蒯」即蒯緱，指以草繩纏繞劍柄。段注：「謂人所把處若人之喉然。」《廣韻》：「刀劍頭纏絲為緱也。」

緊 緊 yī　　戟衣也。从糸，殹聲。一曰：赤黑色繒。〔烏雞切〕

【注釋】

本義是裝戟的布袋子。常作為助詞，惟也，如「緊我獨無」。

段注：「所以韜戟者，猶盛弓弩矢器曰医也。段借為語詞，《左傳》：王室之不壞，緊伯舅是賴。民不易物，惟德緊物。《毛詩》：伊可懷也。箋云：伊當作緊，緊猶是也。」

縿 縿 shān　　旌旗之遊也。从糸，參聲。〔所銜切〕

【注釋】

古時旌旗的正幅，非旗旒也。今傘之古字也。《說文》原無傘字，徐鉉新附，「繖，蓋也」。繖即傘也。

徽 徽 huī　　邪幅也。一曰：三糾繩也。从糸，微省聲。〔許歸切〕

【注釋】

本義是綁腿布。

常用義是三股繩，如「徽纆」，纆是兩股繩。泛指繩子，引申為捆綁。又有標誌、符號義，今有「國徽」。另有善、美好義，《爾雅》：「徽，善也。」近人有林徽音，徽音猶美德也。帝后生前加的尊號謂之「徽號」，如「慈禧」「慈安」。

段注：「箋云：邪幅，如今行縢也，偪束其脛，自足至膝。按《內則》謂之偪，許云謂之徽，未見所出，蓋猶蔽膝謂之褘與？《釋詁》曰：徽，善也，止也。《大雅》

箋云：美也。自偪束之義之引申也。《易》：係用徽纆。劉表曰：三股曰徽，兩股曰
纆。一說糾本三股，三糾當為九股。」

**縌** 縌 biē　　扁緒也。一曰：弩腰鉤帶。从糸，折聲。〔并列切〕

**紉** 紉 rèn　　繟繩也。从糸，刃聲。〔女鄰切〕

【注釋】

段注改作單，本義是單股繩。

常用義是搓繩、撚線。賈誼《惜誓》：「並紉茅絲以為索。」引申有連綴義，屈原
《離騷》：「紉秋蘭以為佩。」引申為縫紉字。紉，縫也。

段注：「《通俗文》曰：合繩曰糾，單展曰紉，織繩曰辮，大繩曰絙。蓋單股必以
他股連接而成，《離騷》曰：紉秋蘭以為佩。注：紉，索也。《內則》：紉針請補綴。亦
謂線接於針曰紉。」今河南方言仍有此語，把線穿進針鼻裏謂之「紉針」。

**繩** 繩 shéng　　索也。从糸，蠅省聲。〔食陵切〕

【注釋】

绳乃草書楷化字形。

本義是繩索。引申出標準、法則義，今有「準繩」。引申按一定的標準去衡量、
糾正，即約束、制裁義，今有「繩之以法」。繩有稱讚義，《廣雅》：「繩，譽也。」

析而言之，《小爾雅》：「小者謂之繩，大者謂之索。」《離騷》：「矯菌桂以紉蕙
兮，索胡繩之纚纚。」王逸注：「胡繩，香草也。」寄望擁有美好的德行，今人有胡
繩者，此取名之妙也。

段注：「繩可以縣，可以束，可以為閑，故《釋訓》曰：兢兢、繩繩，戒也。《周
南》傳曰：繩繩，戒慎也。」

**繒** 繒 zhēng　　紆未縈繩。一曰：急弦之聲。从糸，爭聲。讀若旌。〔側莖
切〕

**縈** 縈 yíng　　收韏也。从糸，熒省聲。〔於營切〕

【注釋】

本義是迴旋纏繞。引申為纏繞義，今有「縈繞」「縈懷」「瑣事縈身」。

段注:「收捲也。卷居轉切,各本作綦,非也。今依《韻會》《玉篇》正。凡舒卷字,古用弢曲之卷,今用氣勢之捲,非也。收捲長繩,重疊如環,是為縈,今俗語尚不誤。《詩‧周南》:葛藟縈之。傳曰:縈,旋也。」

絇 絇 qú  繼繩絇也。从糸,句聲。讀若鳩。〔其俱切〕

【注釋】

用布麻絲縷搓成繩索。又指履頭上的裝飾,此義常用,《玉篇》:「履頭飾也。」

縋 縋 zhuì  以繩有所縣也。《春秋傳》曰:夜縋納師。从糸,追聲。〔持偽切〕

【注釋】

用繩子從高處垂下來。

綣 綣 juàn  攘臂繩也。从糸,季聲。〔居願切〕

【注釋】

本義是約束袖子的繩子。引申為束縛義。段注:「《宀部》曰:冠,綣也。是引申為凡束縛之稱。」

緘 緘 jiān  束篋也。从糸,咸聲。〔古咸切〕

【注釋】

本義是捆箱子的繩索。

引申出封閉義,今有「三緘其口」。古代書信在信封上寄信人姓名後常寫上「某某緘」,即某某封閉此信封也,也即某某寫。又有書信義,如「緘書」,書信也。又作量詞,如「書信一緘」,該義又作「椷」。

段注:「篋者,笥也。束之者曰緘,引申之,齊人謂棺束曰緘。」

縢 縢 téng  緘也。从糸,朕聲。〔徒登切〕

【注釋】

本義是繩索,常「緘縢」連文。「行縢」即今之綁腿也。引申出捆綁義,引申出

封閉、約束義。緘也有捆綁、封閉義，同步引申也。

段注：「《周書》有金縢，凡艸之蕅，木之虆曰縢，俗作藤。」

編 編 biān　　次簡也。从糸，扁聲。〔布玄切〕

【注釋】

本義是編連竹簡的繩子，如「韋編三絕」，保留本義。引申出一部書也叫一編，如「訪遺編於四海」，黃石公給張良「一編書」。引申編排義，「編戶」「編人」「編氓」謂編入戶口的平民。

段注：「以絲次弟竹簡而排列之曰編，駢比其簡，上下用絲編二。」

維 維 wéi　　車蓋維也。从糸，隹聲。〔以追切〕

【注釋】

本義是繫車蓋的繩子。

引申出大繩子義，如「天柱折，地維絕」。今人有王國維。姜維，字伯約，約是捆紮義，也有繩子義，名、字相應也。引申出捆綁義，今有「維繫」，同義連文，繫有捆繫義。國家的法度謂之「綱維」，綱亦繩子義。

引申有角落義，維，隅也。《淮南子》：「四方為報德之維也。」今有「四維」，謂四方也。明人有張四維。作虛詞，和也，同也，《詩經》：「牧人乃夢，旐維旟矣。」又語氣詞，今有「維妙維肖」。

段注：「引申之，凡相繫者曰維，載維、綏維是也。《管子》曰：禮義廉恥，國之四維。」

紼 紼 bèi　　車紼也。从糸，伏聲。〔平秘切〕 茯 紼，或从艸。鞴 紼，或从革，菔聲。

綎 綎 zhēng　　乘輿馬飾也。从糸，正聲。〔諸盈切〕

綊 綊 xié　　綎綊也。从糸，夾聲。〔胡頰切〕

緐 緐 fán（繁）　　馬髦飾也。从糸，每聲。《春秋傳》曰：可以稱旌緐呼？〔附袁切〕 繙 緐，或从弁，弁籒文弁。

【注釋】

馬頸毛上的裝飾物。今作繁字,《說文》無繁。繁,多也,盛也,今有「繁花似錦」「繁茂」。

段注:「馬髦,謂馬鬛也。飾亦妝飾之飾,蓋集絲條下垂為飾曰緐。引申為緐多,又俗改其字作繁,俗形行而本形廢,引申之義行而本義廢矣。」

為了避免馬鬃形成纏結,或為裝飾,古人將馬鬃編成辮子狀,並加上絲條等裝飾物,殆古「緐」之遺跡也。西歐亦有此傳統,編織成辮子狀,防止士兵的紐扣或火槍纏在馬鬃上。

**韁** 繮 jiāng　　馬紲也。从糸,畺聲。〔居良切〕

**紛** 紛 fēn　　馬尾韜也。从糸,分聲。〔撫文切〕

【注釋】

本義是縶束馬尾的絲麻織物。

古代馬尾巴要捆縶起來,即《左傳》「不介馬而馳之」也。紛是拘繫馬尾的一根繩子,它的一端係結於馬尾的髻上,另一端縛於鞅帶或車軛上。唐代馬尾都結髻,以防沾泥帶水,參劉永華《中國古代車輿馬具》圖示。

假借為紛亂字。紛有眾多義,有雜亂義。繽亦有此二義,同步引申也。揚雄《羽獵賦》:「青雲為紛。」謂綴在旗上的飄帶。

段注:「韜,劍衣也,引申為凡衣之稱。《釋名》曰:紛,放也。防其放弛以拘之也。楊子言『車軨馬駢』,馬駢謂結束馬尾,豈韜之而後結之與?《離騷》用繽紛字,皆引申叚借也。」

**紂** 紂 zhòu　　馬緧也。从糸,肘省聲。〔除柳切〕

【注釋】

紂是兜在轅馬屁股後部的革帶。

紂乃商代末代君主帝辛之諡號,「殘義損善曰紂」。紂有斷、殘義,常「紂絕」連文,道教有「紂絕陰天宮」。末代亡國君主的諡號多由繼位之朝代所給,故多惡諡。如夏桀,蘇洵《諡法》:「賊人多殺曰桀。」「好內遠禮曰煬。」

段注:「《方言》曰:車紂,自關而東,周、洛、韓、鄭、汝、潁而東謂之緧,或謂之曲綯,或謂之曲綸,自關而西謂之紂。」

緧 緧 qiū　　馬紂也。从糸，酋聲。〔七由切〕

**【注釋】**

　　或作「鞧」「鞦」。

　　本義是兜在轅馬屁股後部的革帶，起兜住馬屁股的作用。湯可敬《今釋》：「套車時拴在馬後橫木上的皮帶。」稍欠顯明。今河北方言仍說「後緧」。酋有緊義，聲兼義也，如「遒」，迫也。

　　段注：「《考工記》：必鰌其牛後。注云：鰌讀為緧，關東謂紂為緧。按亦作緧。商王紂，古文《尚書》作受。」

絆 絆 bàn　　馬縶也。从糸，半聲。〔博幔切〕

**【注釋】**

　　本義是絆馬索，泛指羈絆。

　　段注：「《周頌》曰：言授之縶，以縶其馬。箋云：縶，絆也。按縶謂繩，用此繩亦謂之縶，引申為凡止之稱。」

繈 繈 xǔ　　絆前兩足也。从糸，須聲。《漢令》：蠻夷卒有繈。〔相主切〕

紖 紖 zhèn　　牛系也。从糸，引聲。讀若矤。〔直引切〕

**【注釋】**

　　拴繫牛鼻子的繩子。《少儀》：「牛則執紖。」泛指牽、栓牛馬的繩子，又指牽引靈車的繩子。引，拉也，聲兼義。

絼 絼 xuàn　　以長繩繫牛也。从糸，旋聲。〔辭戀切〕

**【注釋】**

　　用長繩繫牛放牧。《玉篇》：「以長繩繫牛馬放之也。」又指用繩拘捕。

縻 縻 mí　　牛轡也。从糸，麻聲。〔靡為切〕 絼 縻，或从多。

**【注釋】**

　　本義是牛韁繩。引申為捆綁、束縛義，如「羈縻」。

段注:「轡本馬轡也，大車駕牛者則曰牛轡，是為縻。《潘岳賦》曰:洪縻在手。凡言羈縻勿絕，謂如馬牛然也。」

紲 紲 xiè（綊）　　系也。从糸，世聲。《春秋傳》曰:臣負紲。〔私列切〕緤 紲，或从枼。

【注釋】

本義是牽牲畜的繩子。引申出捆綁義，「縲紲」謂捆綁罪人的大繩子，代指監獄。縲有此二義，同步引申也。

纆 纆 mò（繹）　　索也。从糸，黑聲。〔莫北切〕

【注釋】

今作「繹」，兩股繩也，如「徽繹」，徽是三股繩。又泛指大繩子。

段注:「《易》:係用徽纆。劉表曰:三股曰徽，兩股曰纆。《字林》曰:兩合曰糾，三合曰纆。按从黑者，所謂黑索拘攣罪人也。今字从墨。」

緪 緪 gēng（絚）　　大索也。一曰:急也。从糸，恒聲。〔古恒切〕

【注釋】

今作絚或綆，大繩子也。今河南方言仍有此語。常用義是緊、急，《淮南子》:「大絃緪則小絃絕矣。」

段注:「按《手部》:搄，引急也。緪與搄音義皆同。」《淮南子》:「張瑟者小絃緪，大絃緩。」高注:「緪，急也。」

繘 繘 yù　　綆也。从糸，矞聲。〔余聿切〕繑 古文从絲。繘 籀文繘。

【注釋】

井上汲水的繩索。段注:「《方言》曰:繘，自關而東，周洛韓魏之間謂之綆，或謂之絡，關西謂之繘。」

綆 綆 gěng　　汲井綆也。从糸，更聲。〔古杏切〕

【注釋】

打水的井繩。今有「綆短汲深」，喻才力不能勝任。

段注：「《缶部》曰：罋，汲缾也。何以引缾而上，則有緪。」

絯 絔 ǎi / gǎi　　彈彄也。从糸，有聲。〔弋宰切〕，又〔古亥切〕

繳 繳 zhuó　　生絲縷也。从糸，敫聲。〔之若切〕

【注釋】

　　本義是拴在箭上的生絲線，常「矰繳」連用，帶線的箭，射出去可以找回。「繳繞」謂纏繞，糾纏不清。今作為繳納字，音 jiǎo，如「繳械投降」。古代繳不作為交出義。

　　段注：「生絲為縷也，凡蠶者為絲，麻者為縷，絲細縷麤，故糾合之絲得稱縷。《矢部》曰：矰者，隹射矢也。」

罬 繴 bì　　罬謂之罦，罦謂之罬，罬謂之罩，捕鳥覆車也。从糸，辟聲。〔博厄切〕

緡 緡 mín（緍）　　釣魚繳也。从糸，昏聲。吳人解衣相被謂之緡。〔武巾切〕

【注釋】

　　本義是釣魚繩。今作緍。引申之穿銅錢的繩子謂之緡，古代一千文為一緡，猶一貫也。諧聲當與清鼻音 mh 有關。

　　段注：「繳本施於鳥者，而鉤魚之繩似之，故曰釣魚繳。《召南》曰：其釣維何，維絲伊緡。傳曰：緡，綸也。謂糾絲為繩也。」

絮 絮 xù　　敝綿也。从糸，如聲。〔息據切〕

【注釋】

　　破舊的絲綿，即比較粗糙的絲綿。在衣服、被褥裏鋪絮亦謂之絮。引申為連續重複，如「絮叨」「絮聒」，此義後起。棉花乃後起，先秦之綿皆絲綿。

　　段注：「凡絮必絲為之，古無今之木綿也。以絮納袷衣間為袍曰褚，亦曰裝，褚亦作著。以麻縕為袍亦曰褚。」

絡 絡 luò　　絮也。一曰：麻未漚也。从糸，各聲。〔盧各切〕

【注釋】

本義是絲綿。

常用義是纏繞，今有「絡紗」「絡線」。纏線用的木製工具也謂之絡，即「絡子」，今河南仍有此語，見「篗」字注。又有網義，今有「網絡」；又有籠罩義，今有「籠絡」；又有血脈義，今有「脈絡」。「絡繹」者，不絕貌，今有「絡繹不絕」。

段注：「今人聯絡之言，蓋本於此。包絡字，漢人多假落為之，其實絡之引申也。按未漚者曰絡，猶生絲之未涷也。」

今按：漚麻相當於煮繭，都是脫膠過程。涷絲是繅絲後把生絲煮成熟絲。段注不確。「絡絲」在紡織業上有特殊的含義，不是泛泛的纏絲，見「篗」字注。

纊 纊 kuàng（絖）　　絮也。从糸，廣聲。《春秋傳》曰：皆如挾纊。〔苦訪切〕絖 纊，或从光。

【注釋】

本義是絲綿絮。古人剛死時，要用綿絮放置鼻端以試是否氣絕，叫「屬纊」，如今之以手指試鼻息也，後作為臨終的代稱。

段注：「《玉藻》：纊為繭。注曰：纊，今之新綿也。按鄭釋纊為新綿者，以別於縕之為新綿及舊絮也。許則謂纊為絲絮，不分新故，謂縕為麻紼，與鄭絕異。」

紙 紙 zhǐ　　絮一苫也。从糸，氏聲。〔諸氏切〕

【注釋】

漂洗後附著在一方形竹簾上的絲綿渣。紙的原料本是破舊的絲綿，故從糸。本義即紙張。又作量詞，如「一紙公文」「一紙書信」。

段注：「按造紙昉於漂絮，其初絲絮為之，以苫薦而成之。今用竹質木皮為紙，亦有緻密竹簾薦之是也。《通俗文》曰：方絮曰紙。《釋名》：紙，砥也，平滑如砥。」

絥 縎 fū　　治敝絮也。从糸，音聲。〔芳武切〕

【注釋】

段注：「敝絮猶故絮也。」

絮 絮 rú　　絜縕也。一曰：敝絮。从糸，奴聲。《易》曰：需有衣絮。

〔女余切〕

繫 <sup></sup>jì（系）　　繫緭也。一曰：惡絮。从糸，毄聲。〔古詣切〕

【注釋】

繫緭，粗劣的絲綿。今簡化作系。系、係、繫之別，見前「係」字注。

段注：「一曰猶一名也。繫緭讀如溪黎，疊韻字，音轉為縴緭。《廣韻·十二齊》《一先》皆曰：縴緭，惡絮。是也。六朝以後舍系不用，而叚繫為系，遂使繫之本義薶蘊終古。」

緭 <sup></sup>lí　　繫緭也。一曰：維也。从糸，虒聲。〔郎兮切〕

緝 <sup></sup>qì　　績也。从糸，咠聲。〔七入切〕

【注釋】

本義是績麻，即績麻成線。

把麻纖維紡成線，最早是用手搓，後來用紡錘，再後來用紡車。緝麻相當於紡花，都是把纖維續成長線。今作為搜捕、捉拿義，如「緝拿」。常通「輯」，聚集也，和也。

王筠《句讀》：「先緝為單線，今謂之麻撚。再績為合線，今謂之麻線。」王說強生分別，不可信。緝、績無別，只是績常用，緝多不單用，常「緝績」連用。

段注：「自緝篆至緶篆皆說麻事，麻事與蠶事相似，故亦从糸。凡麻枲先分其莖與皮曰朮，因而漚之。取所漚之麻而林之，林之為言微也，微纖為功，析其皮如絲。而撚之、而剟（連接）之、而續之，而後為縷，是曰績，亦曰緝，亦絫言緝績。引申之，用縷以縫衣亦為緝，如《禮經》云『斬者，不緝也』『齊者，緝也』是也。」

紌 <sup></sup>cì　　績所緝也。从糸，次聲。〔七四切〕

【注釋】

績麻成線。紌布，古代繳納的一種稅。

績 <sup></sup>jī　　緝也。从糸，責聲。〔則歷切〕

【注釋】

本義是把麻績成線。見「緝」字注。

《詩經》：「不績其麻，市也婆娑。」引申為繼承，《爾雅》：「績，繼也。」引申為功業，《爾雅》：「烈、績，業也。」今有「成績」。

段注：「《豳風》：八月載績。傳曰：載績，絲事畢而麻事起矣。績之言積也，積短為長，積少為多，故《釋詁》曰：績，繼也，事也，業也，功也，成也。《左傳》曰：遠績禹功。《大雅》曰：維禹之績。傳曰：績，功也。」

纑 纑 lú　　布縷也。从糸，盧聲。〔洛乎切〕

【注釋】

本義是麻線。

段注：「言布縷者，以別乎絲縷也。績之而成縷，可以為布，是曰纑。《禮經》縷分別若干升以為麤細，五服之縷不同也。趙岐曰：湅麻曰纑。《麻部》纞下曰：未湅治纑也。然則湅治之乃曰纑，蓋纑有不湅者。若斬衰、齊衰、大功、小功之縷皆不湅，緦衰之縷則湅之，若吉服之縷則無不湅者。不湅者曰纞，湅者曰纑，統呼曰縷。」

紨 紨 fú　　布也。一曰：粗紬。从糸，付聲。〔防無切〕

繐 繐 suì　　蜀細布也。从糸，彗聲。〔祥歲切〕

絺 絺 chī　　細葛也。从糸，希聲。〔丑脂切〕

【注釋】

本義是細葛布。

段注：「葛者，絺綌艸也。其緝績之一如麻枲，其所成之布，細者曰絺，粗者曰綌，蓋艸有不同。如今之葛布有黃艸葛，其粗者也。」

楊樹達《積微居小學述林》：「今本《說文》無希字，希當是絺之初文也。義為細葛，故字从巾。从爻，象葛縷交織稀疏之形。」

綌 綌 xì　　粗葛也。从糸，谷聲。〔綺戟切〕 綌 綌，或从巾。

【注釋】

本義是粗葛布。谷音 jué，非山谷字。胡適念《詩經》「為絺為綌」為「為 xī 為

gǔ」，被黃侃嘲笑。

絺 繝 zhòu　　絺之細也。《詩》曰：蒙彼縐絺。一曰：蹴也。从糸，芻聲。〔側救切〕

**【注釋】**

古代一種精細的葛布。常指一種帶皺紋的絲織品。

段注：「毛傳曰：絺之靡者為縐，按靡謂紋細皃，如水紋之靡靡也。《米部》曰：糜，碎也。凡言靡麗者皆取糜義，謂其極細。此毛說與鄭說之不同也。鄭箋云：縐絺，絺之蹙蹙者。此鄭說之異毛也。戚戚者，如今皺紗然。」

今按：許書多從毛傳，異於鄭注。

絟 絟 quán　　細布也。从糸，全聲。〔此緣切〕

**【注釋】**

本義是細麻布。古又同「拴」。

紵 紵 zhù　　檾屬。細者為絟，粗者為紵。从糸，宁聲。〔直呂切〕繝紵，或从緒省。

**【注釋】**

本義是苧麻。中國古代的麻主要是大麻和苧麻兩種，以大麻為主。「縞紵之交」，見「縞」字注。

段改作「細者為絟，布白而細為紵」，段注：「《周禮》：『典枲掌布緦縷紵之麻艸之物。』白而細疏曰紵，古亦借為褚衣之褚。」

緦 緦 sī　　十五升布也。一曰：兩麻一絲布也。从糸，思聲。〔息茲切〕𢇍古文緦，从糸省。

**【注釋】**

細麻布。「緦麻」之服是用練過的麻織成的布，其他五服皆未練。

升是絲線的單位，布八十縷為升。古代布幅寬度一定，為二尺二寸，縷數越多，說明布帛越細密。古者五服中最輕的一種是「緦麻」，是用細麻布織成，乃遠親所

穿，為期三個月。為舅父、岳父皆「緦麻」之服。《三字經》：「斬齊衰，大小功，至緦麻，五服終」。

段注：「有事其縷（事，加工。對線縷進行細加工），無事其布（對布加工，指捶洗時不加灰，布潔白光滑）曰緦。謂之緦者，鄭曰：治其縷細如絲也。」

**錫 繆 xī** 細布也。从糸，易聲。〔先擊切〕 繆 緆，或从麻。

【注釋】

本義是細麻布。緆衰，是細麻布所製的喪服。

**緰 繆 tóu** 緰貲，布也。从糸，俞聲。〔度侯切〕

**縗 繆 cuī** 喪服衣。長六寸，博四寸，直心。从糸，衰聲。〔倉回切〕

【注釋】

此五服之「斬衰」「齊衰」之本字也。古代用粗麻布製成的喪服，乃近親所穿，用麻布製成，披在胸前。今「披麻戴孝」，即此物。

段注：「凡服上曰衣、下曰裳，《禮》衰裳連言，即衣裳也，以衰統負板、辟領等為言也。《禮·喪服記》曰：衰長六寸，博四寸。注云：廣袤當心也。前有衰，後有負板（披在背上的粗麻片），左右有辟領（古喪服之領子，係開喪服而成，故稱），孝子哀戚無所不在。按縗，經典多段借衰為之。」

**絰 繆 dié** 喪首戴也。从糸，至聲。〔臣鉉等曰：當从侄省，乃得聲。〕〔徒結切〕

【注釋】

古代喪服上的麻帶子，如「首絰」「腰絰」。舊時用麻做的喪帶，繫在腰或頭上，在頭上為首絰，在腰為腰絰。也專指腰帶。徐灝《段注箋》：「許但云首戴，舉其大者而言，要亦有絰。」

段注：「《喪服經》：苴絰。注曰：麻在首、在要皆曰絰。絰之言實也，明孝子有忠實之心，故為製此服焉。」

**縰 繆 biàn** 交枲也。一曰：縰衣也。从糸，便聲。〔房連切〕

【注釋】

同「辮」。又縫也，《說文通訓定聲》：「緶，縫緝其邊曰緶。」段注：「謂以枲二股交辮之也。交絲為辮，交枲為緶。」

扈 屦 huà　　履也。一曰：青絲頭履也。讀若阡陌之陌。从糸，戶聲。〔亡百切〕

【注釋】

古代用青絲或麻製成的鞋。

段注：「《方言》曰：絲作之者謂之履，麻作之者謂之不借，或謂之屦，或謂之鞾角，或謂之麤，或謂之屝，或謂之扈。履其通語也。」

絣 絣 běng　　枲履也。从糸，封聲。〔博蠓切〕

【注釋】

麻鞋。

緉 緉 liǎng　　履兩枚也。一曰：絞也。从糸，从兩，兩亦聲。〔力讓切〕

【注釋】

古代計算鞋的單位，相當於「雙」，如「履五緉」。成雙的東西多用兩，車有兩輪，故謂之輛。

段注：「《齊風》：葛屦五兩。履必兩而後成用也，是之謂緉。」

絜 絜 jié　　麻一耑也。从糸，韧聲。〔古屑切〕

【注釋】

常用義是捆綁。度量物體周圍的長短謂之絜，泛指度量、衡量，如「比長絜大」。

段注：「一耑猶一束也。耑，頭也。束之必齊其首，故曰耑。《人部》係下云：絜束也。是知絜為束也，束之必圍之，故引申之圍度曰絜。束之則不散曼，故又引申為潔淨，俗作潔，經典作絜。」

繆 繆 móu　　枲之十絜也。一曰：綢繆。从糸，翏聲。〔武彪切〕

【注釋】

本義是麻十束。

常用義是綢繆,捆綁也,今有「未雨綢繆」,源自《詩經》:「殆天之未陰雨,徹彼桑土,綢繆牖戶。」又纏綿也,如「情意綢繆」。

段注:「十絜猶十束也,綢繆猶纏綿也。亦假為謬誤字,亦假為諡法之穆。」秦穆公也作秦繆公。

綢 𦂧 chóu　　繆也。从糸,周聲。〔直由切〕

【注釋】

本義是纏繞、捆綁。

綢繆二字一般不分用,後作為絲綢字,絲綢字本作「紬」,見前「紬」字注。「綢繆」謂纏繞也,又有纏綿義,《廣雅》:「綢繆,纏綿也。」今有「情意綢繆」。

段注:「今人綢繆字不分用,然《詩·都人士》單用綢字,曰:綢直如髮。毛傳以密直釋之,則綢即稠之叚借也。」

縕 𦃇 yùn　　紼也。从糸,㬎聲。〔於云切〕

【注釋】

本義是亂麻,即碎麻也。《論語》:「衣敝縕袍。」引申為紛亂義,如「紛縕」。引申為隱藏。通「蘊」,「縕奧」謂深奧也。

段注:「《玉藻》:纊為繭,縕為袍。注曰:纊,新綿也。縕,今之纊及故絮也。纊及故絮者,謂以新綿合故絮裝衣。鄭說與許異。《衣部》曰:以絮曰襺,以縕曰袍。許絲絮不分新舊,概謂之纊。以亂麻謂之縕。孔安國釋《論語》曰:縕,枲著也。許所本也。《蒯通傳》:束縕乞火。師古曰:縕,亂麻。」

上引段注,經學家對同一個詞的解釋多有分歧,鄭玄認為縕是新舊混合的絲綿,纊是新絲綿。而許慎以為絲綿不分新舊,都叫絮或纊,縕是亂麻。許與鄭注多歧。

紼 𦄂 fú　　亂系也。从糸,弗聲。〔分勿切〕

【注釋】

常用義是大繩子,《詩經》:「泛泛楊舟,紼纚維之。」常用在靈車上,如「執紼」,謂拉靈車送葬也。

段注改作「亂枲也」，云：「枲各本作系，不可通，今正。亂枲者，亂麻也，可以裝衣，可以然火，可以緝之為索。故《采末》毛傳曰：綍，絼也。言用綍為索也。」

絣 𫄷 bēng　　氐人殊縷布也。从糸，并聲。〔北萌切〕

紕 𫄨 bǐ　　氐人𦅻也。讀若《禹貢》：玭珠。从糸，比聲。〔卑履切〕

【注釋】

本義是西北少數民族所織的獸毛布。又指布帛、絲縷等破壞散開，如「線紕了」。又指在衣冠或旗幟上鑲邊，《爾雅》：「紕，飾也。」《詩經》：「素絲紕之。」又所鑲的邊緣，如「縞冠素紕」。常用義是紕漏，差錯，疏漏也。「紕繆」，錯誤也。

段注：「氐人所織毛布也。《周書》：伊尹為四方獻令，正西以紕𦋺為獻。《後漢·西南夷傳》：冉駹夷能作毞毲。毞即紕也，《華陽國志》同。《禮記》用紕為紕繆字。」

繼 𫄛 jì　　西胡毳布也。从糸，罽聲。〔居例切〕

【注釋】

用毛做成的氈子一類的東西。段注：「毳者，獸細毛也，用織為布，是曰繼。亦叚罽為之。」

縊 𫄧 yì　　經也。从糸，益聲。《春秋傳》曰：夷姜縊。〔於賜切〕

【注釋】

弔死。《釋名》：「懸繩曰縊。縊，阨也。阨其頸也。」又指用繩子勒死，如「縊殺」。經亦有上弔義，《論語》：「豈若匹夫匹婦之為諒也，自經於溝瀆而莫之知也。」古代絞、縊、經皆為勒死、弔死義。

絞刑，實際上分成縊死和勒死兩種。縊死，俗稱弔死，如「自縊」。勒死，是指以繩索勒住人的脖子而使之死亡。中國的絞刑有用弓弦勒殺，岳飛父子死在風波亭，明末流亡的桂王被吳三桂所殺，皆如此。北齊斛律光、呂布、隋煬帝、李大釗皆絞刑。

段注：「絞也。絞各本作經，庸人所改也，今正。《交部》曰：絞，縊也。與此為轉注。絞縊必兩股辮為之，經本訓縱絲，為一股。縊死必兩股為之，以其直縣也，故亦謂之經，許解縊必不云經也。」

段注不可信，許混言不別耳。段氏拘泥於自己的「轉注」觀。

綏 **綏** suī　　車中把也。从糸，从妥。〔徐鍇曰：禮：升車，必正立，執綏，所以安也。當从爪，从安省。《說文》無妥字。〕〔息遺切〕

【注釋】

本義是車中的繩索，抓之以助登車。

引申為安定、安撫義，如民國時有「綏遠省」，安撫遠方也。「綏靖政策」謂用安撫手段使安定。書信用語「順頌台綏」，謂順祝你平安也。故宮有「履綏殿」，履，福也。綏，安也。又臨陣退卻謂之綏，綏、退一語之轉也。曹操《敗軍令》：「將軍死綏。」

甲骨文作 **𡥀**，象以手撫女，有安撫義。羅振玉曰：「古綏字作妥，《說文》有綏無妥，而今隸反有之，雖古今殊釋，然可見古文之存於今隸者為不少。」

古代王畿外圍，每五百里為一區劃，按距離的近遠分為五等地帶，叫「五服」，其名稱為侯服、甸服、綏服、要服、荒服，或謂甸服、侯服、綏服、要服、荒服。《尚書》孔安國注：「綏，安也。侯服外之五百里，安服王者之政教。」綏服是中原和少數民族之間的緩衝帶，是需要加以安撫的地區。

段注：「車中靶也。靶各本作把，《玉篇》作車中靶也，《廣韻》引《說文》同。按，靶是，把非。靶（彊繩）者，彎也。彎在車前，而綏則繫於車中，御者執以授登車者，故別之曰車中靶也。《少儀》曰：車則脫綏，執以將命。綏本繫於車中，故可脫。郭璞注《子虛賦》曰：『綏，所執以登車。』正立執綏，所以為安，引申為凡安之稱。」

彝 **彝** yí　　宗廟常器也。从糸，糸，綦也。廾持米，器中寶也，互聲。此與爵相似。《周禮》：六彝：雞彝、鳥彝、黃彝、虎彝、蟲彝、斝彝，以待祼將之禮。〔以脂切〕 **𢍰**、**𢏒** 皆古文彝。

【注釋】

宗廟祭祀器皿的通名，如「鐘鼎彝器」。

又是盛酒的器具。尊、彝均為古代酒器，金文中每連用為各類酒器的統稱。因祭祀、朝聘、宴享之禮多用之，亦以泛指禮器。清代有朱彝尊。引申為法度、常規義，《爾雅》：「彝，常也。」今有「彝訓」「彝憲」。

段注：「彝本常器，故引申為彝常。《大雅》：民之秉彝。傳曰：彝，常也。」

緻 𦌻 zhì　　密也。从糸，致聲。〔直利切〕

【注釋】

今「精緻」之後起本字也。《說文》：「致，到也。」今簡化漢字廢緻，併入致字。

段注：「致者，今之緻字。漢人作注不作緻，近人改為緻，又於《糸部》增緻篆，皆非也。《言部》曰：詣，候至也。送詣者，送而必至其處也，引申為召致之致，又為精緻之致，《月令》『必工緻為上』是也。精緻，漢人只作致。《糸部》緻字，徐鉉所增。凡鄭注俗本乃有緻。」

文二百四十八　重三十一

緗 𦃃 xiāng　　帛淺黃色也。从糸，相聲。〔息良切〕

【注釋】

常用義是淺黃色。「縹緗」，古代盛書的袋子常黃色或青色，後代指圖書。

緋 𦆑 fēi　　帛赤色也。从糸，非聲。〔甫微切〕

【注釋】

本義是粉紅色，如「兩頰緋紅」。「緋聞」，猶「桃色新聞」。

南北朝有五等官服制：朱、紫、緋、綠、青。唐代三品以上穿紫，四、五品緋色，六、七品綠色，八、九品是青色。故白居易被貶，「江州司馬青衫濕」。唐制：文武官員三品以上服紫，金玉帶；四品服深緋，五品服淺緋，並金帶。見《舊唐書·輿服志》。

緅 𦀗 zōu　　帛青赤色也。从糸，取聲。〔子侯切〕

【注釋】

青中帶紅的顏色，顏色同紺，如「君子不以紺緅飾」。《周禮·考工記·畫繢》：「三入為纁，五入為緅，七入為緇。」鄭玄注：「染纁者，三入而成，又再染以黑則為緅。」

繖 𦃠 sǎn（傘、伞）　　蓋也。从糸，散聲。〔酥旱切〕

【注釋】

今作傘字。

練 絼 shū　　布屬。从糸，束聲。〔所菹切〕

綷 綷 zài　　事也。从糸，宰聲。〔子代切〕

【注釋】

事情也，如「上天之綷」。

繾 繾 qiǎn　　繾綣，不相離也。从糸，遣聲。〔去演切〕

【注釋】

繾綣本義是牢固、不離散，形容感情深厚、難捨難分，如「纏綿繾綣」。

綣 綣 quǎn　　繾綣也。从糸，卷聲。〔去阮切〕

文九　新附

# 素部

素 素 sù　　白緻繒也。从糸、㒸，取其澤也。凡素之屬皆从素。〔桑故切〕

【注釋】

素是沒有經過煮的純色絲織品，一般指白色的生絹。

煮過的變白叫練。古代書信寫於一尺見方的帛上，故叫尺素。喪服用素，乃先民淳樸之遺風也。特指喪服，如「素服」「素車」。引申為白的，沒有染色的，如「素色」「樸素」。引申為真情，即不需掩飾的純粹的情感，後作「愫」，如「披心腹，見情素」。引申為空，如「尸位素餐」。

段注：「素，生帛也。然則生帛曰素，對湅繒曰練而言。以其色白也，故為凡白之稱。以白受采也，故凡物之質曰素，以質未有文也，故曰素食，曰素王。《伐檀》毛傳曰：素，空也。」

「素王」猶空王，謂具有帝王之德而未居帝王之位者。漢代春秋公羊家以為孔子身雖無位，而修《春秋》以製明王之法，故稱孔子為「素王」。

𢂺 𢂺 jú　　素屬。从素，收聲。〔居玉切〕

䌖 䌖 yuè　　白約，縞也。从素，勺聲。〔以灼切〕

## 【注釋】

白色的縞。段注：「縞者，鮮支也。《急就篇》有白䋲，顏注曰：謂白素之精者，其光䋲䋲然也。」

䊶 䊶 shuài　　素屬。从素，率聲。〔所律切〕

## 【注釋】

同「縪」，粗繩索。

段注：「素當作索，索見《宋部》，繩索也。从素之字，古亦从糸，故䊶字或作縪，或作縪。《采卡》毛傳曰：紼，縪也。謂麻繩也。今《說文》訛作素屬，乃不可通矣。」

䌷 䌷 chuò（綽）　　䋷也。从素，卓聲。〔昌約切〕綽 䌷，或省。

## 【注釋】

今通行重文綽。

寬裕、舒緩也，如「綽綽有餘」。「綽約」謂姿態美好也，如「其中綽約多仙子」。今「綽號」亦得名於寬、餘，本名之外多出來的，也叫外號。

䋷 䋷 huǎn（緩）　　䌷也。从素，爰聲。〔胡玩切〕緩 䋷，或省。

## 【注釋】

今通行重文緩。

舒緩也，今有「緩和」。緩即寬也，今有「寬緩」，如「衣帶日已緩」，謂衣帶寬鬆也。寬則慢，今有「緩慢」。

文六　重二

# 絲部

絲 絲 sī（丝）　　蠶所吐也。从二糸。凡絲之屬皆从絲。〔息茲切〕

## 【注釋】

丝乃草書楷化字形。

小的長度單位為絲。古有微、忽、絲（秒）、毫、釐、分、寸、尺、丈、引，皆十進制之長度單位。今有「絲毫」。一條蠶所吐的單根絲曰「忽」或「單紡」，太

細，繰絲時需將四五根單絲縉在一起，合為一縷曰「糸」，二糸合成一縷為「絲」。

轡 轡pèi　　馬轡也。从絲，从車。與連同意。《詩》曰：六轡如絲。〔兵媚切〕

【注釋】

本義是馬韁繩。

古者一車四馬，八根韁繩，兩根綁在車上，六根在御者手中，左右手各三，故言「六轡如絲」。「轡頭」，馬嚼子和韁繩的統稱。見前「勒」字注。

緜 緜guān　　織絹从糸貫杼也。从絲省，卝聲。〔古還切〕〔臣鉉等曰：卝，古礦字。〕

【注釋】

此開關之初文也。關，貫也。「从糸」當作「以糸」。

文三

## 率部

率 率shuài　　捕鳥畢也。象絲罔，上下其竿柄也。凡率之屬皆从率。〔所律切〕

【注釋】

本義是捕鳥的長柄小網，本義同「畢」。

常用遵循義，《爾雅》：「率，自也。」如「率由舊章」。引申大致、一般義，今有「大率」，大約也。又一律、一概也，《進學解》：「占小善者率以錄。」又有標準、規格義，音 lǜ，《史記》：「有軍功者，各以率受上爵。」今「出勤率」「增長率」，皆此義之引申也。

段注：「畢者，田網也，所以捕鳥，亦名率。按此篆本義不行，凡衛訓將衛也，達訓先導也，皆不用本字而用率，又或用帥。如《縣》傳云：率，循也。《北山》傳云：率，循也。其字皆當作達是也。《左傳》：藻率。服虔曰：禮有率巾。即許書之帨也。」見前「帨」字注。

文一

# 虫部

虫 🐛 huǐ　　一名蝮，博三寸，首大如擘指。象其臥形。物之微細，或行，或毛，或蠃，或介，或鱗，以虫為象。凡虫之屬皆从虫。〔許偉切〕

**【注釋】**

博，寬也。擘，大拇指也。本義是蛇。今有的方言把蛇叫「長蟲」。一虫為虫，二虫為蚰（昆），三虫為蟲。今簡化字蟲作虫。見「蟲」字注。

虫是虺之初文，俗稱土虺蛇，大毒蛇。《山海經·南山經》：「猨翼之山多蝮虫。」然《說文》分為二字，虫實虺之初文，後加聲符兀。見「虺」字注。

段注：「古虫、蟲不分，故以蟲諧聲之字多省作虫，如融、蝕是也。」

蝮 🐍 fù　　虫也。从虫，复聲。〔芳目切〕

**【注釋】**

即蝮蛇。體色灰褐，有斑紋，頭部略呈三角形，有毒牙。又叫土虺，與土色相亂，湖湘間謂之土逼子。蝮、逼一語之轉也。

螣 🐍 téng　　神蛇也。从虫，朕聲。〔徒登切〕

**【注釋】**

曹操《龜雖壽》：「螣蛇乘霧，終為土灰。」螣蛇無足而飛。段注：「《毛詩》叚借為蟘字。」

蚺 🐍 rán　　大蛇，可食。从虫，冉聲。〔人占切〕

**【注釋】**

隸變作蚺，蟒蛇也。從冉之字多有大長義，如髯、聃（耳曼也）、姌（弱長貌）、枏（即楠木，高大喬木）。

螼 🐛 qǐn　　螾也。从虫，堇聲。〔棄忍切〕

**【注釋】**

螼，蚯蚓之合音也。段注：「《釋蟲》曰：螼、蚓，蜸蠶。許謂螼也，蚓也，蜸蠶也，一物三名也。蚓許作螾。」

蚓 yǐn（蚓）　　側行者。从虫，寅聲。〔余忍切〕蚓，或从引。

【注釋】

今通行重文蚓。從引，引，長也。聲兼義也。

段注：「《考工記》：卻行，仄行。鄭曰：卻行，蚓衍屬。仄行，蟹屬。與許異。今觀丘蚓實卻行，非側行，鄭說長也。丘蚓俗曰曲蟮，漢巴郡有胸忍縣，以此蟲得名。丘、胸、曲一語之轉也。或訛胸忍為胸朒，讀如蠢潤二音，遠失之矣。」

今河南方言仍把蚯蚓叫曲圈，曲蟮之聲轉也。

蜲 wēng　　蟲在牛馬皮者。从虫，翁聲。〔烏紅切〕

【注釋】

即牛蝱。

蝬 zōng　　蜲蝬也。从虫，從聲。〔子紅切〕

【注釋】

蜲蝬，寄生在牛馬皮上的小蜂。朱駿聲《定聲》：「蘇俗謂之牛蝱。」馬敘倫《六書疏證》：「蝱蓋蜲蝬之合音。」

蠁 xiǎng　　知聲蟲也。从虫，鄉聲。〔許兩切〕司馬相如，蠁从向。

【注釋】

即土蛹。常「肸蠁」連用，散佈傳播也。

段注：「《十部》曰：肸蠁，布也。《釋蟲》曰：國貉，蟲蠁。《廣雅》曰：土蛹，蠁蟲。鄉、向聲同也。按《春秋》羊舌肸字叔向，說者向讀上聲。蓋向者，蛔之省也，以肸蠁為名字。」

蛁 diāo　　蟲也。从虫，召聲。〔都僚切〕

【注釋】

蛁蟟，蟬的一種。

段注：「蛁謂蟲名也，按《玉篇》以蛁蟟釋之，非也。蛁自蟲名，下文缺下蛁蟟，別一蟲名。凡單字為名者，不得與雙字為名者相牽混。蛁蟟即蛁蟟，不得以釋蛁也。」

蠣 𧖶 cuì　　蟲也。从虫，毳聲。〔祖外切〕

蛹 𧖧 yǒng　　繭蟲也。从虫，甬聲。〔余隴切〕

【注釋】

段注：「蛹之為物，在成繭之後，化蛾之前，非與蠶有二物也。立文不當曰繭蟲，當曰繭中蠶也，乃使先後如貫珠然，疑轉寫必有訛亂。」

蟣 𧑡 guī　　蛹也。从虫，鬼聲。讀若潰。〔胡罪切〕

【注釋】

段注：「《顏氏家訓》曰：『《莊子》：蟣二首。蟣即古虺字，見《古今字詁》。』按《字詁》原文必曰：古蟣，今虺。以許書律之，古字叚借也。」

蛕 𧓉 huí（蛔）　　腹中長蟲也。从虫，有聲。〔戶恢切〕

【注釋】

後作蛔字。肚中之長條蟲也，從回，聲兼義也。鮰是大魚，即鱘魚也。

蟯 𧕡 náo　　腹中短蟲也。从虫，堯聲。〔如招切〕

【注釋】

蟯蟲，腸內的寄生蟲。

從堯之字有高義，亦有短義，見前「堯」字注。僬僥，古代之矮人。撓者，彎曲也，曲則短。如橈（曲木）、鐃（小鉦也）、嬈（苛也）。

雖 𧔖 suī（虽）　　似蜥蜴而大。从虫，唯聲。〔息遺切〕

【注釋】

本義是大蜥蜴。虽是雖之省旁俗字。據段注，雖然之本字當作睢，乃縱恣之引申也。

段注：「此字之本義也。自藉以為語詞，尟有知其本義者矣。按《方言》：守宮在澤中者，東齊海岱謂之蠑螈。注云：『似蜥易大而有鱗。』蠑字疑雖之誤。《常棣》云：每有良朋。又云：雖有兄弟。傳云：每，雖也。凡人窮極其欲曰恣睢，雖即睢也。」

虺 huǐ　　虺以注鳴。《詩》曰：胡為虺蜥。从虫，兀聲。〔臣鉉等曰：兀非聲，未詳。〕〔許偉切〕

【注釋】

注，咮之假借，嘴也。虺是一種毒蛇。「虺虺」形容打雷的聲音。虺單用指毒蛇，「虺易」「虺蜓」「虺蜥」等連用指蜥蝪。名物字單用合用所指不一。

蜥 xī　　蜥易也。从虫，析聲。〔先擊切〕

【注釋】

段注：「易下曰：蜥易，蝘蜓。蝘蜓，守宮也。渾言之。此分別蜥易、蝘蜓、榮蚖為三，析言之也。《方言》曰：守宮，秦晉西夏或謂之蠦蠳，或謂之蜥易。蜥亦作蝪，《詩》：胡為虺蜥，今作虺蝪，其音同也。」

「易」下段注：「今俗書蜥易字多作蝪，非也。按《方言》：蜥易，其在澤中者謂之易蝪。郭云：『蝪音析。』是可證蝪即蜥字，非羊益切。《小雅》：胡為虺蝪。毛傳曰：蝪，蚖也。《釋文》：蝪，星曆反，字又作蜥。《說文》引《詩》正作蜥，毛語正與《方言》合。

《方言》：『易蝪，南楚謂之蛇醫，或謂之蠑螈。』謂在澤中者也。螈即《虫部》之蚖字，蛇醫也。陸璣云：『蝪一名蠑螈，水蝪也，或謂之蛇醫，如蜥易。』然則蜥易者統名，倒言易蜥及單言蜥者，別其在澤中者言也。」

鵬按：「然則蜥易者統名，倒言易蜥及單言蜥者，別其在澤中者言也」，段氏此說頗為牽強，本來「蝪」即「易」之類化後起字，但文獻記載卻是「蜥」之異文，段氏無奈只能強作此說。連綿詞二字順序本可顛倒，故「蜥易」也可說成「易蜥」。

章太炎《國故論衡》有「一字重音說」之觀點，認為一個漢字可以讀為兩個音節，早期連綿詞尤其如是。《說文》中的有些雙音詞，一個是本字，一個是假借字，即因造字之初一字具有此雙音詞的二音節，故只造一字不造另一字。如「悉蟀」，蟀是本字，悉是假借字。因為蟀字本來兼有「悉蟀」二音，故不另造蟋字。他如「焦僥」「解廌」「黽勉」等皆同例。

漢語裏的一些雙音節語素（如連綿詞）起源甚早，早在漢字萌芽時就已存在。特別是名物連綿詞，最初很可能只造一個漢字來記錄，一個字念兩個音。甲骨文裏的「鳳」字除了在鳳鳥之象形字上加注「凡」聲的寫法外，偶而還有加注「兄」聲的寫法，這個寫法應該讀為「鳳凰」的「凰」，兄、皇古音極近，同屬陽部。本張政烺先生說。或

許「鳳」的象形字本來就是為雙音節語素「鳳凰」造的，可能古漢字裏本來就有念雙音節的字，但漢語裏單音節語素占絕對優勢，絕大多數漢字都念單音節，這種雙音節的字很早就淘汰了。本裘錫圭先生說。

「蜥易」二字當屬此類，二字《說文》皆載，「蝪」字不載，顯為後起。單獨一個「蜥」或單獨一個「易」（蝪）都是讀這兩個音節，也都可以表示這個名物，故二字可成異文，即出現「《詩》胡為虺蜥，今作虺蝪」之現象。後來音節才分工，蜥讀西，蝪讀義。

《說文》「易」下訓「蜥易」，「蜥」下也訓「蜥易」，絕非簡單地告訴我們：「易」是「蜥易」之「易」，「蜥」是「蜥易」之「蜥」。可能是提示我們：易可讀蜥蝪二音節，蜥也可讀蜥蝪二音節。章太炎「一字重音說」頗有道理，《說文》對連綿字之訓釋，皆可作如是觀。

蝘 〔蝘〕 yǎn　　在壁曰蝘蜓，在艸曰蜥易。从虫，匽聲。〔於殄切〕 〔蝘〕 蝘，或从蚰。

蜓 〔蜓〕 tíng　　蝘蜓也。从虫，廷聲。一曰：蝘蜓。〔徒典切〕

【注釋】

蝘蜓，蜥蝪的別名。

蚖 〔蚖〕 yuán　　榮蚖，蛇醫，以注鳴者。从虫，元聲。〔愚袁切〕

【注釋】

又作蠑螈，蜥蝪之別名。注，咮之假借，嘴也。

段注：「榮蚖或單呼蚖，《史記》：龍漦化為玄蚖，以入王後宮。是也。《方言》曰：其在澤中者謂之易蝪（音析）。南楚謂之蛇醫，或謂之蠑螈，東齊海岱謂之蟪蚚（段注：雖之訛）。」

蠸 〔蠸〕 quán　　蟲也。一曰：大螫也。讀若蜀都布名。从虫，雚聲。〔巨員切〕

【注釋】

即「黃守瓜」，亦稱「瓜螢」。瓜類害蟲，成蟲橙黃色，有硬殼，為害瓜苗，齧食

葉片。幼蟲淺黃色，食害細根或蛀入根部和近地面莖內，使植株萎黃倒伏。《莊子》：「瞀芮生乎腐蠸。」段注：「謂蟲名，未詳何物。《釋蟲》有蠸，輿父，守瓜。」

螟 ming　　蟲，食穀心者。吏冥冥犯法即生螟。从虫，从冥，冥亦聲。〔莫經切〕

【注釋】

螟蛉，一種綠色小蟲。「螟蛉之子」喻抱養的孩子。《詩經·小雅·小苑》：「螟蛉有子，蜾蠃負之。」古人以為蜾蠃不產子，於是捕螟蛉之子回來當義子餵養。從冥之字多有深藏、覆蓋義，如瞑（翕目也）、𪏮（冥也）、幎（幔也）、塓（塗也）。

段注：「心各本訛葉，今依《開元占經》正。《釋蟲》、毛傳皆曰：食心曰螟，食葉曰蟘，食根曰蟊，食節曰賊。云吏冥冥犯法即生螟，正為食心言之。惟食心，故从虫、冥會意。」

蟘 tè　　蟲，食苗葉者。吏乞貸則生蟘。从虫，从貸，貸亦聲。《詩》曰：去其螟蟘。〔臣鉉等曰：今俗作蚮，非是。〕〔徒得切〕

【注釋】

吃禾苗葉子的害蟲，如「苗螟葉蟘，坐致銷亡」。

蟣 jǐ　　蝨子也。一曰：齊謂蛭曰蟣。从虫，幾聲。〔居狶切〕

【注釋】

今簡化作虮，另造之俗字也。蟣是蝨的幼蟲，體小而白，今河南方言仍有該詞。子，卵也。山東方言雞蛋謂之雞子，或謂之雞卵。從幾之字多有小義。

段注：「蝨，齧人蟲也。子，其卵也。《戰國策》作幾瑟，段借字。」

蛭 zhì　　蟣也。从虫，至聲。〔之日切〕

【注釋】

即水蛭，也叫螞蟥。

蝚 róu　　蛭蝚，至掌也。从虫，柔聲。〔耳由切〕

【注釋】

即水蛭。

蛣 jié　　蛣蝙，蠍也。从虫，吉聲。〔去吉切〕

【注釋】

蛣蝙，又作蛣蝠，木中蛀蟲，又叫蠍。《孔叢子·連叢子上》:「善矣人之進道，惟問其志。取必以漸，勤則得多。山霤至柔，石為之穿。蠍蟲至弱，木為之弊。」

蝙 qū　　蛣蝙也。从虫，出聲。〔區勿切〕

蟫 yín　　白魚也。从虫，覃聲。〔余箴切〕

【注釋】

書蟲，又叫白魚，書中的小白蟲。段注:「今衣、書中白蟲有粉如銀者是也，一名蛃魚，《本艸經》謂之衣魚。」

蛵 xíng　　丁蛵，負勞也。从虫，巠聲。〔戶經切〕

【注釋】

丁蛵，蜻蜓也。

蜭 hàn　　毛蠹也。从虫，臽聲。〔乎感切〕

【注釋】

有毛的蠹蟲。段注:「蠹者，木中蟲也。蜭居木中，其形外有毛，能食木，故曰毛蠹，是為蜭。蜭之言陷也。」

蟜 jiǎo　　蟲也。从虫，喬聲。〔居夭切〕

【注釋】

一種毒蟲。秦始皇弟名成蟜。

蛓 cì　　毛蟲也。从虫，𢦏聲。〔千志切〕

【注釋】

　　一種毛蟲，刺蛾科黃刺蛾的幼蟲。段注：「按今俗云刺毛者是也，食木葉，體有棱角，有毛，有彩色，毛能螫人。」

　　畫 𧎲 wā　　蠚也。从虫，圭聲。〔烏蝸切〕

【注釋】

　　蠍子一類的毒蟲。

　　蚔 𧊒 qí　　畫也。从虫，氏聲。〔巨支切〕

【注釋】

　　蠍子一類的毒蟲。段注：「此篆與蟻子之蚔迥別，《孟子》書當是蚔黿，黿即畫，大夫以蚔畫為名也。」

　　蠆 𧑕 chài　　毒蟲也。象形。〔丑芥切〕 𧒇 蠆，或从蚰。

【注釋】

　　今簡化做虿，本義是蠍子。萬的本義即蠍子，乃蠆之初文，假借為億萬字，故加虫。

　　段注：「《通俗文》曰：蠆長尾謂之蠍，蠍毒傷人曰蛆。其字上本不从萬，以苗象其身首之形，俗作萬，非，且與牡蠣字混。」

　　蝤 𧓍 qiú　　蝤蠐也。从虫，酋聲。〔字秋切〕

【注釋】

　　蝤蠐指蝎蟲。天牛的幼蟲，黃白色，身長足短，呈圓筒形，蛀食樹木枝榦，是森林、桑樹和果樹的主要害蟲。白而肥，用來形容頸項之白嫩。《詩經》：「手如柔荑，膚如凝脂，領如蝤蠐，齒如瓠犀。」

　　段注：「《詩·衛風》：領如蝤蠐。傳曰：蝤蠐，蝎蟲也。《爾雅》同。按下文云：蝎，蝤蠐也。然則二者為轉注。」

　　蠐 𧓆 qí（蛴）　　蠐蠆也。从虫，齊聲。〔徂兮切〕

## 【注釋】

常作蠐，簡化字做蛴，金龜子之幼蟲。喜食剛播種的種子、根、塊莖以及幼苗，是世界性的地下害蟲，可分為植食性、糞食性、腐食性三類。今河南方言音「cí cào」者即此物，乃齏蠱之音轉也。

段注：「《釋蟲》：蠐螬，蝎。郭云：在木中者。蝤，蠐螬。郭云：在糞土中者也。是二者似同而異，宋掌禹錫、蘇頌亦辯蠐螬與蠐螬、蝎不同。許意謂蠐螬、蝎為一物，而蠐螬下不云蝎也，蓋亦不謂一物矣。」

**蝎** hé　　蠐螬也。从虫，曷聲。〔胡葛切〕

## 【注釋】

本義是蠐螬，又叫蛣蚍，木中的害蟲。後作為蠍子字。蠍子本字寫作蠆，後作蝎。

段注：「《釋蟲》曰：蝎，桑蠹，桑中蟲也。按上文許云：蛣蚍，蝎也。不類廁於此者，許意蛣蚍別為一物也，蓋一類而種別者多矣。」

**強** qiáng　　蚚也。从虫，弘聲。〔徐鍇曰：弘與強聲不相近，秦刻石文从口，疑从籀文省。〕〔巨良切〕 籀文強，从蚰，从彊。

## 【注釋】

本義是米中的小黑蟲。強大義本字作彊，見前「彊」字注。

段注：「假借為彊弱之彊。弘聲，此聲在六部，而強在十部者，合韻也。據秦刻石則強者古文，秦刻石文用強，是用古文為小篆也。然以強為彊，是六書之叚借也。」

**蚚** qí　　強也。从虫，斤聲。〔巨衣切〕

## 【注釋】

本義是米中的小黑蟲。

**蜀** shǔ　　葵中蠶也。从虫，上目象蜀頭形，中象其身蜎蜎。《詩》曰：蜎蜎者蜀。〔市玉切〕

## 【注釋】

蠋之初文也，即蠐螬也。

段注：「葵，《爾雅》釋文引作桑。《詩》曰：蜎蜎者蠋，蒸在桑野。似作桑為長。毛傳曰：蜎蜎，蠋貌。蠋，桑蟲也。傳言蟲，許言蠶者，蜀似蠶也。《淮南子》曰：蠶與蜀相類，而愛憎異也。桑中蠹即蝤蠐。」

蜀即桑木中像蠶一樣的害蟲，即一種野蠶。蜀地的先王有名蠶叢者，李白《蜀道難》：「蠶叢及魚鳧，開國何茫然。」漢代蜀郡有蠶陵縣。可證蜀地得名與此蟲有關。

蠲 𧏈 juān　　馬蠲也。从虫、目，益聲。了，象形。《明堂月令》曰：腐艸為蠲。〔古玄切〕

【注釋】

即百足蟲，名叫馬蠲，又名馬陸或馬蚿。成語有「百足之蟲，死而不僵」。

假借為捐除字，常用義有三：一是除去，免除，如「蠲除」；二是乾淨，如「蠲潔」，《小爾雅》：「蠲，潔也。」三是顯示，如「惠公蠲其大德」。

段注：「馬蠲亦名馬蚿，亦名馬蚿，亦名馬蠸。《方言》曰：馬蚿大者謂之馬蚰。蚰、蜒同字也。《莊子》謂之蚿，多足蟲也。今巫山夔州人謂之艸鞵絆，亦曰百足蟲，茅茨陳朽則多生之。故《淮南》《呂覽》皆曰：腐艸化為蚿。」

蠯 𧍒 bī　　齧牛蟲也。从虫，毘聲。〔邊兮切〕

【注釋】

寄生在牲畜、禽鳥身上的蝨子。「蠯蜉」同「蚍蜉」，大螞蟻。段注：「今人謂齧狗蟲，語亦同。《通俗文》曰：狗虱曰蠯。」

蠖 𧎬 huò　　尺蠖，屈申蟲。从虫，蒦聲。〔烏郭切〕

【注釋】

即今尺蠖。

蝝 𧐶 yuán　　復陶也。劉歆說：蝝，蚍蜉子。董仲舒說：蝗子也。从虫，彖聲。〔與專切〕

【注釋】

蝮蜪，蝗蟲未生翅的幼蟲。

段注：「何注《公羊》曰：蝝即蝮也。始生曰蝝，大曰蝮。《五行志》曰：董仲

舒、劉向以為蝗始生也。蠜即螽字。」

螻 lóu　　螻蛄也。从虫，婁聲。一曰：螜，天螻。〔洛侯切〕

【注釋】

又名土狗，會鑽地，害蟲。

段注：「一曰：螜，天螻。《釋蟲》文，郭注云：螻蛄也。按依郭則此一曰猶一名耳，但恐郭注未安。《方言》：蠀螬，或謂之蟈螜，或謂之天螻。則非螻蛄也。許書無螜字。」

蛄 gū　　螻蛄也。从虫，古聲。〔古乎切〕

蠪 lóng　　丁，蟻也。从虫，龍聲。〔盧紅切〕

【注釋】

段注：「蠪丁，蟻也。按此當於蠪丁為逗，各本刪蠪字者，非也。讀《爾雅》者以丁蟻為句，亦非。蠪丁，蟻之一名耳。《爾雅》丁作朾。」

蛾 é　　羅也。从虫，我聲。〔臣鉉等案：《爾雅》：「蛾，羅。」蠶蛾也。《蜙部》已有蠢，或作蝥，此重出。〕〔五何切〕

【注釋】

連篆為讀，蛾羅也。蛾羅一般指蛾子，如《爾雅》，然許書謂螞蟻也。蛾乃蟻之古體，見後「蠢」字注。我和義古常相通，故蟻可寫作蛾，典籍常見。

段注：「蛾羅見《釋蟲》，許次於此，當是蠶一名蛾。古書說蛾為蠶蠢者多矣，蛾是正字，蟻是或體，許意此蛾是蠶，《蜙部》之蠢是蠶蠢，二字有別。郭注《爾雅》蛾羅為蠶，非許意也。《爾雅》蠶字本或作蛾，蓋古因二字雙聲通用，要之本是一物，非叚借也。」

蟻 yǐ（蟻）　　蚍蜉也。从虫，豈聲。〔魚綺切〕

【注釋】

此蟻之古字，後作蟻。毛澤東詞：「螞蟻緣槐誇大國，蚍蜉撼樹談何易。」古詩：「蚍蜉撼大樹，可笑不自量。」蚍蜉者，螞蟻也。

段注：「《蟲部》曰：蠶蠹，大螾也。析言之也。渾言之則凡螾皆曰蠶蠹。《爾雅》：蚍蜉，大螾。小者螾。亦是析言。」

蚔 𧏿 chí　　蟻子也。从虫，氏聲。《周禮》有蚔醢。讀若祁。〔直尼切〕𧎫 籀文蚔，从蚰。𧑓 古文蚔，从辰、土。

【注釋】

子，卵也。螞蟻的卵，古人用來做醬。

段注：「《釋蟲》曰：蟻子，蚔。郭云：蟻卵也。《周禮》饋食之豆有蚔醢，鄭曰：蚔，蛾子也。」

蟠 𧒒 fán　　阜蟠也。从虫，樊聲。〔附袁切〕

【注釋】

蚱蜢也。《爾雅》：「阜螽謂之蟠。」草蟲謂之阜蟠，形似蝗而異種，生於陸阜曰阜螽，生於草間曰草蟲。

蟀 𧒴 shuài（蟀）　　悉蟀也。从虫，帥聲。〔臣鉉等曰：今俗作蟀，非是。〕〔所律切〕

【注釋】

今作蟀字。段注：「《唐風》：蟋蟀在堂。傳曰：蟋蟀，蛬也。按許書無蛬字，今人叚蛬為之。按蟋蟀皆俗字。」

蠅 𧒽 mián　　馬蜩也。从虫，面聲。〔武延切〕

【注釋】

一種發聲很響的大黑蟬。馬，大也。馬熊，大熊也。

段注：「凡言馬者謂大。馬蜩者，蜩之大者也。《方言》曰：蟬，其大者謂之蟧，或謂之蠅馬。蠅馬二字誤倒。此篆不與下文蜩、蟬、蜻、蚗諸篆為伍，不得其故，恐是淺人亂之耳。」

䗊 𧒫 dāng　　䗊蠰，不過也。从虫，當聲。〔都郎切〕

【注釋】

蛬蠰，即螳螂也。段注：「蛬蠰，不過，皆螳螂別名。堂蜋與蛬蠰一語小異耳。」

蠰 náng　　蛬蠰也。从虫，襄聲。〔汝羊切〕

蜋 láng　　堂蜋也。从虫，良聲。一名斫父。〔魯當切〕

【注釋】

即螳螂也。

段注：「斫各本作蚚，今依《爾雅音義》正，堂蜋臂有斧能斫，故曰斫父。郭云：江東呼為石蜋，石即斫，今江東呼斫郎。」今河南方言稱螳螂為「老砍刀」，機軸一也。

蛸 xiāo　　蟲蛸，堂蜋子。从虫，肖聲。〔相邀切〕

【注釋】

段注：「《爾雅》莫貉、螳蜋同類物也，今沛魯以南謂之螳蠰，三河之域謂之螳蜋，燕趙之際謂之食肬，齊濟以東謂之馬敫，然名其子則同云螵蛸。按堂蜋卵附於木，堅韌不可動，至小暑而子群生焉。按蟲字从蚰，故入《蚰部》。凡一物二字而異部者例此。」

蛢 píng　　蟥蟥，以翼鳴者。从虫，并聲。〔薄經切〕

【注釋】

蛢即金龜子。河南稱為「老鍋蟲」，蓋身上有殼也。

段注：「《釋蟲》曰：蚊蟥，蛢。郭云：甲蟲也，大如虎豆，綠色，今江東呼黃瓶。按蚊蟥即蟥蟥也，以翼鳴者，《考工記·梓人》鄭注：翼鳴，發皇屬。發皇即蚊蟥也。」

蟥 yù　　蟥蟥也。从虫，矞聲。〔余律切〕

蟥 huáng　　蟥蟥也。从虫，黃聲。〔乎光切〕

【注釋】

蟥蟥，甲蟲名。螞蟥，水蛭也。二者非一物也。

蝨 🦟 shī　　蛄蝨，強羋也。从虫，施聲。〔式支切〕

**【注釋】**

米穀中的小黑蟲。

段注：「強羊也。羊，《釋文》所引及宋本如此，當音陽。蓋今江東人謂麥中小黑蟲為羊子者是也。鉉本作蜌，李仁甫本作羋，皆非是。《釋蟲》曰：蛄蝨，強蜌。郭云：今米穀中蠹小黑蟲是也，建平人呼為蜌子。蜌，亡婢反。

郭音恐未諦。《方言》：姑蝨謂之強羊。字亦正作羊。郭注廣之，以江東名蟹，音加。建平人呼蜌子，音羋姓，不得改《方言》正文作蜌也。《爾雅》正文恐亦本作羊。」

蛅 🐌 zhān　　蛅斯，墨也。从虫，占聲。〔職廉切〕

蜆 🦟 xiàn　　縊女也。从虫，見聲。〔胡典切〕

**【注釋】**

縊女，蝶類的蛹，又名蜆，頭赤身黑，幼蟲常吐絲自懸，故名。

段注：「與《釋蟲》同。郭云：小黑蟲，赤頭，憙自經死，故曰縊女。」今「蜆子」，俗稱扁螺，小蛤一類的軟體動物，非縊女也。

蜚 🦟 féi　　盧蜚也。从虫，肥聲。〔符非切〕

**【注釋】**

蜚單用指臭蟲，又名「蜚蟲」「床虱」，如「蜚蟲蚊蚤」。「盧蜚」連用指蟑螂，又作「蠦蜚」。

蜛 🦟 jué　　渠蜛。一曰：天社。从虫，卻聲。〔其虐切〕

**【注釋】**

渠蜛即蛣蜣，也叫蜣蜋，屎殼郎也。

段注：「按渠蜛即蛣蜣雙聲之轉，《玉篇》謂蜣、蜛同字，是也。《釋蟲》曰：蛣蜣，蜣蜋。《莊子》云：蛣蜣之智在於轉丸。陶隱居云：憙入人糞中，取屎丸而卻推之，俗名為推丸。

羅願云：一前行，以後兩足曳之，一自後而推致焉，乃坎地納丸，不數日有蜣

蜋自其中出。玉裁謂此物前卻推丸，故曰渠蝴。一曰猶一名也。《廣雅》曰：天柱，蜣蜋也。」

蠃 guǒ（蜾）　　蠃蠃，蒲盧，細要土蜂也。天地之性，細要，純雄，無子。《詩》曰：螟蠕有子，蠃蠃負之。从虫，羸聲。〔古火切〕蜾，或从果。

【注釋】

今通行重文蜾。細腰蜂也。肚子大，故謂之蜾蠃，清程瑤田有《蜾蠃轉語記》，可參看。見前「螟」字注。

段注：「《小雅·小宛》曰：螟蛉有子，蜾蠃負之。毛傳曰：螟蛉，桑蟲也。蜾蠃，蒲盧也。箋云：蒲盧取桑蟲之子，負持而去，煦嫗養之，以成其子。

《中庸》注曰：蒲盧，果蠃，土蜂也。蒲盧取桑蟲之子，去而變化，以成為己子。戴先生曰：古語謂隨變而成者曰蒲盧。蒲盧又見《大戴禮》《山海經》，《小正》曰：雉入於淮為蜃。蜃者，蒲盧也。」

蠃 luǒ　　蜾蠃也。从虫，羸聲。一曰：虒蝓。〔郎果切〕

【注釋】

虒蝓，蝸牛也。

蠕 líng　　螟蠕，桑蟲也。从虫，霝聲。〔郎丁切〕

【注釋】

段注：「按上文云：蜀，桑中蠶。謂蠶其中者也。此桑蟲似步屈，其色青細，或在葉上。」

蛺 jiá　　蛺蜨也。从虫，夾聲。〔兼叶切〕

【注釋】

即蝴蝶。

蜨 dié（蝶）　　蛺蜨也。从虫，疌聲。〔臣鉉等曰：今俗作蝶，非是。〕〔徒叶切〕

【注釋】

今作蝶字。《說文》無蝶字。

蚩 𮥁 chī　　蟲也。从虫，之聲。〔赤之切〕

【注釋】

蟲名叫蚩。之作聲符，變形，寺亦從之聲。

常用義是無知、癡愚。又有醜陋義，後作「媸」，今有「妍媸不分」。又有欺侮義，《廣雅》：「蚩，侮也。」張衡《西京賦》：「蚩眩邊鄙。」

段注：「蚩蟲也。蚩字今補，此三字句，謂有蟲名蚩也。段借為『氓之蚩蚩』，毛傳曰：蚩蚩，敦厚之貌。《玉篇》曰：癡也。此謂《毛詩》。又曰：笑也。此謂段蚩為欺也。」

蝄 𮥋 bān　　蝄蝥，毒蟲也。从虫，般聲。〔布還切〕

【注釋】

俗稱放屁蟲。

蝥 𮥊 máo　　蝄蝥也。从虫，敄聲。〔臣鉉等曰：今俗作蝥，非是。蝥即蠿蝥，蜘蛛之別名也。〕〔莫交切〕

【注釋】

今常作斑蝥，或斑蝥。

蟠 𮥌 fán　　鼠婦也。从虫，番聲。〔附袁切〕

【注釋】

鼠婦蟲，即草鞋蟲，一種潮蟲。今河南農村謂之潮蟲者也，又名鼠負、負蟠、鼠姑、鼠黏、地虱等。今作為蟠曲字，今有「虎踞龍蟠」。引申為彎曲義，今有「蟠木」。蟠，曲也。

段注：「《釋蟲》曰：蟠，鼠負。負又作婦。《本艸經》曰：鼠婦，一名負蟠。郭璞曰：甕器底蟲。按此濕生蟲，今蘇州人所謂鞵底蟲也。借為蟠曲字，《舟部》般旋字之段借也。」

**蛜 yī　　蛜威，委黍。委黍，鼠婦也。从虫，伊省聲。〔於脂切〕**

【注釋】

蛜威，潮蟲。《詩經·豳風·東山》：「伊威在室，蠨蛸在戶。」今河南農村謂之土鼈，與潮蟲形似，體略大，非一物也。

段注：「按《釋蟲》以『蟠，鼠婦』與『伊威，委黍』畫為二條，不言一物。蛜威即今之地鱉蟲，與鼠婦異物。《本艸經》曰：鼠婦，一名蛜蝛，以其略相似耳。《本艸經》以鼠婦與䗪蟲（地鱉蟲，可入藥，又名土鼈）為二條，分下品中品，實則䗪即鼠婦，蓋一物而略有異同，今難細別耳。許書之蟅謂螽，絕非鼠婦。」

**蜙 sōng（蚣）　　蜙蝑，以股鳴者。从虫，松聲。〔息恭切〕 蚣，或省。〔臣鉉等曰：今俗作古紅切，以為蜈蚣，蟲名。〕**

【注釋】

蜙蝑，即斯螽，蟈蟈也，也叫螽斯。《爾雅·釋蟲》：「蜇螽，蜙蝑。」郝懿行義疏：「《詩》之螽斯、斯螽，毛傳並云蜙蝑，是一物也，斯與蜇聲義同。」

段注：「《周南》傳曰：斯螽，蜙蝑也。《豳風》傳曰：螽斯，蜙蝑也。《釋蟲》曰：蜇螽，蜙蝑。舍人曰：今所謂舂黍也。《方言》曰：舂黍謂之蜙蝑。《詩》斯螽即螽斯，《爾雅》蜇即斯。蜙蝑、舂黍皆雙聲，蜙舂、蝑黍又疊韻。陸璣疏曰：『幽州人謂之舂箕，蝗類也。』以股鳴者，鄭曰：股鳴，蜙蝑動股屬。《七月》曰：五月斯螽動股。」

**蝑 xū　　蜙蝑也。从虫，胥聲。〔相居切〕**

**蟅 zhè　　蟲也。从虫，庶聲。〔之夜切〕**

【注釋】

即蚱蜢，也叫蟅蟒。蟅常用義又指土鼈。

段注：「螽也。螽各本訛作蟲，今正。《方言》曰：蟒，宋魏之間謂之蟘，南楚之外謂之蟅蟒，或謂之䗁。郭注：『即蝗也。』蟅音近詐，蟒音莫梗反，亦呼虴蜢。按即今北人所謂蚂蚱，江南人謂之蝗蟲。蟅蟒、虴蜢一語之轉。許書上文云蜙蝑，下文曰蝗，蟅亦蝗也，故列字之次如此。若《廣雅》《本艸》所云蟅者（土鼈也），皆非許意。」

蝗 huáng　　螽也。从虫，皇聲。〔乎光切〕

【注釋】

螽是蝗蟲的總名。或謂大者為蝗，小者為螽。從皇聲，聲兼義。皇，大也。蝗蟲
群飛，氣勢宏大。

段注：「《春秋》為螽，今謂之蝗。按螽、蝗古今語也，是以《春秋》書螽，《月
令》再言蝗蟲。《月令》，呂不韋所作。」

蜩 tiáo　　蟬也。从虫，周聲。《詩》曰：五月鳴蜩。〔徒聊切〕 蜩，
或从舟。

【注釋】

《逍遙遊》：「蜩與學鳩笑之。」

段注：「《豳風》傳曰：蜩，蟧也。《大雅》：如蜩如螗。傳曰：蜩，蟬也。螗，
蝘也。《小雅》：鳴蜩嘒嘒。傳曰：蜩，蟬也。不同者，或渾言，或析言，蟬之類不
同也。《夏小正》傳曰：唐蜩者匽。《爾雅》曰：蜩，蜋蜩，螗蜩。許書無螗字，螗
蓋蟬之大者也，當依《小正》作唐。」

蟬 chán　　以旁鳴者。从虫，單聲。〔市連切〕

【注釋】

旁，翅膀也。「蟬聯」謂連續不斷貌。

蜺 ní　　寒蜩也。从虫，兒聲。〔五雞切〕

【注釋】

即寒蟬，一種體形較小的蟬，也叫秋蟬。常見的黑蚱蟬體型較大，叫聲是連續不
斷的，而寒蟬則是一聲一聲地叫。常見的有蒙古寒蟬，叫聲起伏多變，音調忽高忽低。
蒙古寒蟬「膽子」小，一旦有人靠近，它就會停止鳴叫。今天津農村常見此蟬。

「寒蟬鳴敗柳，大火向西流」，即指此蟬，與《月令》「七月，寒蟬鳴」記載同。
也叫「寒螿」，岳飛詞：「昨夜寒螿不住鳴。」亦指此物。一作「寒蛩」，深秋之蟋蟀，
版本不同也。

段注：「《方言》：小而黑者謂之蜺。又曰：蟪謂之寒蜩。寒蜩，瘖蜩也。不言蜺

與寒蜩為一。許本《爾雅》為說，《釋蟲》曰：蜺，寒蜩。《月令》：七月，寒蟬鳴。鄭曰：寒蟬，寒蜩，謂蜺也。郭璞云：寒螿也。或叚為虹霓字。」

**蟹 xī　　蟹鹿，蛁蟟也。从虫，奚聲。〔胡雞切〕**

**【注釋】**

常見的蟬有三種，即黑蚱蟬、寒蟬、蟪蛄。螇鹿即蟪蛄，一種小型蟬，體短，吻長，黃綠色，有黑色條紋。叫聲不如黑蚱蟬等大型蟬響亮，聲音小，比較脆弱，聽上去就像「吃吃吃」。綠色的蟪蛄和黃褐色的蟪蛄較常見。

段注：「《釋蟲》曰：蜓蚞，螇螰。《方言》曰：蛥蚗，齊謂之螇螰，楚謂之蟪蛄，或謂之蛉蛄，秦謂之蛥蚗。自關而東謂之虭蟧，或謂之蝭蟧，或謂之蜓蚞。西楚與秦通名也。《小正》：七月，寒蟬鳴。傳曰：蝭蠑也。與上文五月良蜩、唐蜩為各物，《方言》亦以蛥蚗與蟬為各物。然則許之蜺、螇螰與蜩、蟬蓋亦有別矣。」

**蚗 jué　　蛁蚗，蛁蟟也。从虫，夬聲。〔於悅切〕**

**【注釋】**

蛁蟟，蟬也，即蟪蛄也。

段注：「按蛁尞與蝭蟧、蜓蚞、螇螰皆關雙聲疊韻。」

**蝒 mián（蝒）　　蝒蚗，蟬屬。讀若周天子赧。从虫，丏聲。〔武延切〕**

**【注釋】**

同「蝒」。馬蜩，一種大蟬。

段注：「按《爾雅》：蝒者，馬蜩。《方言》：蟬大者謂之蝒馬。《玉篇》《廣韻》皆曰：蝒即蝒字。然則許之蝒蚗即《爾雅》之馬蜩也。」見「蝒」字注。

**蛚 liè　　蜻蛚也。从虫，列聲。〔良薛切〕**

**【注釋】**

蜻蛚，蟋蟀也。張載《七哀》詩：「仰聽離鴻鳴，俯聞蜻蛚吟。」

段注：「按楊雄、李巡、陸璣、郭璞、《玉篇》《廣韻》皆云：蟋蟀，一名蜻蛚。但許書不與上文蟹蠡為伍，蓋不以為一物與？鄭注《考工記》曰：以注鳴者，精列

屬。」

　　鵬按：蜻蛚、蟋蟀實一語之轉也。

　　蜻 𧍙 jīng　　　蜻蛚也。从虫，青聲。〔子盈切〕

　　蛉 𧒓 líng　　　蜻蛉也。从虫，令聲。一名桑根。〔郎丁切〕

【注釋】

　　蜻蛉，蜻蜓也。

　　段注：「《方言》曰：蜻蛉謂之蝍蛉。郭云：江東謂之狐黎，淮南人呼蟪蛉。音康伊。按《淮南書》：水蠆為蟌。即蜻蛉也，今人作蜻蝏、蜻蜓。一曰：桑根，一曰猶一名也，今本作一名。」

　　蠓 𧓹 měng　　　蠛蠓也。从虫，蒙聲。〔莫孔切〕

【注釋】

　　蠛蠓，小飛蟲也，俗叫蠓蠓蟲。

　　段注：「蔑之言末也，微也。《爾雅》作蠛，非古也。《釋蟲》曰：蠓，蠛蠓。孫炎曰：此蟲小於蚊，小蟲似蜹。《史記》：蜚鴻滿埜。索隱引高誘曰：飛鴻，蠛蠓也。按古鴻蒙為疊韻，故高君知鴻為蠓也。《楊雄賦》：浮蠛蠓而撇天。蠛蠓猶鴻蒙也，細至於蠓，則其外皆鴻蒙矣，故其字从蒙。」

　　蟧 𧖲 lüè　　　蟲蟧也。一曰：蜉蝣，朝生莫死者。从虫，𤉡聲。〔離灼切〕

【注釋】

　　小飛蟲、蠛蠓蟲之類。長六、七分，頭似蜻蛉而略小，有四翅，體細而狹。夏秋之交，多近水而飛，往往數小時即死。或作「浮遊」「浮蝣」。

　　段注：「一曰：浮遊，朝生莫死者。一曰猶一名也，浮遊各本作蜉蝣，俗人所改耳。蝣字許書無，蜉字雖有亦非，今正。《釋蟲》曰：蜉蝣，渠略。《曹風》毛傳曰：蜉蝣，渠略也，朝生夕死。其狀詳陸璣《詩疏》《爾雅注》。渠略叚借字。」

　　蜹 𧔦 ruì（蚋）　　秦晉謂之蜹，楚謂之蚊。从虫，芮聲。〔而銳切〕

【注釋】

今作蚋，蚊子也。常「蚊蚋」連用。

蠨 𧕊 xiāo　　蠨蛸，長股者。从虫，肅聲。〔穌雕切〕

【注釋】

蠨蛸，長腳蜘蛛。《詩經·豳風·東山》：「伊威在室，蠨蛸在戶。」

段注：「《釋蟲》曰：蠨蛸，長踦。《豳風》毛傳同，跂當作踦，其足長，故謂之長踦，許則顯之曰長股者也。此䵶䵹之一種，俗謂喜母。俗寫作蟢子。」

蟶 𧒍 shěng　　蟲也。从虫，省聲。〔息正切〕

【注釋】

段注：「蟶蟲也。有蟲名蟶也。」

蛚 𧓉 liè　　商何也。从虫，寽聲。〔力輟切〕

【注釋】

蛚蛜，古書上說的一種蟲。

段注：「《釋蟲》曰：蛜，蛚何。郭云：未詳。陸云：商，失羊反。《字林》之亦反。按《字林》近古，之亦反則字本作蛜，而許書當作『啻何』矣。」

蜡 𧓏 zhà（蛆）　　蠅胆也。《周禮》：蜡氏掌除骴。从虫，昔聲。〔鉏駕切〕

【注釋】

後作蛆字。今作為蠟燭字。

段注：「《肉部》曰：胆，蠅乳肉中也。蜡、胆音義皆通，蠅生子為蛆。蛆者俗字，胆者正字，蜡者古字。已成為蛆，乳生之曰胆、曰蜡。」

蝡 𧒤 ruǎn（蠕）　　動也。从虫，耎聲。〔而沇切〕

【注釋】

後作蠕字，《說文》無蠕字。

蚑 ⿰虫支 qí　　行也。从虫，支聲。〔巨支切〕

**【注釋】**

本義是蟲類行走。

段注：「徐行也。凡蟲行曰蚑，《周書》曰：蚑行喘息。《小弁》曰：鹿斯之奔，維足伎伎。伎本亦作跂，毛傳曰：舒皃。箋云：伎伎然舒者，留其群也。按其字當作蚑蚑，毛傳、鄭箋正與徐行說合也。《漢書》：跂跂脈脈善緣壁。其字亦當作蚑蚑。」

蠉 ⿰虫睘 xuān　　蟲行也。从虫，睘聲。〔香沇切〕

**【注釋】**

蟲子屈曲爬行或飛。段注：「凡蟲行曰蠉。上蚑為徐行，則蠉為疾行也。《羽部》曰：翾，小飛也。」

蚩 ⿱屮虫 chǎn　　蟲曳行也。从虫，屮聲。讀若騁。〔丑善切〕

**【注釋】**

蟲向前爬行。

蝓 ⿰虫欲 yú　　螊醜蝓，垂腴也。从虫，欲聲。〔余足切〕

蝙 ⿰虫扇 shàn　　蠅醜蝙，搖翼也。从虫，扇聲。〔式戰切〕

蛻 ⿰虫兌 tuì　　蛇蟬所解皮也。从虫，挩省。〔輸芮切〕

**【注釋】**

今有「蛻皮」。

蛞 ⿰虫若 hē　　螫也。从虫，若省聲。〔呼各切〕

螫 ⿰虫赦 shì　　蟲行毒也。从虫，赦聲。〔施隻切〕

**【注釋】**

即蟲蜇人，今山西臨汾方言仍用此語。又作蜇字之異體。

蛨 䖥è　　跂也。从虫，亞聲。〔烏各切〕

蛘 yǎng（癢）　　搔蛘也。从虫，羊聲。〔余兩切〕

【注釋】

此瘙癢之本字也。段注：「《釋詁》亦曰：痒，病也。按今字以痒為癢字，非也。癢之正字《說文》作蛘。」《說文》：「痒，病也。」本義是病名，非今瘙癢義。《說文》無癢字。

段注：「騷痒者，擾動於肌膚間也。玄應引《禮記》：蛘不敢搔。俗多用痒、癢、養字，蓋非也。蛘从虫者，往往有蟲潛於膜，故疥字亦或作蛥、作蚧。」

餞 shí（蝕）　　敗創也。从虫、人、食，食亦聲。〔乘力切〕

【注釋】

今俗字作蝕字。

蛟 jiāo　　龍之屬也。池魚滿三千六百，蛟來為之長，能率魚飛，置筍水中，即蛟去。从虫，交聲。〔古肴切〕

【注釋】

古代傳說中一種能發洪水的龍，如「蛟龍得雲雨，終非池中物」。俗語云：「龍生九子，必有一蛟。」乃龍中之尤者。佼、姣，皆同源詞也。又指無角龍。四木禽星有角木蛟。

段注：「龍屬，無角曰蛟。各本作『龍之屬也』四字，今依《韻會》正。龍者，鱗蟲之長，蛟其屬，無角則屬而別也。按蛟或作鮫，然鮫者魚名，其字不相代也。」

螭 chī　　若龍而黃，北方謂之地螻。从虫，离聲。或云：無角曰螭。〔丑知切〕

【注釋】

無角龍。龍生九子之一有「螭吻」，性好望，站屋脊，後代屋脊上常用它來作裝飾。

段注：「左思《蜀都賦》：或藏蛟螭。劉注云：『蛟螭，水神也，一曰雌龍，一曰龍子。』似謂蛟螭為一物。然《上林賦》：蛟龍赤螭。文穎曰：龍子為螭。」

虯 qiú（虬）　　龍子有角者。从虫，丩聲。〔渠幽切〕

【注釋】

有角的幼龍。俗字作虬。又有蜷曲義，如「虯曲」「虯髯客」。

段注：「龍無角者。李善注《甘泉賦》引《說文》：虯，龍無角者。王逸注《離騷·天問》兩言有角曰龍，無角曰虯。《玉篇》《廣韻》皆曰：無角曰虯。絕無龍子有角之說。」

蜦 lún　　蛇屬。黑色，潛於神淵，能興風雨。从虫，侖聲。讀若戾艸。〔力屯切〕 蜦，或从戾。

蠊 lián　　海蟲也。長寸而白，可食。从虫，兼聲。讀若嗛。〔力鹽切〕

【注釋】

生長在海裏的一種像蛤蜊的動物，肉可以吃。《玉篇》：「蠊，小蚌，可食。」

蜃 shèn　　雉入海，化為蜃。从虫，辰聲。〔時忍切〕

【注釋】

大蛤也。《國語·晉語》：「小曰蛤，大曰蜃。皆介物，蚌類也。」

初文作辰，先民以為農具。南方之神曰祝融，東方之神曰苟芒，北方之神曰玄冥，西方之神曰蓐收。西方對應秋季，是收穫的季節，故其神叫蓐收。從辰，農具也。今有「海市蜃樓」，古人認為是大蜃吐氣而成。

段注：「羅氏願曰：《月令》：九月雀入大水為蛤，十月雉入大水為蜃。比雀所化為大，故稱大蛤也。按鄭注《禮記》曰：大蛤曰蜃。韋注《國語》曰：小曰蛤，大曰蜃。《玉篇》作蜃，入《蚰部》。」

蛤 gé　　蜃屬。有三，皆生於海，千歲化為蛤，秦謂之牧厲。又云百歲燕所化。魁蛤，一名復累，老服翼所化。从虫，合聲。〔古沓切〕

蠯 pí　　階也。修為蠯，圜為蠇。从虫、庳。〔臣鉉等曰：今俗作蚍，或作蠃，非是。〕〔蒲猛切〕

**【注釋】**

一種形狀狹長的蚌。

段注：「《韻會》作陛，即蚌語之轉也。郭云：今江東呼蚌長而狹者為蠯。」

蝸 𦝴 wō　　蝸蠃也。从虫，咼聲。〔古華切〕

**【注釋】**

蝸牛也。以其有兩角，故以牛名。

段注：「蝸，此複舉篆文之未刪者也，當依《韻會》刪，蠃也。蠃者，今人所用螺字。今人謂水中可食者為螺，陸生不可食者曰蝸牛，想周漢無此分別。蠃古多叚蠡為之。」

蚌 𧏮 bàng　　蜃屬。从虫，丯聲。〔步項切〕

蠣 𧓖 lì（蠣）　　蚌屬。似蠊微大，出海中，今民食之。从虫，萬聲。讀若賴。〔力制切〕

**【注釋】**

今作蠣。牡蠣，亦稱「蠔」「海蠣子」。

蝓 𧐍 yú　　虒蝓也。从虫，俞聲。〔羊朱切〕

**【注釋】**

虒蝓，蝸牛也。

段注：「虒蝓讀移臾二音，今生牆壁間濕處，無殼，有兩角，無足，延行地上，俗呼延遊，即虒蝓古語也。《本艸經》作蛞蝓，云一名陵螺，後人又出蝸牛一條。據本經則蛞蝓即蝸牛。蓋螺之無殼者古亦呼螺，有殼者正呼蝸蝓，不似今人語言分別呼也。」

蜎 𧑐 yuān　　蜎也。从虫，肙聲。〔狂沇切〕

**【注釋】**

連篆為讀，蜎蜎，蟲爬動貌。

段注：「《釋蟲》：蜎，蠉也。蠉本訓蟲行，假作肙字耳。郭云：井中小蛣蟩赤

蝨，一名子子。《廣雅》曰：子子，蜎也。《詩》毛傳曰：蜎蜎，蜀兒。蜀，桑蟲也。其引申之義也。今水缸中多生此物，俗謂之水蛆，其變為蚊。」

**蟺** 🐛 shàn　　夗蟺也。从虫，亶聲。〔常演切〕

【注釋】

蟺同「蟮」，蚯蚓也，又叫「曲蟮」。今河南方言仍有該詞，音轉為「qú quàn」。夗蟺，彎曲貌。

段注：「夗，轉臥也。引申為凡宛曲之稱。夗蟺疊韻，蓋謂凡蟲之冤曲之狀。《篇》《韻》皆云：蜑蟺，蚯蚓也。雖蚓有此名，而非許意。」

**蟉** 🐛 yōu　　蟉蟉也。从虫，幽聲。〔於虯切〕

【注釋】

蟉蟉，同「蚴蟉」，屈曲行動貌。

**蟉** 🐛 liú　　蟉蟉也。从虫，翏聲。〔力幽切〕

**蟄** 🐛 zhé　　藏也。从虫，執聲。〔直立切〕

【注釋】

今有「蟄伏」。「蟄蟲」謂藏在泥土中過冬的蟲子，《禮記·月令》：「孟春之月，冬風解凍，蟄蟲始振。」「驚蟄」本義是蟄蟲開始起動了，初名「啟蟄」，為避漢景帝劉啟諱改。作家有施蟄存。

段注：「臧者，善也。善必自隱，故別無藏字。凡蟲之伏為蟄，《周南》曰：螽斯羽，蟄蟄兮。傳曰：和集也。其引申之義也。」

**蚨** 🐛 fú　　青蚨，水蟲，可還錢。从虫，夫聲。〔房無切〕

【注釋】

一種水蟲，形似蟬而稍大，取其子，母必飛來。傳說以母青蚨或子青蚨的血塗錢，錢用出去還會回來，後遂成為錢的代稱。寒山詩：「囊裏無青蚨，篋中有黃絹。」《警世通言》：「倘有四方明醫，善能治療者，奉謝青蚨十萬。」

段注：「《鬼谷子》曰：若蚨母之從其子也，出無間，入無朕，獨往獨來，莫之

能止。此謂青蚨之還錢。而陶隱居以螳蟷在穴中釋之，此由誤認蚨為蚨，遂以《爾雅》王蚨蝪（土蜘蛛）為注。《酉陽雜俎》亦云：青蚨，《鬼谷子》謂之蚨母。郢書燕說，博學者尤難免矣。」

蜠 𧒎 jú　　蜠黿，詹諸，以脰鳴者。从虫，匊聲。〔居六切〕

【注釋】

　　詹諸，即蟾蜍也，俗稱癩蛤蟆。

　　段注：「《釋魚》作黿黽、蟾諸。黿黽即蜠黿一語之轉，蛙黽與蜠黿別而屬也。」

蝦 𧒉 há（虾）　　蝦蟆也。从虫，段聲。〔乎加切〕

【注釋】

　　青蛙和蟾蜍的統稱。蝦，簡化字作虾，音 xiā、há 二音，「蝦蟆」猶蛤蟆，又專指青蛙。

　　段注：「蝦蟆見於《本艸經》，背有黑點，身小，能跳接百蟲，解（能也）作呷呷聲，舉動極急。蟾蜍身大，背黑無點，多痱磊，不能跳，不解作聲，行動遲緩，絕然二物。許於此但云蝦蟆，不云蜠黿也，亦謂其似同而異。蝦古或借為霞字，與魚鰕字从魚別。」見後「蛙」字注。

蟆 𧒝 mā　　蝦蟆也。从虫，莫聲。〔莫遐切〕

蠵 𧓹 xī　　大龜也。以胃鳴者。从虫，巂聲。〔戶圭切〕𧓷 司馬相如說，蠵从夐。

【注釋】

　　蠵龜，一種大海龜，身體長約一米。

蝍 𧒌 jiàn　　蝍離也。从虫，漸省聲。〔慈染切〕

【注釋】

　　「漸省聲」，不可信。段注改作「斬聲」，是也。

　　段注：「蝍，《史記》《文選》同，《漢書》作漸。司馬彪曰：蝍離，魚名也。張揖

曰：其形狀未聞。按許以此次於蠣、蝌二篆間，必介蟲之類。周人或以漸離為名，取於物為假也。」

蟹 𧒒 xiè　　有二敖八足，旁行，非蛇鮮之穴無所庇。从虫，解聲。〔胡買切〕𩻡 蟹，或从魚。

【注釋】

鮮，鱓也。解聲，聲兼義，吃蟹必分解，故名。

段注：「敖俗作螯、作𧔠，《廣韻》曰：𧔠，蟹大腳也。敖，出遊也，故其大腳曰敖。許書古本多作鮮，蓋漢人多叚貉國鮮魚之字為之，本無正字也。玄應曰：鱓又作鱔、鮮二形，同。《廣韻》曰：蟹，《說文》作蝌。知古如此作。」

蛫 𧕢 guǐ　　蟹也。从虫，危聲。〔過委切〕

蜮 𧌒 yù（蠤）　　短狐也。似鱉，三足，以气射害人。从虫，或聲。〔于逼切〕𧓶 蜮，又从國。〔臣鉉等曰：今俗作古獲切，以為蝦蟆之別名。〕

【注釋】

水蟲，又叫短狐，「含沙射影」即言其事。傳說一種叫蜮的動物，在水中含沙噴射人的影子，使人生病。比喻暗中攻擊或陷害人。

段注：「《小雅》：為鬼為蜮。傳曰：蜮，短弧也。《左傳》釋文曰：『短弧又作狐。』按此因其以氣射害人，故謂之短弧，作狐，非也。其氣為矢，則其體為弧。師古曰：短弧即射工也，亦呼水弩。」

蝀 𧕈 è（鱷、鰐）　　似蜥易，長一丈，水潛，吞人即浮，出日南。从虫，屰聲。〔吾各切〕

【注釋】

今作鱷字。俗作鰐，簡化字作鳄。

蝄 𧓾 wǎng（魍）　　蝄蛢，山川之精物也。淮南王說，蝄蛢，狀如三歲小兒，赤黑色，赤目，長耳，美髮。从虫，网聲。《國語》曰：木石之怪，

夒、蛧蜽。〔文兩切〕

【注釋】

　　山川中的木石精怪叫魍魎，猶《西遊記》之山精樹怪也。山林間由異氣所生害人的精怪，叫魑魅，人面獸身四足，好魅惑人。

　　段注：「按蛧蜽，《周禮》作方良，《左傳》作罔兩，《孔子世家》作罔閬，俗作魍魎。《國語》：木石之怪曰夒、蛧蜽，水之怪曰龍、罔象。韋注：『蛧蜽，山精，好學人聲而迷惑人也。』杜注《左氏》罔兩曰水神，蓋因上文螭訓山神，故訓罔兩為水神。猶韋因《國語》水怪為龍、罔象，故謂蛧蜽為山精也。許兼言山川為長矣。」

　　蜽 𧍙liǎng（魎）　　蛧蜽也。从虫，兩聲。〔臣鉉等曰：今俗別作魍魎，非是。〕〔良獎切〕

【注釋】

　　段注：「按兩聲之字疑古只从网，後人改之。」

　　蝯 𧑒yuán（猨、猿）　　善援，禺屬。从虫，爰聲。〔臣鉉等曰：今俗別作猨，非是。〕〔雨元切〕

【注釋】

　　蝯似獼猴而大，臂腳長，便捷。《干祿字書》：「猿俗，猨通，蝯正。」俗字作猿、猨。猿擅攀援，故名。爰聲，聲兼義也。猿叫聲淒涼，古語有「猿鳴三聲淚沾裳」。

　　段注：「蝯色有黑有黃，其鳴聲哀。柳子厚言猴性躁而蝯性緩，二者迥異。」

　　蠗 𧒓zhuó　　禺屬。从虫，翟聲。〔直角切〕

【注釋】

　　猴的一種。

　　蜼 𧑄wèi（狖）　　如母猴，卬鼻，長尾。从虫，隹聲。〔余季切〕

【注釋】

　　狖也。《說文》無狖字，據段注，狖即蜼之後起字也。一種猴，黃黑色，尾巴很長，如「猨狖顛蹶而失木枝」。屈原《涉江》：「深林杳以冥冥兮，乃猿狖之所居。」

段注：「禺者，母猴屬。許書多言母猴，母猴、獼猴、沐猴一聲之轉。《周禮》：蝚彞。鄭曰：蝚，禺屬。左思《吳都賦》劉注引《異物志》說狖，與郭說蝚同。狖，余幼切。正因蝚有余救一切，而別製字耳。」

蚼 𧌀 gǒu　　北方肓蚼犬，食人。从虫，句聲。〔古厚切〕

蛩 𧐕 qióng　　蛩蛩，獸也。一曰：秦謂蟬蛻曰蛩。从虫，巩聲。〔渠容切〕

【注釋】

傳說中的異獸名。「蛩蛩距虛」，蛩蛩與距虛為相類似而形影不離的二獸。「蛩蛩氈」，有蛩蛩距虛圖案，象徵成雙成對的毛織坐臥具或墊具。蛩常作蟋蟀講，岳飛詞：「昨夜寒蛩不住鳴。」

段注：「《子虛》《上林賦》皆有蛩蛩。張揖曰：蛩蛩，青獸，狀如馬。按《史記》作邛邛。」

蟨 𧑝 jué　　鼠也。一曰：西方有獸，前足短，與蛩蛩、巨虛比，其名謂之蟨。从虫，厥聲。〔居月切〕

蝙 𧌴 biān　　蝙蝠也。从虫，扁聲。〔布玄切〕

蝠 𧌭 fú　　蝙蝠，服翼也。从虫，畐聲。〔方六切〕

【注釋】

又名服翼，又名仙鼠，又名飛鼠，相傳蝙蝠為老鼠吃鹽所變。

段注：「《方言》曰：蝙蝠，自關而東謂之服翼，或謂之飛鼠，或謂之老鼠，或謂之仙鼠。自關而西秦隴之間謂之蝙蝠，北燕謂之蟙蠳，音職墨。」

蠻 𧎯 mán　　南蠻，蛇種。从虫，䜌聲。〔莫還切〕

【注釋】

蛮乃草書楷化字形。先秦蠻沒有蠻橫、野蠻的意思。段注：「《詩》傳曰：綿蠻，小鳥兒。《韓詩》曰：文兒。」

閩 🔲 mǐn　　東南越，蛇穜。从虫，門聲。〔武巾切〕

【注釋】

　　小徐本「穜」作「種」，小徐多俗字。

　　今閩南語多魏晉六朝語音之遺留，最為古老，廣東話多隋唐音，上海話多唐宋音，北京話乃元以後之語音。

虹 🔲 hóng　　螮蝀也。狀似蟲。从虫，工聲。《明堂月令》曰：虹始見。〔戶工切〕🔲 籀文虹，从申。申，電也。

【注釋】

　　段注：「狀似虫。虫各本作蟲，今正。虫者，它也。虹似它，故字从虫。」

　　甲骨文作🔲，像杠梁之形，或謂像古玉璜之形。主虹稱虹，副虹稱蜺。《爾雅·釋天》疏：「虹雙出，色鮮盛者為雄，雄曰虹。暗者為雌，雌曰蜺。」

螮 🔲 dì　　螮蝀，虹也。从虫，帶聲。〔都計切〕

【注釋】

　　螮蝀，虹的別名，借指橋。

蝀 🔲 dòng　　螮蝀也。从虫，東聲。〔多貢切〕

蠥 🔲 niè　　衣服、歌謠、草木之怪謂之祅；禽獸、蟲蝗之怪謂之蠥。从虫，辥聲。〔魚列切〕

【注釋】

　　此妖孽之本字也，《說文》：「孽，庶子也。」本義是家族的旁支，非本字明矣。

　　段注：「禽獸蟲蝗之字皆得从虫，故蠥从虫，諸書多用孽，俗作孼。」

　　文一百五十三　重十五

蜑 🔲 dàn　　南方夷也。从虫，延聲。〔徒旱切〕

蟪 🔲 huì　　蟪蛄，蟬也。从虫，惠聲。〔曰械切〕

【注釋】

蟪蛄，知了的別名。《莊子》：「蟪蛄不知春秋。」常見的蟬有三種，即黑蚱蟬、寒蟬、蟪蛄。蟪蛄是一種小型蟬，見前「蜓」字注。

蠛 ⿰虫蔑 miè　　蠛蠓，細蟲也。从虫，蔑聲。〔亡結切〕

【注釋】

蠛蠓，小飛蟲也，俗稱蠓蠓蟲。從蔑之字多有小義，如竹篾（薄竹片）、輕蔑、糪（麩也）、懱（輕易也）。

蚚 ⿰虫乇 zhé（蚱）　　蚚蜢，艸上蟲也。从虫，乇聲。〔陟格切〕

【注釋】

即蚱蜢。螞蚱是泛稱，蚱蜢是尖頭螞蚱，蝗蟲是圓頭螞蚱，擅飛，故叫飛蝗。兩頭尖的小蟲叫蚚蜢，兩頭尖的小舟叫舴艋，形狀相似，故命名相同也，皆同源詞。

蜢 ⿰虫孟 měng　　蚚蜢也。从虫，孟聲。〔莫杏切〕

蟋 ⿰虫悉 xī　　蟋蟀也。从虫，悉聲。〔息七切〕

螗 ⿰虫堂 táng　　螗蜋也。从虫，堂聲。〔徒郎切〕

【注釋】

今作螳螂。

文七　新附

# 卷十三下

## 䖵部

䖵 䖵 kūn　　蟲之總名也。从二虫。凡䖵之屬皆从䖵。讀若昆。〔古魂切〕

### 【注釋】

此昆蟲之本字也。

讀若昆者，許書有以讀若破假借之例。《說文》：「昆，同也。」非本字明矣。昆有眾多義，「昆蟲」者，眾蟲也，乃蟲之總名。

段注：「蟲之總名稱䖵，凡經傳言昆蟲，即䖵蟲也。《日部》曰：昆，同也。《夏小正》：昆小蟲。傳曰：昆者，眾也，猶魂魂也。魂魂者，動也，小蟲動也。二虫為䖵，三虫為蟲，䖵之言昆也，蟲之言眾也。」

蠶 蠶 cán（蚕）　　任絲也。从䖵，朁聲。〔昨含切〕

### 【注釋】

簡化字作蚕，省旁俗字也。任者，猶妊也、承也，孕著絲的蟲。

蛾 蛾 é（蛾）　　蠶化飛蟲。从䖵，我聲。〔五何切〕蛾 或从虫。

### 【注釋】

今通行重文蛾。

段注：「按此蠹與《虫部》之蛾羅主謂螘者，截然不同。而郭氏釋《爾雅》蛾羅為蠶蛾，非許意也。」見前「蛾」字注。

蚤 ⿱ zǎo（蚤）　齧人跳蟲。从蚰，叉聲。叉，古爪字。〔子皓切〕⿱ 蚤，或从虫。

【注釋】

即今之跳蚤。今通行重文蚤。

段注：「經傳多假為早字。叉，古爪字。按此四字妄人所沾，不言古文而言古某字，許無此例。且叉，手足甲也。爪，丮也。未嘗謂叉為爪之古文，直由俗謂爪為手足甲，乃謂叉為其古字，徑注之於此，不可不刪去。」

「叉，古爪字」，可能是注文竄入正文，段注可從。

蝨 ⿱ shī（蝨）　齧人蟲。从蚰，卂聲。〔所櫛切〕

【注釋】

今作蝨字。段注：「古或假幾瑟作蟣蝨。蟣者，蝨子也。」

螽 ⿱ zhōng　蝗也。从蚰，夂聲。夂，古文終字。〔職戎切〕⿱ 螽，或从虫，眾聲。

【注釋】

螽是蝗類的總名，如「螽水」謂蝗災及水災。或謂周代謂之螽，漢代謂之蝗。或謂大者為蝗，小者為螽。

蹍 ⿱ zhǎn　蟲也。从蚰，展省聲。〔知衍切〕

蠽 ⿱ jié　小蟬蜩也。从蚰，戳聲。〔子列切〕

【注釋】

戳聲，聲兼義也。戳，束髮少也。尐，少也。

段注：「江東呼為茅蠽，似蟬而小，青色。《方言》曰：蟬，其小者謂之麥蚻。郭云：如蟬而小，青色，今關西呼麥蠽。按茅、麥雙聲，蠽、蚻同字。」

蠿 zhuō　　蠿蟊，作罔蛛蟊也。从蚰，㡭聲。㡭，古絕字。〔側八切〕

【注釋】

蠿蟊，蜘蛛之別名也。

段注：「《黽部》曰：鼄蟊，鼄蟊也，一物三名。《釋蟲》曰：次蟗，鼄蟊。鼄蟊，鼄蝥。按次蟗，即許之蠿蟊，鼄蝥即許之鼄蟊也。作网鼄蟊，謂即今能作罔之蛛蝥也。」

蟊 máo　　蠿蟊也。从蚰，矛聲。〔莫交切〕

【注釋】

段注：「此字與《蟲部》食艸根者（蟊，即蝥字）絕異，今人則盡叚蟊為之矣。」

䗯 níng　　蟲也。从蚰，寍聲。〔奴丁切〕

蠧 cáo（螬）　　蠀蠧也。从蚰，曹聲。〔財牢切〕

【注釋】

今作螬，蠐螬也，俗稱地蠶、土蠶、野蠶，或稱蜀，蜀的本義即野蠶，見前「蜀」字注。蠐螬，河南方言音轉為磁螬。見前「蠀」字注。

蠚 xiá　　螻蛄也。从蚰，羍聲。〔胡葛切〕

蠯 pí　　蟲蛸也。从蚰，卑聲。〔匹標切〕 蜱 蠯，或从虫。

【注釋】

蟲蛸，螳螂子。

蠭 fēng（蜂）　　飛蟲螫人者。从蚰，逢聲。〔敷容切〕 蜂 古文省。

【注釋】

今俗字作蜂。蜂、峰、鋒，同源詞也，都有尖端之源義素。

段注：「按《釋蟲》言土蠭、木蠭，無單言蠭者，許書則蜾蠃下云：細腰土蠭也，即《爾雅》之土蠭。然則此單言蠭，即《爾雅》之木蠭也。《本艸經》露蜂房，亦謂木

上大黃蠭窠也,其房大者如甕,小者如桶。云露蠭,正對土蠭在地中言之。許謂土蠭為細要純雄,其飛蟲螫人者,則謂大黃蠭,並非細要純雄無子者。」

蠠 mì(蜜)　蜂甘飴也。一曰:螟子。从䖵,鼏聲。〔彌必切〕蠠,或从宓。

【注釋】

今通行重文蜜。

段注:「《方言》:蠭大而蜜者謂之壺蠭。郭云:『今黑蠭穿竹木作孔,亦有有蜜者,是則蠭飴名蜜,不主謂今之蜜蠭也。』段借為蠠沒字,《釋詁》曰:蠠沒,勉也。亦作蠠沒,《韓詩》作蜜勿,《毛詩》作僶勉。」

蟝 qú　蟝蟉也。从䖵,巨聲。〔強魚切〕

【注釋】

蟝蟉,即浮遊,朝生暮死者。見前「蟉」字注。

蟁 wén(蚊)　齧人飛蟲。从䖵,民聲。〔無分切〕蟁,或从昏,以昏時出也。俗蟁,从虫,从文。

【注釋】

今通行重文蚊。段注:「秦晉謂之蜹,楚謂之蚊。」

蝱 méng(虻)　齧人飛蟲。从䖵,亡聲。〔武庚切〕

【注釋】

今作虻字,即牛虻也。

段注改作「齧牛飛蟲」,曰:「《史記》:搏牛之蝱,不可以破蟣虱。《淮南書》曰:蝱䖟不食駒犢。今人尚謂齧牛者為牛蝱,《本艸經》有木宝、蜚宝。」

蠹 dù　木中蟲。从䖵,橐聲。〔當故切〕蠹,或从木,象蟲在木中形。譚長說。

【注釋】

今木中蠹蟲也。《韓非子》有「五蠹」篇。「蛀」作為異體字,今廢除。段注:

「今俗謂之蛀，音注。」蠹、蛀，一語之轉。

蠡 **蠡** lǐ　　蟲齧木中也。从蚰，彖聲。〔盧啟切〕**蠡** 古文。

【注釋】

　　本義是蟲咬木頭，乃劙之初文也。「管窺蠡測」者，蠡者，瓢也。或作蠫，蠫乃後起之本字。本字當作蠃，見前「豊」字注。

　　段注：「此非蟲名，乃謂蚰之食木曰蠡也，朱子注《孟子》曰：蠡者，齧木蟲。則誤矣。蠡之言劙也，如刀之劙物。蠡假借之用極多，或借為蠃蚌字，或借為瓢蠫字，又以蠡同離、同劙。《方言》曰：劙，解也。又曰：蠡，分也。皆其義也。」

蟊 **蟊** qiú（蝤）　　多足蟲也。从蚰，求聲。〔巨鳩切〕**蝤** 蟊，或从虫。

【注釋】

　　今通行重文蝤。段注：「一名地鱉，今俗所謂地鱉蟲也，似鼠婦。多足之蟲，今俗所謂蓑衣蟲也。」

　　金文求作 **求**、**求**，乃多足蟲之象形，求乃蝤之初文。《說文》以為求乃裘之古文，恐非。見前「裘」字注。從求之字常有多義，裘是多毛衣，莍即今花椒，多子。

蠹 **蠹** fú（蜉）　　蚍蜉也。从蚰，橐聲。〔縛牟切〕**蜉** 蜉，或从虫，从孚。

【注釋】

　　今通行重文蜉。大螞蟻也。段注：「《釋蟲》：蚍蜉，大蟻。郭云：俗呼為馬蚍蜉。按馬之言大也。」

蠲 **蠲** juǎn　　蟲食也。从蚰，雋聲。〔子兗切〕

【注釋】

　　昆蟲吸食。段注：「蠲之言吮也。吮，欶也。鳥曰噣，寓鼠曰嗛，昆蟲曰蠲。」

蠢 **蠢** chǔn　　蟲動也。从蚰，春聲。〔尺尹切〕**蠢** 古文蠢，从戈。《周書》曰：我有截於西。

【注釋】

　　本義是蟲蠕動，引申為騷動，今有「蠢蠢欲動」，後壞人的擾亂活動叫「蠢動」。

屯、春、蠢同源詞也。愚蠢本字為惷，《說文》：「惷，亂也。」

段注：「東方者春，春之為言蠢也，產萬物者也。注云：蠢，動生之貌。《大誥》曰：有大艱於西土，西土人亦不靜，越茲蠢。載為壁中古文真本，其辭不同者，蓋許櫽栝其辭如此也。」此處許慎「約引」《尚書》文句。

文二十五　重十三

## 蟲部

蟲 𧕄 chóng（虫）　　有足謂之蟲，無足謂之豸。从三虫。凡蟲之屬皆从蟲。〔直弓切〕

【注釋】

今簡化作虫，與虫（huǐ）無別。今「蟲豸」，泛指蟲子。阿 Q 說：「我是蟲豸。」古代蟲的範圍較寬，泛指所有動物。

天上的鳥可叫蟲，《逍遙遊》：「之二蟲又何知？」今河南方言仍把小鳥叫小蟲。老虎叫大蟲；蛇叫長蟲；龍叫蛟蟲；魚蝦叫水蟲；鱉叫甲蟲；老鼠謂之穴蟲；野雞叫華蟲，《尚書》：「山龍華蟲作會。」孔傳：「華蟲，雉也。」《大戴禮記》有「五蟲」，獸是毛蟲，鳥是羽蟲，龜是介蟲，魚是鱗蟲，人是裸蟲，人也叫走蟲。

段注：「有舉渾言以包析言者，有舉析言以包渾言者，此蟲豸析言以包渾言也。蟲者，蝡動之總名。豸者，獸長脊行豸豸然，欲有所伺殺形也。豸本謂有足之蟲，因凡蟲無足者，其行但見長脊豸豸然，故得叚借豸名，今人俗語云蟲豸。《詩》：溫隆蟲蟲。毛傳曰：蟲蟲而熱也。按蟲蟲蓋融融之叚借，《韓詩》作烔，許所不取。人三為眾，虫三為蟲，蟲猶眾也。」

蠹 𧑔 móu（蛑）　　蟲，食草根者。从蟲，象其形。吏抵冒取民財則生。〔徐鍇曰：唯此一字象蟲形，不从矛，書者多誤。〕〔莫浮切〕蝥 蠹，或从敄。〔臣鉉等按：《虫部》已有，莫交切，作螌蛑蟲。此重出。〕𧒽 古文蠹，从虫，从牟。

【注釋】

今通行重文蛑，也作蟊。「蟊賊」，食禾苗根的害蟲叫蟊，吃禾苗節的叫賊，比喻對人或國家有害的人。《詩經》：「蟊賊內訌。」

段注：「蠹與《蚰部》蠻孟字从蚰、矛聲不同也，今人則盡叚孟為之矣。秋聲也，此則與《虫部》蟊螫同字。《竹邑相張君碑》：蟊賊不起。凡漢人言侵牟，皆蟊之叚借。」

蠱 {pí}（蚍）　　蚍蜉，大蟻也。从蟲，蚍聲。〔房脂切〕蠱，或从虫，比聲。

【注釋】

今通行重文蚍。蚍蜉，大螞蟻也。見前「螘」字注。

蠰 {lìn}　　蚊也。从蟲，兩聲。〔武巾切〕

蠹 {fěi}（蜚）　　臭蟲，負蠜也。从蟲，非聲。〔房未切〕蜚，或从虫。

【注釋】

今通行重文蜚。

蜚通飛，如「流言蜚語」。蜚字單用指臭蟲、蝗蟲，臭蟲、蝗蟲會飛，故得名。「蜚蠊」連用指蟑螂。名物字單用、合用所指非一，不可不辨。蜚之臭蟲本義反而不常用。見前「蜚」字注。

蠱 {gǔ}　　腹中蟲也。《春秋傳》曰：皿蟲為蠱，晦淫之所生也。梟桀死之鬼亦為蠱。从蟲，从皿。皿，物之用也。〔公戶切〕

【注釋】

今簡化作蛊，省旁俗字也。一種害人的毒蟲叫蠱，據傳是一種人工培育的毒蟲，《輿地志》：「江南數郡有畜蠱者，主人行之以殺人，行食飲中，人不覺也。」「巫蠱」指用巫術來毒害人。今有「蠱惑」者，誘惑、欺騙也。

段注：「腹中蟲者，謂腹內中蟲食之毒也，自外而入故曰中，自內而蝕故曰蟲。此與《蟲部》腹中長蟲、腹中短蟲讀異。《周禮·庶氏》：掌除毒蠱。注云：毒蠱，蠱物而病害人者。《賊律》曰：敢蠱人及教令者棄市。《左氏正義》曰：以毒藥藥人，令人不自知，今律謂之蠱。玄應屢引《說文》：蠱，腹中蟲也。謂行蟲毒也。」

文六　重四

# 風部

風 [篆] fēng（风）　　八風也。東方曰明庶風，東南曰清明風，南方曰景風，西南曰涼風，西方曰閶闔風，西北曰不周風，北方曰廣莫風，東北曰融風。風動蟲生，故蟲八日而化。从虫，凡聲。凡風之屬皆从風。〔方戎切〕[篆] 古文風。

【注釋】

风乃草書楷化俗字。從虫，凡聲者，見前「鳳」字注。風吹蟲鳴，風無形可象，借蟲襯托之。

風有民歌、歌謠義，《詩經》有十五國風，謂十五個地區的民歌。又有走失義，今有「風馬牛不相及」，謂牛馬走失都到不了你那兒去。引申有消息義，今有「聞風而至」。引申為無確實根據的，如「風傳」「風聞」。

飇 [篆] liáng　　北風謂之飇。从風，涼省聲。〔呂張切〕

【注釋】

今「涼風」之後起本字也。《爾雅》：「北風謂之涼風。」

段注：「《爾雅》：南風謂之凱風，東風謂之谷風，北風謂之涼風，西風謂之泰風。」

颱 [篆] xuè　　小風也。从風，术聲。〔翾聿切〕

【注釋】

段注：「也，《玉篇》作皃，《廣韻》之颱，即此字也。」

飇 [篆] biāo　　扶搖風也。从風，猋聲。〔甫搖切〕[篆] 飇，或从包。

【注釋】

飇乃扶搖之合音，今有「狂飇」「飇風」者，即暴風也。《逍遙遊》：「搏扶搖而上者九萬里。」

段注：「上行風謂之扶搖，《釋天》曰：扶搖謂之猋。郭云：暴風從下上。班固《西都賦》：颮颮紛紛。李善、李賢注皆引『颮，古飇字』。」

飄 𗀲 piāo　　回風也。从風，票聲。〔撫招切〕

【注釋】

旋風也。常「飄風」連用，《莊子》：「若飄風之旋，若羽之還。」引申出吹義，如「涼風飄我身」。引申出飄揚義。

段注：「回者，般旋而起之風，《莊子》所謂羊角，司馬云：風曲上行若羊角也。《釋天》云：回風為飄。」

颯 𗀲 sà　　翔風也。从風，立聲。〔穌合切〕

【注釋】

翔，回也。迴旋之風也。

常用於風聲，《風賦》：「有風颯然而至。」今有「秋風颯颯」。颯有衰落、衰老義，今有「衰颯」。有忽然義，李白詩：「謝公池塘上，春草颯已生。」

飀 𗀲 liù　　高風也。从風，翏聲。〔力求切〕

【注釋】

本義是高處之風，又西風為飀風。從翏之字多有高、大義，見前「膠」字注。

颮 𗀲 hū　　疾風也。从風，从忽，忽亦聲。〔呼骨切〕

【注釋】

從忽，聲兼義。段注：「按古有颶字，亦訓疾風，楚飢切。」

颹 𗀲 wèi　　大風也。从風，胃聲。〔王勿切〕

【注釋】

渭為大河，即黃河最大的支流。蔚為茂盛，皆同源詞也。

颭 𗀲 yù　　大風也。从風，日聲。〔于筆切〕

颺 𗀲 yáng　　風所飛揚也。从風，昜聲。〔與章切〕

## 【注釋】

本義是飄揚，與「揚」字用法常相通。

有宣揚義，如「颺聲」。又顯示義，張衡《西京賦》：「麗服颺菁。」引申出容貌出眾，《左傳》：「今子少不颺。」或作揚，今有「其貌不揚」。引申船慢行貌，《歸去來兮辭》：「舟遙遙以輕颺。」

颲 𩙱 lì　　風雨暴疾也。从風，利聲。讀若栗。〔力質切〕

颲 𩙲 liè　　烈風也。从風，列聲。讀若列。〔良薛切〕

## 【注釋】

段注改作「颲颲」，云：「《廣韻·五質》颲下曰：颲颲，暴風。《十七薛》颲下曰：風雨暴至。亦可為證。按凡烈風當作此字，其訛也為別風。」

文十三　重二

颸 𩙫 sī　　涼風也。从風，思聲。〔息茲切〕

## 【注釋】

本義是涼風，引申為涼，如「秋風肅肅晨風颸，東方須臾高知之」。又指疾風，如「一舉必千里，乘颸舉帆幢」。

鄭珍《說文新附考》：「颸是風疾，本非風名，解為疾風、涼風，後世義也。思从囟聲，囟與卂、迅、駛等字音相近，或古思有疾義。」

颼 𩙻 sōu　　颼颸也。从風，叟聲。〔所鳩切〕

## 【注釋】

颼颸，風聲也。

颭 𩙩 zhǎn　　風吹浪動也。从風，占聲。〔隻冉切〕

文三　新附

# 它部

它 𠀉 tā（蛇）　　虫也。从虫而長，象冤曲垂尾形。上古草居患它，故相

問無它乎。凡它之屬皆从它。〔臣鉉等曰：今俗作食遮切。〕〔託何切〕 𧒹它，或从虫。

## 【注釋】

它乃蛇之初文，借為其他字，另加虫旁。它、蛇古本一字之異體，後分別異用。徐灝《段注箋》：「古無他字，借它為之。後增人旁作佗，而隸變為他。」金文它字作𧆜，像眼鏡蛇狀，突出其扁頭。

段注：「《詩》：維虺維蛇，女子之祥。《吳語》：為虺弗摧，為蛇將若何？虺皆虫之叚借，皆謂或臥或垂尾耳。臥者較易制，曳尾而行者難制，故曰為虺弗摧，為蛇將若何也（按：今一般釋為小蛇不打死，成了大蛇怎麼辦，與段注異）。

今人蛇與它異義異音，《羔羊》傳曰：委蛇，行可從跡也。亦引申之義也。上古者，謂神農以前也。相問無它，猶後人之不恙、無恙也，語言轉移，則以無別故當之。而其字或假佗為之，又俗作他，經典多作它，猶言彼也。」

文一　重一

## 龜部

龜 𤚥 guī（龟）　舊也。外骨內肉者也。从它，龜頭與它頭同。天地之性，廣肩無雄，龜鱉之類，以它為雄。象足甲尾之形。凡龜之屬皆从龜。〔居追切〕 𠻟 古文龜。

## 【注釋】

龟乃草書楷化字形。

舊者，久也，聲訓也。龜長壽，故名。曹操有《龜雖壽》，俗語有「千年的王八，萬年的鱉」，物老則有靈性，所以商代人占卜用龜甲，以其多知往事也。

段注：「舊本鴟舊字，叚借為故舊，即久字也。蓍之言耆者，龜之言久。龜千歲而靈，蓍百年而神，以其長久，故能辨吉凶。龜之大者曰鼇，敖與久音相近。」

今有「龜鑑」「龜鏡」，比喻可資借鑒的東西。秦以前用龜甲作貨幣，《周易》：「十朋之龜。」又「古者，貨貝而寶龜」，貨、寶皆貨幣也，如「康熙通寶」。

𪓷 𪓌 tóng　龜名。从龜，冬聲。冬，古文終字。〔徒冬切〕

　　朧 朧 rán　　龜甲邊也。从龜，冄聲。天子巨朧，尺有二寸，諸侯尺，大夫八寸，士六寸。〔汝鹽切〕

　　文三　重一

## 黽部

　　黽 黽 měng（黾）　　蛙黽也。从它，象形。黽頭與它頭同。〔臣鉉等曰：黾，其腹也。〕凡黽之屬皆从黽。〔莫杏切〕黽 籀文黽。

### 【注釋】

　　黾乃草書楷化俗字。

　　又叫耿黽，即澤蛙。本義是蛙類，今常「蛙黽」連用。青蛙大肚子，故從黽之字多有大肚子之特徵，如蠅（蟲之大腹者）、竈（灶）等。

　　黽假借為黽勉字。黽勉，勤勉努力也。黽，今音 mǐn，如「水黽」。《爾雅·釋魚》：「在水者黽。」晉郭璞注：「耿黽也。似青蛙，大腹，一名土鴨。」

　　段注：「許意黿（蛙）黽為一物，黿為一物。凡兩字為名，一字與他物同者，不可與他物牽混。知黿黽非黿也。許之黿黽即鄭之耿黽，黿古音圭，與耿雙聲，故得為一字。絫呼曰黿黽、耿黽，單呼曰黽。《爾雅》：『黿醜，蟾蜍，在水者黽。』是則詹諸之類，而以在水中為別也。

　　許、鄭之單言黿，即《本艸》所謂『黿，一名長股』，陶云：俗名土鴨，南人名蛤子善鳴者。寇宗奭曰：其色青，腹細，後腳長，善躍。大其聲曰蛙，小其聲曰蛤。此黿與黿黽之別，皆在水中而善鳴，故《周禮》設官去之。黽之叚借為黽勉。」

　　鵬按：段注蝒蛙單用指青蛙，蛙黽連用指澤蛙，又叫耿黽。

　　鼈 鼈 biē（鱉）　　甲蟲也。从黽，敝聲。〔并列切〕

### 【注釋】

　　俗字作鱉。甲魚也。段注：「《考工記》注：外骨，龜屬。內骨，鼈屬。按鼈骨較龜稍內耳，實介屬也。」

　　黿 黿 yuán　　大鼈也。从黽，元聲。〔愚袁切〕

### 【注釋】

本義是大鱉，太湖有黿頭渚。《西遊記》有白黿，馱唐僧過通天河。元有大義，聲兼義也。

段注：「今目驗黿與鱉同形，而但分大小之別。似鱉而甚大，頭有磊塊，俗稱癩頭黿。」

黿 **黿** wā（蛙）　　蝦蟆也。从黽，圭聲。〔烏媧切〕

【注釋】

俗作蛙字。段注作「蝦蟆屬」，見上「黽」字注。青蛙和癩蛤蟆統稱蛤蟆，也統稱蛙。蛤蟆有時專指蟾蜍（中醫上即如此），即癩蛤蟆，蛙則專指青蛙。

段注：「蝦蟆屬。蝦蟆與詹諸小別，蛙則與蝦蟆大別，而其形相似，故言屬而別見。《漢書·武帝紀》：元鼎五年，蛙、蝦蟆鬥。是可知其別矣。蛙者，《周禮》所謂蟈，今南人所謂水雞，亦曰田雞。蛙、蛤皆其鳴聲也。」

據段注，蛙、蟾蜍、蛤蟆三者有別。蛙是青蛙，即蟈，體色綠；蟾蜍是癩蛤蟆；蛤蟆蓋即黿，是澤蛙，體型類似蟾蜍而較小，色呈暗褐，背有黑點，善跳躍，鳴叫時作呷呷聲。見「蝦」字注。

鵬按：今所見澤蛙確實類似蟾蜍而小，是一種小型蛙類，背有褐色斑點，極類蟾蜍。蟾蜍不生活在水中，澤蛙在水中，與《爾雅》「黿醜，蟾蠩，在水者黿」記載吻合。

黿 **黿** cù　　龂黿，詹諸也。其鳴詹諸，其皮黿黿，其行龂龂。从黽，从龂，龂亦聲。〔七宿切〕**齰** 黿，或从酋。

【注釋】

詹諸，即蟾蜍，俗稱癩蛤蟆。

段注：「《虫部》曰：蜠黿，詹諸也。一物四名，曰蜠黿，曰龂黿，曰詹諸，曰齷黿。其鳴詹諸，蝦蟆能作呷呷聲，蟾蜍不能作聲。詹諸象其謇吃之音，此言所以名詹諸也。其字俗作蟾蠩，又作蟾蜍。」

黿 **黿** shī　　齷黿，詹諸也。《詩》曰：得此齷黿。言其行黿黿。从黽，爾聲。〔式支切〕

【注釋】

《詩經》「得此戚施」之本字。戚施，即齷黿，癩蛤蟆也。

段注：「鼉鼉猶施施也，《王風》毛傳曰：施施，難進之意。此言所以名黿鼉也。今《詩》作戚施，毛傳曰：戚施，不能仰者。《釋言》曰：戚施，面柔也。」

**鼉** 鼉 tuó　　水蟲，似蜥易，長大。从黽，單聲。〔徒何切〕

【注釋】

即揚子鰐，又叫豬婆龍。單聲，聲兼義，《說文》：「單，大也。」

段注：「《大雅·靈臺》傳曰：鼉，魚屬。《馬部》驒下曰：青驪白鱗文如鼉魚。許依毛謂之鼉魚也，古多用鱓為鼉。」

**鼃** 鼃 xí　　水蟲也。穢貉之民食之。从黽，奚聲。〔胡雞切〕

【注釋】

段注：「蓋猶中國之食黿謂之水雞也。」《正字通·黽部》：「鼃，黿類。俗呼水雞、田雞。」

**鼁** 鼁 qú　　鼃屬，頭有兩角，出遼東。从黽，句聲。〔其俱切〕

【注釋】

一種似蛙的動物。段注：「《篇》《韻》皆作鼩。按《吳都賦》有鼩鼁，劉注：龜屬也，如瑇瑁。此與單名鼩者各物。」

**蠅** 蠅 yíng　　營營青蠅，蟲之大腹者。从黽，从虫。〔余陵切〕

【注釋】

營營，往來貌。許書有徑用古書原文為釋義之例。《詩經》：「營營青蠅，止于樊。」蠅字從黽，因其大肚子故也。見前「黽」字注。

**鼅** 鼅 zhī（蜘）　　鼅鼄，蟊也。从黽，矯省聲。〔陟离切〕 鼅 或从虫。

【注釋】

今作蜘字。

**鼄** 鼄 zhū（蛛）　　鼅鼄也。从黽，朱聲。〔陟輸切〕 蛛 蛛，或从虫。

**【注釋】**

今通行重文蛛字。蜘蛛，大肚之蟲，故亦從黽。

鼂 𪓑 cháo（晁）　　匽鼂也。讀若朝。楊雄說：匽鼂，蟲名。杜林以為朝旦，非是。从黽，从旦。〔臣鉉等曰：俗作晁。〕〔直遙切〕𪓠 篆文从皀。

**【注釋】**

名叫匽鼂，龜屬。俗字作晁。古書常通假作朝，《楚辭》：「甲之鼂吾以行。」讀若朝，乃許書以讀若破假借之例。

段注：「此以說叚借之例。杜林用鼂為朝旦字，蓋見杜林《倉頡故》。考《屈原賦》：甲之鼂吾以行。王逸曰：鼂，旦也。《左傳》：衛大夫史朝，《風俗通》作史鼂之後為鼂姓，《漢書》鼂姓又作晁，是古叚鼂為朝，本無不合。」

文十三　重五

鼇 𪓰 áo　　海大鱉也。从黽，敖聲。〔五牢切〕

**【注釋】**

今有「獨佔鼇頭」。唐宋時宮殿門前的臺階上刻有鼇魚浮雕，科舉考試發榜時，狀元率群進士站此迎榜，狀元所站的位置正是鼇頭部。從敖之字多有大義，見前「敖」「獒」字注。

文一　新附

# 卵部

卵 𡖉 luǎn　　凡物無乳者卵生。象形。凡卵之屬皆从卵。〔盧管切〕

**【注釋】**

卵，猶子也。山東方言雞卵或叫雞子，雞蛋也。或謂卵像男性睾丸形，睾丸又稱卵子、蛋子、蛋卵。

毈 𡖌 duàn　　卵不孚也。从卵，段聲。〔徒玩切〕

**【注釋】**

蛋內壞散，孵不成小鳥。

文二

## 二部

二 二 èr　　地之數也。从偶一。凡二之屬皆从二。〔而至切〕弍 古文。

**【注釋】**

段注:「耦一者,兩其一也,兩畫當均長。今人上短下長便是古文上字,三篆亦三畫均長。」

亟 亟 jí / qì　　敏疾也。从人,从口,从又,从二。二,天地也。〔徐鍇曰:承天之時,因地之利,口謀之,手執之,時不可失,疾也。〕〔紀力切〕,又〔去吏切〕

**【注釋】**

亟之本義是立即、馬上,引申出屢次義。驟、數亦有立即、屢次二義,同步引申也。

甲骨文作亟,于省吾《甲骨文字釋林》:「亟,古極字,亟中从人,而上下有二橫畫,上極於天,下極於地,而極之本義昭然可睹。」未必可信。

段注:「今人亟分入聲、去聲,入之訓急也,去之訓數也,古無是分別。數亦急也,非有二義。《詩》:亟其乘屋。箋云:亟,急也。《詩》多叚棘為亟,如棘人欒欒,傳曰:棘,急也。我是用棘,非棘其欲,皆同。《禮記》作『匪革其猶』,革亦亟之叚借字也。《釋言》曰:悈,急也。亦作恆。皆亟字之異者耳。」

恒 恒 héng　　常也。从心,从舟,在二之閒上下。心以舟施,恒也。〔胡登切〕𠄢 古文恒,从月。《詩》曰:如月之恒。

**【注釋】**

本義是經常、常常。

恒就是常,引申為平常的、一般的,「恒人」謂平常之人。錢大昕《恒言錄》者,恒言,常言也,即常用之俗語。馮夢龍有《醒世恒言》,恒言猶常談也。引申為恒定的、固定的,如「恒星」,成語有「持之以恒」。常亦有經常、恒定、平常義,同步引申也。

亘 ⓔxuān（亙）　　求亘也。从二，从囘。囘，古文回，象亘回形。上下，所求物也。〔徐鍇曰：回，風回轉，所以宣陰陽也。〕〔須緣切〕

## 【注釋】

今常作亙字，音 gèn，橫跨也，今有「亙古未有」「綿亙數十里」。

楊樹達《積微居小學述林》：「亘者，淀之初文。《水部》：淀，回泉也。今作漩，亘从囘，為古文回，象回水，是形義與淀為回水者合，二字音皆在寒部心母。其从二者，許說為所求之物，余謂猶之左右在岸者也，特彼立於左右，此位於上下不同耳。淵訓回水，亘為回泉，淵以兩岸夾水，亘以兩岸夾回水，二字不唯義近，形亦相似也。」

段注：「亘字經典不見，《易·屯卦》：磐桓。磐亦作盤，亦作槃，義當作般。桓義當作亘。般者，辟也。亘者，回也。馬融云：盤桓，旋也。是二字皆叚借也。凡舟之旋曰般，旌旗之指麾曰旋，車之運曰轉，蠡柄曰幹，皆其意也。」

竺 ⓔdǔ　　厚也。从二，竹聲。〔冬毒切〕

## 【注釋】

今「篤厚」之本字也。《爾雅》：「竺，厚也。」

段注：「今經典絕少作竺者，惟《釋詁》尚存其舊，假借之字行而正字廢矣。篤，馬行頓遲也。聲同而義略相近，故假借之字專行焉。」

凡 ⓔfán　　最括也。从二，二，偶也。从乁，乁，古文及。〔浮芝切〕

## 【注釋】

最，總也。本義是總括、總共。

此義古代最為常用，「凡多少卷」者，猶共多少卷也，皆總括之義。「發凡」者，發起總旨也，如《修辭學發凡》，類似今《修辭學概要》。「大凡」者，大概也。引申出凡是之稱。

甲骨文作 ，郭沫若《卜辭通纂》：「乃盤之初文，象形。」鳳、風皆從凡聲。

段注：「凡者，獨舉其大也，《周禮》：言師掌官成以治凡。亦皆聚括之謂。舉其凡，則若網在綱。杜預之說《春秋》曰：傳之義例，總歸諸凡。凡之言泛也，包舉泛濫一切之稱也。」

文六　重二

## 土部

土 土 tǔ　　地之吐生物者也。二象地之下、地之中，物出形也。凡土之屬皆从土。〔它魯切〕

【注釋】

本義是土地。引申有田地義，《商君書》：「有土者不可以言貧。」又有故鄉義，如「年老思土」，今有「鄉土情節」「故土」。代指土地神，《公羊傳》：「諸侯祭土。」

甲骨文作Ω，高鴻縉《中國字例》：「甲文象土塊形，一則地之通象也，土本地之初文，秦漢以後始分為二，土為泥土，地為土地。」

段注：「土二橫當齊長，士字則上十下一，上橫直之長相等，而下橫可隨意。今俗以下長為土字，下短為士字，絕無理。」

敦煌俗字中，土、士二字皆為士字，無下長、下短之別，多一點的「圡」才是土字。

地 埅 dì（墬）　　元气初分，輕清陽為天，重濁陰為地，萬物所陳列也。从土，也聲。〔徒四切〕墬 籀文地，从隊。

【注釋】

也聲者，聲兼義也，見前「也」字注。段注：「地與隊以雙聲為訓。」

重文作墬，《周禮》地常用此字，《淮南子·墬形訓》，墬形者，地形也。女性生殖器謂之「也」，「也」乃身體的最下端（四肢能動，軀幹不可動，故生殖器實乃最下），故天、顛同源，也、地同源。本章太炎說。也、地古音同，喻四歸定母也。

坤 坤 kūn　　地也。《易》之卦也。从土，从申。土位在申。〔苦昆切〕

【注釋】

代指女性，如「坤車」，女士騎的小車。「坤鞋」，女鞋也。「坤馬」，母馬也。坤俗字作巛，常與川之俗字巛混同。

段注：「故文字之始作也，有義而後有音，有音而後有形，音必先乎形。名之曰乾坤者，伏羲也。字之者，倉頡也。畫卦者，造字之先聲也，是以不得云☷即坤字。」

垓 垓 gāi　　兼垓八極地也。《國語》曰：天子居九垓之田。从土，亥聲。

〔古哀切〕

【注釋】

本義是八極之內的廣大土地。

引申為界限義，如「垓界」。常用有「九垓」，謂八極之內的廣大土地，如「九垓同軌」。又九重天也，如「上暢九垓，下泝八埏」。垓是大的數目字，如萬、億、兆、京、垓、秭，皆十進位。《太平御覽》：「十萬謂之億，十億謂之兆。」

「兼垓」，段注改作「兼晐」，晐乃該備之本字也，段注：「晐各本作垓，今正，晐俗作該，《日部》晐下曰：兼晐也。此用其義釋垓，以疊韻為訓也，凡四方所至謂之四極，八到所至謂之八極。有垓數者，即《風俗通》千生萬、萬生億、億生兆、兆生經、經生垓。」

墺 <sup>墺</sup>ào    四方土可居也。从土，奧聲。〔於六切〕<sup>墺</sup>古文墺。

【注釋】

本義是可居住的地方，如「四墺」，《尚書》：「九州攸同，四墺既宅。」

堣 <sup>堣</sup>yú    堣夷，在冀州陽谷。立春日，日值之而出。从土，禺聲。《尚書》曰：宅堣夷。〔噳俱切〕

【注釋】

堣夷，古地名。因堣夷在東方海濱，故後亦以指日本。古通「隅」，邊也，如「顧見農夫，泣涙路堣」。

坶 <sup>坶</sup>mù    朝歌南七十里地。《周書》：武王與紂戰於坶野。从土，母聲。〔莫六切〕

【注釋】

此「牧野之戰」之本字也。

段注：「牧野，紂南郊地名。《禮記》及《詩》作坶野，古字耳。此鄭所見《詩》《禮記》作坶，《書序》只作牧也，許所據《序》則作坶，蓋所傳有不同。坶作坶者，字之增改也，坶亦母聲也。」

坡 <sup>坡</sup>pō    阪也。从土，皮聲。〔滂禾切〕

【注釋】

阪者，坡也。同「坂」，如「長阪坡」，也作「長坂坡」。

段注：「《毛詩》：隰則有泮。傳曰：泮，坡也。此釋叚借之法，謂泮即坡之雙聲叚借也。鄭不從其說，而易之曰讀為畔。」

坪 坪 píng　地平也。从土，从平，平亦聲。〔皮命切〕

【注釋】

本義是平坦的場地，如「草坪」「坪坎」。今湖湘間稱農家門前平坦的禾場（打穀脫粒的場地）為地坪。

均 坿 jūn　平遍也。从土，从勻，勻亦聲。〔居勻切〕

【注釋】

一句數讀，平也，遍也。

本義是平均。引申出同樣的，如「均服振振」。古代戰爭中上下級同服，故《左傳》中逢丑父與齊頃公易位，主帥齊頃公即可逃脫，無需換衣。引申出全義，如「二者均不可」。又有協調義，《詩經》：「六轡既均。」

又指古代製作陶器用的轉輪，因為轉輪是均勻光滑的。該義又作「鈞」，即甄也，如「陶鈞」「甄陶」，今人有洪鈞陶。段注：「《小雅·節南山》傳曰：均，平也。古多叚旬為均，亦叚鈞為均。」

壤 壤 rǎng　柔土也。从土，襄聲。〔如兩切〕

【注釋】

本義是土壤，即軟土。代指地，今有「天壤之別」。又泛指地區、區域，如「接壤」。

塙 塙 què（確）　堅不可拔也。从土，高聲。〔苦角切〕

【注釋】

即確字，《說文》無確。

本義是堅固，確有堅固義，引申為確實義。後簡化作确，《說文》有确字，本義是土地貧瘠，常「磽确」連用。確、确常通用，簡化漢字歸併為一。

段注：「《易·文言》曰：確乎其不可拔，潛龍也。虞翻曰：確，剛皃也。鄭曰：堅高之皃。今俗字作确，乃確字變耳。」

墝 墝 qiāo（墝）　　磽也。从土，敦聲。〔口交切〕

【注釋】

磽，土地堅硬而貧瘠。墝，後作墝，也指土地堅硬而貧瘠，常「墝磽」連用。墝、磽實一字之異體也，今簡化字歸併作磽。

段注：「磽之義同墝，則兼謂土石堅耳。其字亦作墝，何注《公羊》云：墝埆不生五穀，曰不毛。」

壚 壚 lú　　剛土也。从土，盧聲。〔洛乎切〕

【注釋】

常用義是古代酒店前放酒甕的土臺子，通「罏」。卓文君「當壚賣酒」，後作為酒店的代稱，如「酒壚」。從盧之字多有黑義，見前「鸕鶿」注。

段注改作「黑剛土」，曰：「《釋名》曰：土黑曰壚，盧然解散也。《黑部》曰：齊謂黑為黸。」

垶 垶 xīng　　赤剛土也。从土，觲省聲。〔息營切〕

【注釋】

騂，指赤色馬，同源詞也。

埴 埴 zhí　　黏土也。从土，直聲。〔常職切〕

【注釋】

本義是黏土，《老子》：「埏埴以為器，當其無，有器之用。」

坴 坴 lù　　土塊坴坴也。从土，圥聲。讀若逐。一曰：坴梁。〔力竹切〕

【注釋】

坴坴，大貌。陸、逵從此聲。

壼 壼 hún　　土也。洛陽有大壼里。从土，軍聲。〔戶昆切〕

【注釋】

或作「堚」，土、土塊，如「積雪以為堚，斫冰以為字」。

壖 壗pú　　塊也。从土，菐聲。〔匹角切〕卝 墣，或从卜。

【注釋】

塊之本義是土塊，土塊謂之墣，未加工之木謂之樸，未加工的玉石謂之璞，同源詞也。

凷 凷kuài（塊、块）　　墣也。从土，一屈象形。〔苦對切〕塊凷，或从鬼。

【注釋】

今通行重文塊，簡化作块。

本義是土塊。古代孝子守孝，要「寢苫枕塊」，謂睡著草席，枕著土塊，以示樸素也。晉文公流亡在外，「乞食於野人，野人與之塊」。「大塊」謂天地宇宙也。皆用本義。今作為量詞，亦從名詞義引申，方形的東西才可用塊。常用義孤獨也，宋玉《九辯》：「塊獨守此無澤兮。」「塊然」，孤獨貌。

塥 塥bì　　塊也。从土，畐聲。〔芳逼切〕

【注釋】

本義是土塊。

堫 堫zōng　　穜也。一曰：內其中也。从土，熒聲。〔子紅切〕

【注釋】

本義是種地。小徐本「穜」作「種」，小徐多用後起俗字。

塍 塍chéng　　稻中畦也。从土，朕聲。〔食陵切〕

【注釋】

稻田中作界劃的土埂，今有「田塍」，亦作「田塍」，田埂也。

段注：「今四川謂之田繩子，江浙謂之田緄，緄亦繩也。」

坺 bá　　治也。一曰：臿土謂之坺。《詩》曰：武王載坺。一曰：塵貌。從土，犮聲。〔蒲拔切〕

垼 yì　　陶竈窗也。從土，役省聲。〔營隻切〕

基 jī　　牆始也。從土，其聲。〔居之切〕

【注釋】

本義是地基，引申出開始義。

《爾雅》：「基，始也。」今「基礎」者，基是地基，礎是柱下石，皆為開始之處。見前「礎」字注。引申出根據義，如「基於上述理由」。基有謀劃義，《爾雅》：「基，謀也。」「基，經也。」見「經」字注。段注：「《禮經》古文借基為期年字。」

垣 yuán　　牆也。從土，亘聲。〔雨元切〕𡓗 籀文垣，從𣈣。

【注釋】

本義是大牆。

泛指牆，如「斷壁殘垣」。《詩經》：「陟彼垝垣。」謂登上那個破牆頭。今河南省有地名「長垣」。天上有三垣，相當於「牆」圍起來分成的三個大的星空。段注：「垣自其大言之，牆自其高言之。」從亘之字多有大義，見前「桓」字注。

垣本義是牆，牆圍起來的地方即城市，亦謂之垣，如「省垣」即省城也。又為官署的代稱，如「掖垣」「諫垣」。城本義也是牆，也有城市義，同步引申，相鄰引申，機軸相同也。

圪 yì　　牆高也。《詩》曰：崇墉圪圪。從土，气聲。〔魚迄切〕

【注釋】

本義是牆高，「奕奕梁山」，高大也。「屹立」，高立也，皆同源詞也。

段注：「《大雅·皇矣》曰：崇墉言言。傳曰：言言，高大也。又曰：崇墉仡仡。傳曰：仡仡猶言言也。依《說文》本作圪圪。」

堵 dǔ　　垣也。五版為一堵。從土，者聲。〔當古切〕𡎸 籀文，從𣈣。

**【注釋】**

本義是一面牆，即圍牆、房室四面中的一面。

今有「觀者如堵」，保留本義。引申為安定義，今有「安堵」。引申為量詞，一堵牆。古代版築之法，版長一丈，寬二尺，五個版的寬度恰是一丈。牆寬一丈，高一丈，長一丈即是一堵。三堵為一雉，即長三丈，高一丈，寬一丈也。

段注：「《春秋左氏傳》說，一丈為板，板廣二尺，五板為堵，一堵之牆長丈、高丈。三堵為雉，一雉之牆長三丈、高一丈。」

壁 壁 bì 　 垣也。从土，辟聲。〔比激切〕

**【注釋】**

本義是牆壁，引申出軍營的圍牆，今有「堅壁清野」「坐壁上觀」。又代指軍營，相鄰引申也。

段注：「《釋名》：壁，辟也，辟禦風寒也。按壁自其直立言之。」

墫 墫 liáo 　 周垣也。从土，寮聲。〔力沼切〕

**【注釋】**

圍牆也。從寮之字多有環繞義，如繚，環繞也；寮，小圓亭子也；簝，宗廟盛肉竹器也，圓形；橑，圓形的椽子。

段注：「《西京賦》曰：繚亙綿聯。薛注：繚亙猶繞了也。按《魏都賦》亦曰：繚亙開囿。今本皆訛作繚垣，非也。繚亙雙聲字。」

堨 堨 yè 　 壁間隙也。从土，曷聲。讀若謁。〔魚列切〕

**【注釋】**

今常用義是堰，又有堵塞義。

段注：「壁際者，壁之釁也。亦曰堨，此古義也。今義堰也，讀同壅遏，後人所用俗字也。」

埒 埒 liè 　 卑垣也。从土，寽聲。〔力輟切〕

**【注釋】**

本義是矮牆。

古代跑馬射箭的場所用矮牆圍起來，叫「馬埒」。田埂類似矮牆，故也叫埒。埒必平齊，故相等相併也叫埒，如「財力相埒」。又指山上的水流，《列子》：「一源分為四埒，注於山下。」

段注：「卑垣延長而齊等若一，是之謂埒，引申之為涯際之稱，如《淮南》：道有形埒，是也。為迴環之稱，如《爾雅》：水潦所還，埒丘。又馬埒是也。又為相等之稱，如《史記》『富埒天子』之類是也。」

堪 <sup>堪</sup>kān　　地突也。从土，甚聲。〔口含切〕

## 【注釋】

本義是地面突起的地方。

本義罕見，「堪輿術」即看風水，又叫青烏術，跟此相關。堪的常用義是動詞，承擔、經受得起，如「疲憊不堪」。引申出副詞義，能夠，今有「不堪設想」。

段注：「突者，犬从穴中暫出也。因以為坳突之稱，俗乃製凹凸字，地之突出者曰堪。《淮南書》曰：堪輿行雄以起雌。許注曰：堪，天道。輿，地道也。《甘泉賦》：屬堪輿以壁壘。張晏曰：『堪輿，天地總名也。』堪言地高處，無不勝任也，所謂雄也。輿言地下處，無不居納也，所謂雌也。引申之，凡勝任皆曰堪，古叚戡、或為之。」

堀 <sup>堀</sup>kū（窟）　　突也。《詩》曰：蜉蝣堀閱。从土，屈省聲。〔苦骨切〕

## 【注釋】

地穴也。俗作窟。

堂 <sup>堂</sup>táng　　殿也。从土，尚聲。〔徒郎切〕 <sup>堂</sup>古文堂。 <sup>堂</sup>籀文堂，从高省。

## 【注釋】

堂是古代房子的前部分，古代房子前堂後室，故有「登堂入室」之說。因為明亮，故稱堂，又叫「堂皇」，亦得名於明亮。「堂皇」亦有盛大、明亮義，今有「冠冕堂皇」「富麗堂皇」。

堂高大，故引申出盛大貌，今有「相貌堂堂」「堂堂七尺男兒」。堂堂，大貌。大則放蕩，又引申出無所顧忌義，如「堂而皇之」，堂亦大也，猶今言大模大樣也。

今本家之親謂之堂兄、堂弟者，因同祖共屋也。先秦叫從，從兄弟即堂兄弟也。魏晉叫同堂兄弟，唐代才叫堂兄弟。先秦時堂和殿是一物，故也叫殿堂，秦以後殿才專指宮殿。堂為大屋，唐為大言，同源詞也。從堂之字、之音亦多有大義，見前「唐」字注。

段注：「殿者，擊聲也。段借為宮殿字者。許以殿釋堂者，以今釋古也。古曰堂，漢以後曰殿。古上下皆稱堂，漢上下皆稱殿。至唐以後，人臣無有稱殿者矣。」

垛 𡐊 duǒ　　堂塾也。从土，朵聲。〔丁果切〕

## 【注釋】

本義是大門兩側的房間。垛就是塾，大門兩邊的房屋，孩童念書之所。

門堂之塾有左右，左右各有南向北向兩塾，今俗謂門兩邊伸出的小牆曰垛頭。又指用泥土、磚石壘成的掩蔽物，如「城垛」。大堤邊伸出的減緩水流的牆頭狀建築叫壩垛。又指整齊地堆放，如「將蘆葦垛起來」。又名詞，整齊地堆放好的堆，如「糧垛」「柴火垛」，音 duò。

段注作「門堂塾」，曰：「《釋宮》曰：門側之堂謂之塾。孫炎、郭璞皆曰：夾門堂也。堂無塾，門堂乃有塾，刪去門字，於制不可通矣。謂之垛者何也？朵者，木下垂。門堂伸出於門之前後，略取其意。後代有朵殿，今俗謂門兩邊伸出小牆曰垛頭，其遺語也。」

坫 坫 diàn（店）　　屏也。从土，占聲。〔都念切〕

## 【注釋】

本義是屏障，罕見用例。

常用義是土臺子。即古代設於堂中供祭祀、宴會時放禮器和酒具的土臺子。先秦坫設於堂中兩楹間，低者用來供諸侯相會飲酒後置放空杯，叫反坫；高者用來置放來會諸侯所饋贈的玉圭等物，叫崇坫。《禮記·明堂位》：「反坫出尊，崇坫康圭。」

後俗作店，殆即最早露天商品買賣的貨臺，後來商店才有屋。崔豹曰：店，置也，所以置貨鬻物也。清代有書法家錢坫。

段注：「其字俗作店，崔豹曰：店，置也，所以置貨鬻物也。」

塗 𡑞 lǒng　　涂也。从土，澮聲。讀若隴。〔臣鉉等案：《水部》已有，此重出。〕〔力踵切〕

【注釋】

塗抹。小徐本「涂」作「塗」，小徐多俗字。以下幾字「涂」小徐皆作「塗」。

垷 堍 xiàn　　　涂也。从土，見聲。〔胡典切〕

【注釋】

塗抹。

段注：「涂泥，可以附物者也，故引申之，用以附物亦曰涂。《詩·角弓》曰：如塗塗附。傳曰：塗，泥也。附，箸也。按上塗謂泥，下塗附連讀謂箸。」

墐 墐 jìn　　　涂也。从土，堇聲。〔渠吝切〕

【注釋】

《詩經》：「塞向墐戶。」即把門縫塗抹起來。

段注：「墐塗，塗有穰艸也。按合和黍穰而塗之謂之墐塗，取乾則易擧也。」今河南農村仍有用草和泥塗牆壁者，比單純用泥要牢固。

墍 墍 xì　　　仰涂也。从土，既聲。〔其冀切〕

【注釋】

概是刮平斗斛的刮板，墍、概都有均平義，同源詞也。本義是抹塗屋頂。

堊 堊 è　　　白涂也。从土，亞聲。〔烏各切〕

【注釋】

白灰也。塗，泥也。引申出粉刷牆亦稱堊，《廣雅》：「堊，塗也。」

段注：「《爾雅》曰：地謂之黝，牆謂之堊。郭云：黑飾地，白飾牆也。《釋名》曰：堊，亞也。亞，次也。先泥之，次以白灰飾之也。按謂涂白為堊，因謂白土為堊。古用蜃灰，《周禮》：共白盛之蜃。注云：謂飾牆使白之蜃也。今東萊用蛤，謂之叉灰云。」

墀 墀 chí　　　涂地也。从土，犀聲。《禮》：天子赤墀。〔直泥切〕

【注釋】

本義是塗飾地面。常用義是宮殿前臺階上面的空地，又泛指臺階。段注：「墀地

以巾捫之也，凡涂地為墀，今因謂地為墀矣。」

墼 墼 jī　　瓴適也。一曰：未燒也。从土，毄聲。〔古歷切〕

【注釋】

瓴適（dí），即磚也。常用義是土坯，即「一曰：未燒也」，如「土墼」。已燒的磚也叫墼。

段注：「《瓦部》甓下曰：令適也。令適即令適也。《釋宮》：瓴甋謂之甓。郭云：甎甋也。《陳風》：中唐有甓。傳曰：甓，令適也。字作令適、零嫡二音，加瓦者俗字也。《幺部》至下曰：墼也。蓋亦謂未燒者。今俗語謂未燒者曰土墼。」

坌 坌 fèn　　埽除也。从土，弁聲。讀若糞。〔方問切〕

【注釋】

糞有掃除義，《說文》：「糞，棄除也。」糞與坌常通用，同源詞也。讀若糞，此許書以讀若破假借之例。

段注：「坌字，《曲禮》作糞，《少儀》作拚，又皆作攢。糞與坌音同義略同，拚其假借字也。」

埽 埽 sǎo（掃）　　棄也。从土，从帚。〔穌老切〕

【注釋】

本義是掃除，俗字作掃，今簡化字作扫。

在 在 zài　　存也。从土，才聲。〔昨代切〕

【注釋】

本義是慰問、安慰。《左傳》：「吾子獨不在寡人。」用的正是本義。存的本義也是慰問，《爾雅》：「在、存、省、視，察也。」

段注：「按《虞夏書》在訓察，謂在與伺音同，即存問之義也。在之義古訓為存問，今義但訓為存亡之存。」「存」「在」二字有相同的義項，同步引申也。

坐 坐 zuò　　止也。从土，从留省。土，所止也。此與留同意。〔徂臥切〕
坐 古文坐。

**【注釋】**

今古文行而小篆廢矣，林義光《文源》：「象二人對坐土上之形。」

常用義是犯罪，《晏子春秋》：「坐何？坐盜。」定罪也叫坐，今有「連坐」「隨坐」。有因為義，如「停車坐愛楓林晚」。又空、白白地，如「以手撫膺坐長歎」。又自然而然地，如「孤蓬自振，驚沙坐飛」。

段注：「止，引申為住止，凡言坐落、坐罪是也。引申為席地而坐。《小雅》：不遑啟處。傳曰：啟，跪。處，居也。古謂跪為啟，謂坐為居、為處。引申謂凡止箸為坐。今古文行而小篆廢矣，止必非一人，故从二人。《左傳》：鍼莊子為坐。凡坐獄訟，必兩造也。」

坁 坻 zhǐ 　　箸也。从土，氐聲。〔諸氏切〕

**【注釋】**

本義是停止。典籍「坁」「坻」相亂，導致字義相互滲透，故「坁」有山坡義。

填 塡 tián / zhèn 　　塞也。从土，真聲。〔陟鄰切〕，今〔待年切〕

**【注釋】**

本義是填塞。

填，塞也。塞，滿也。既有填滿義，又有滿足義。《廣雅》：「填填，足也。」《荀子》：「填填然，狄狄然。」塞亦有填滿，又有滿足義，同步引申也。填、堂一聲之轉也，如「擊鼓填填」，猶堂堂也。「填填之陣」猶堂堂之陣也，整齊貌。

據段注，填乃「陳舊」之本字，一聲之轉也。

段注：「塞之則堅固，其義引申為久。《大雅》：倉兄填兮。傳曰：填，久也。《常棣》：烝也無戎。傳曰：烝，填也。《東山》：烝在桑野。傳曰：烝，寶也。而《爾雅·釋詁》則曰：塵，久也。是填、寶、塵三字音同，故鄭箋《東山》云：『古者聲填、寶、塵同也。』塵為假借字，蓋古經有作塵者。今新陳字作陳，非古也，而古音之存者也。詩詞內作鎮（如「鎮相隨」，長相隨也），亦是此字。」

坦 坦 tǎn 　　安也。从土，旦聲。〔他但切〕

**【注釋】**

本義是安，今「坦然」，心安也。坦，平也，今有「平坦」。又有開闊、廣大義。

段注：「《論語》曰：君子坦蕩蕩。按魯讀為坦湯湯。此如《陳風》：子之湯兮。傳曰：湯，蕩也。謂湯為蕩之叚借字也。司馬相如賦叚壇為坦。」

坒坒 bì 　　地相次比也。衛大夫貞子名坒。从土，比聲。〔毗至切〕

【注釋】

土地依次相連。陛從坒聲，聲兼義也。陛本義是宮殿前的臺階，臺階必相連，故聲兼義也。

堤堤 dī 　　滯也。从土，是聲。〔丁禮切〕

【注釋】

本義是停滯，今作為堤岸字，堤岸本字作隄，《說文》：「隄，唐也。」陶器的底座亦謂之堤，因在下部也，《淮南子》：「瓶甌有堤。」

段注：「《左傳》曰：勿使有所壅閉湫底。杜云：底，滯也。《釋詁》底訓止也。底字與坻、堤字，音雖別而義略同。俗用堤為隄，則非。」

壎壎 xūn（塤）　　樂器也。以土為之，六孔。从土，熏聲。〔況袁切〕

【注釋】

今俗字作塤。段注：「大鄭云：塤，六孔。後鄭云：塤，燒土為之，大如鴈卵。《爾雅》曰：大塤謂之嘂。」

封封 fēng 　　爵諸侯之土也。从之，从土，从寸，守其制度也。公侯百里，伯七十里，子男五十里。〔徐鍇曰：各之其土也，會意。〕〔府容切〕坒古文封省。𡉚籀文从丰。

【注釋】

之，此也。「爵諸侯之土」者，即分封義也。此引申義，非本義也。

甲文作𡊄、丰，金文作𡊄，封、丰古同字，像植樹於土堆之形，金文像手植樹之形。本義是給樹木培土，《左傳》：「敢不封植此樹？」用的正是本義。

引申聚土築墳亦謂之封，《左傳》：「封殽屍而還。」「土封」謂墳墓也。《周禮·冢人》注曰：「王公曰丘，諸臣曰封。」封、丘皆墳墓也。因為邊界要植樹（今農村仍

有此習俗），故引申出疆界義，今有「封疆大吏」。「封人」為古代管理疆界的官。又引申出大義，「封豨修蛇」，大豬也。

段注：「謂爵命諸侯以是土也。《詩》毛傳：之子，嫁子也。之事，祭事也。《莊子》之人也，即是人也。然則之土言是土也，其義之土，故其字从之、土。引申為凡畛域之稱。《大司徒》注曰：封，起土界也。《封人》注曰：『聚土曰封，謂壝堳埒及小封疆也。』《冢人》注曰：王公曰丘，諸臣曰封。又引申為大也，又引申為緘固之稱。」

璽 𤫓 xǐ（璽）　　王者印也，所以主土。从土，爾聲。〔斯氏切〕𤪺 籀文从玉。

【注釋】

今通行重文璽。上古一般的印也叫璽，秦以後專指皇帝的印。許書所釋非本義。「璽書」指古代封口處蓋有印信的文書，秦以後專指皇帝的詔書。

段注：「印者，執政所持信也，王者所執則曰璽。按《周禮》：貨賄用璽節。注云：璽節主以通貨賄。璽節者，今之印章也。《左傳》：季武子璽書追而與公冶。皆非謂王者。蓋古者尊卑通稱，至秦漢而後為至尊之稱。故《始皇本紀》：乃為璽書賜公子扶蘇。中車府令趙高行符璽事。」

墨 𡐨 mò　　書墨也。从土，从黑，黑亦聲。〔莫北切〕

【注釋】

引申出貪墨義，猶貪污也。污、墨皆黑也。今有「墨吏」，猶污吏也。污、墨都有黑、弄髒、貪污義，同步引申也。

段注：「蓋筆墨自古有之，不始於蒙恬也。箸於竹帛謂之書，竹木以漆，帛必以墨，用帛亦必不起於秦漢也。周人用璽書，印章必施於帛，而不可施於竹木，然則古不專用竹木信矣。引申之為晉於是始墨、肉食者無墨、貪以敗官為墨。」

垸 𡎡 huán　　以桼和灰而髹也。从土，完聲。一曰：補垸。〔胡玩切〕

【注釋】

用漆和灰塗抹器物。此《檀弓》「華而睆」之本字也。今木工正式刷漆之前，要用灰泥把家具的縫隙填平，以求刷漆後美觀不見縫隙，此工序即「垸」，所用灰泥叫

「劈灰」，吾在農村曾親目。

段注：「睆或叚浣為之，如《角人》注：骨入桼浣者，受之以量也。或叚睆為之，如《檀弓》：華而睆。孫炎云：睆，桼也。叔然乃指其最後光潤者而言。」

型 堲 xíng　　鑄器之法也。从土，荊聲。〔戶經切〕

【注釋】

本義是模型。

段注：「以木為之曰模，以竹曰範，以土曰型。引申之為典型。假借荊字為之，俗作刑，非是。《詩》毛傳屢云：荊，法也。又或假形為之，《左傳》引《詩》：『形民之力，而無醉飽之心。』謂程量其力之所能為而不過也。」

埻 墫 zhǔn　　射臬也。从土，臺聲。讀若準。〔之允切〕

【注釋】

靶心為準，古書多寫作準，如《說文》：「臬，射準的也。」本字當為埻。「讀若準」，此許書以讀若破假借之例。

段注：「《木部》臬下曰：射準的也。亦有單言準者。的，明也。亦有單言的者。《周禮‧司裘》注曰：以虎狼豹麋之皮飾侯側，又方制之以為臺，謂之鵠，箸於侯中。臺即埻之叚借字也。《呂氏春秋》曰：射而不中，反修於招。《戰國策》：以其類為招，《春秋後語》作『以其頸為招』，招即的字。」

塒 塒 shí　　雞棲垣為塒。从土，時聲。〔市之切〕

【注釋】

在牆壁上挖洞做成的雞窩，《詩經》：「雞棲于塒。」

段注：「《釋宮》：鑿垣而棲為塒。《王風》傳同。按許意與古異，連雞棲於庫垣，不必鑿穴也。」

城 㙹 chéng　　以盛民也。从土，从成，成亦聲。〔氏征切〕䧆 籀文城，从亯。

【注釋】

本義是城牆，如「長城」「城池」，池，護城河也。

院的本義是院牆，引申出院牆圍起來的地方，即院子。垣的本義是城牆，引申出城市義。城的本義是城牆，引申出城市義。相鄰引申也，同步引申也。

我國從上古到宋代的城牆都是夯土牆，泥土就地挖取，故有城牆必有護城河。周代諸侯帝王的城市，大都有兩道或更多的城牆，城牆外一定有護城河，有的外城內側或內城之外再挖護河。城池的護河，在取土夯築城牆時直接挖掘。附近無水源的直接挖成乾壕，有水源的與附近水源連通，或直接利用水系，成為環城的水濠。參《古代漢語文化百科詞典》。

墉 墉 yōng　　城垣也。从土，庸聲。〔余封切〕𩫏 古文墉。

【注釋】

大城牆也。泛指高牆。從庸之字多有大義，見前「庸」「鯆」字注。

古文 𩫏 又是郭字，段注：「《崧高》：以作爾庸。傳曰：庸，城也。庸、墉古今字也。城者，言其中之盛受。墉者，言其外之牆垣具也。毛統言之，許析言之也。」

壔 壔 dié（堞）　　城上女垣也。从土，葉聲。〔徒叶切〕

【注釋】

今作堞，俗字也。女，小也。女垣，小牆也。

段注：「女之言小也。古之城以土，不若今人以磚也，土之上間加以磚牆，為之射孔，以伺非常，曰俾倪、曰陴，亦曰壔。」

坎 坎 kǎn　　陷也。从土，欠聲。〔苦感切〕

【注釋】

本義是坑。陷，坑也。八卦有坎卦，代表水，水藏於坑也。「坎井」謂淺井也，《荀子》：「坎井之蛙不可與語東海之樂。」今有「坎坷」，坷為土塊，又有坑又有土塊，不平坦也。

「坎坎」，擊鼓聲也。段注：「《毛詩》傳曰：坎坎，擊鼓聲。按此謂坎坎為鼛鼛之假借字也。」見「鼛」字注。「坎坎」又有不平貌，如「余心之坎坎兮」。

墊 墊 diàn　　下也。《春秋傳》曰：墊隘。从土，執聲。〔都念切〕

**【注釋】**

本義是下陷、沉沒。今墊著義乃後起。

段注：「謂地之下也。《皋陶謨》曰：下民昏墊。因以為凡下之稱。《方言》曰：凡柱而下曰埕，屋而下曰墊。」

坻 坻 chí　　小渚也。《詩》曰：宛在水中坻。从土，氐聲。〔直尼切〕汦坻，或从水，从氏。渚坻，或从水，从耆。

**【注釋】**

水中的小沙洲。《爾雅》：「小州曰渚，小渚曰沚，小沚曰坻。」又音 dǐ，山坡也，張衡《西京賦》：「右有隴坻之隘。」「坻伏」謂潛藏不出也。

段注：「許《水部》渚下引《爾雅》：小州曰渚，沚下云：小渚也。皆與《爾雅》《毛傳》同，則此小渚亦當作小沚明矣。坻者，水中可居之最小者也。」見前「坻」字注。

墊 墊 zhí　　下入也。从土，㬰聲。〔敕立切〕

**【注釋】**

今作為「隰」之異體字。

垎 垎 hè　　水乾也。一曰：堅也。从土，各聲。〔胡格切〕

**【注釋】**

土地乾燥，又指土堅硬。

垐 垐 cí　　以土增大道上。从土，次聲。〔疾資切〕堲古文垐，从土、即。《虞書》曰：「龍，朕堲讒說殄行。」堲，疾惡也。

**【注釋】**

佽，助也，皆同源詞也。

段注：「增，益也。此與茨同意，以艸次於屋上曰茨，以土次於道上曰垐。」

增 增 zēng　　益也。从土，曾聲。〔作滕切〕

## 【注釋】

本義是增加。

王筠《說文句讀》:「會字下云:曾,益也。知增是曾的分別文。」增有遠義,《漢書》:「見細德之險徵兮,遙增擊而去之。」見王念孫《讀書雜志·漢書》。

埤 埤 pí 增也。从土,卑聲。〔符支切〕

## 【注釋】

本義是增加,引申為輔助。宋陸佃有《埤雅》,增廣《爾雅》也。又指低濕的地方,《國語》:「松柏不生埤。」又指短牆,杜甫詩:「夜垣竹埤梧十尋。」

段注:「《詩·北門》曰:政事一埤益我。傳曰:埤,厚也。此與《會部》䡺、《衣部》裨音義皆同。凡从曾之字皆取加高之意。《會部》曰:曾者,益也,是其意也。凡从卑之字皆取自卑加高之意。」

坿 坿 fù 益也。从土,付聲。〔符遇切〕

## 【注釋】

本義是增加,此附加之本字也。《說文》:「附,附婁,小土山也。」本義是小土山,非本字明矣。

段注:「坿,益也。增益之義宜用之,相近之義亦宜用之,今則盡用附,而附之本義廢矣。」引申為靠近義,又有捎(信)義,今有「附帶」,附即帶也。杜甫詩:「一男附書至。」謂讓人捎信來了。

塞 塞 sài 隔也。从土,从窴。〔先代切〕

## 【注釋】

此「邊塞」之本字也。

引申遏止、禁止義,《商君書》:「善治者塞民以法。」塞,滿也。有充滿義,又有滿足義,如「填塞道路」,謂填滿也,《荀子》:「矙戴文章,以塞其目。」填亦有此二義,同步引申也。塞又有彌補義,《漢書》:「將欲何施,以塞此咎。」

段注:「俗用為窒窴字。而塞之義、窴之形俱廢矣。《廣韻》曰:邊塞也。《明堂位》:四塞世告至。注云:四塞謂夷服、鎮服、蕃服,在四方為蔽塞者。」堵塞本字當作窴,《說文》:「窴,窒也。」段注:「凡填塞字皆當作窴,自塞行而窴廢矣。」

圣 𡉈 kū　　汝穎之閒謂致力於地曰圣。从土，从又。讀若兔窟。〔苦骨切〕

**【注釋】**

今作為聖之俗字，乃草書楷化所致。見前「聖」字注。

垍 坖 jì　　堅土也。从土，自聲。讀若臮。〔其冀切〕

**【注釋】**

堅硬的土或土質堅硬。

埱 坺 chù　　气出土也。一曰：始也。从土，叔聲。〔昌六切〕

**【注釋】**

「一曰：始也」，《說文》：「俶，善也。一曰：始也。」

今按：許書「一曰」多為後人所加。「俶」表始義常用，則本字當作「埱」也。氣出土謂之埱，猶草木出土謂之才，竹萌出土謂之權輿也。

段注：「引申為凡氣出之稱。或叚借椒為埱，《周頌》曰：有椒其香，有椒其馨。傳曰：『椒，芬香也。椒猶椒也。』按：椒，沈作俶，尺叔反。沈說善矣，若作埱尤合。椒與埱皆謂香氣突出觸鼻，非謂椒聊也。」

埵 埵 duǒ　　堅土也。从土，垂聲。讀若朵。〔丁果切〕

埁 墋 jìn　　地也。从土，寽聲。〔子林切〕

聚 𡊅 jù　　土積也。从土，从聚省。〔才句切〕

**【注釋】**

段注：「抒下曰：引聚也。引申為凡聚之稱，各書多借為聚字。《白虎通》：琮之為言聚也，象萬物之宗聚也。今乃訛為聖。」

壔 壔 dǎo　　保也，高土也。从土，毳聲。讀若毒。〔都皓切〕

培 墙 péi　　培敦，土田山川也。从土，音聲。〔薄回切〕

**【注釋】**

天子賞賜諸侯的行為、東西都叫培敦，指賞賜的土地、田園、山川、附庸國而言。培敦，增厚也。敦，厚也。即加厚增益。

培本義是給植物根部培土，引申為培育、培植義。「培塿」謂小土丘也，又作「部塿」。段注：「按封建所加厚曰培敦，許合《詩》以釋《左》也，引申為凡裨補之稱。」

埩 埩 zhēng　　治也。从土，爭聲。〔疾郢切〕

**【注釋】**

此「整治」之本字也。《說文》：「整，齊也。」埩、整當為同源詞，齊之則為治之，治之則齊也。

段注：「治土曰埩。《廣韻》曰：埩，魯城北門池也。《公羊傳》作爭，許《水部》作淨。」

墇 墇 zhàng　　攤也。从土，章聲。〔之亮切〕

**【注釋】**

擁者，堵也，圍也。

塜 塜 cè　　遏遮也。从土，則聲。〔初力切〕

**【注釋】**

土築的障礙物。

垠 垠 yín（圻）　　地垠也[1]。一曰：岸也。从土，艮聲。〔語斤切〕
圻 垠，或从斤[2]。

**【注釋】**

[1] 本義是地的邊界。今有「一望無垠」「廣袤無垠」。泛指岸，岸乃水之垠也。柳宗元《小石城山記》：「有積石橫當其垠。」

[2] 圻、垠本一字之異體，後分別異用，作邊界、岸邊是垠的異體字，音 yín。圻也有岸義，王維詩：「罟師盪槳向臨圻。」今一般讀 qí，天子都城周圍千里之地曰圻，泛指地方千里。清代顧廣圻，字千里。

段注：「地垠咢也。按古者邊界謂之垠咢。」咢、鄂、蕚、鍔（刀劍刃）、鰐（大嘴外開的動物）皆同源詞也，皆有邊緣之源義素。

墠 墠 shàn　　野土也。从土，單聲。〔常衍切〕

【注釋】

經過整治的郊外土地。本義是祭祀用的平地。

段注：「封土曰壇，除地曰墠，此壇、墠之別也。築土曰封，除地曰禪，凡言封禪，亦是壇墠而已。經典多用壇為墠，古音略同也。」

垼 垼 chǐ　　恀也。从土，多聲。〔尺氏切〕

壘 壘 lěi（垒）　　軍壁也。从土，畾聲。〔力委切〕

【注釋】

今俗字作垒，今有「壁壘森嚴」。壁、壘同義也，指防護軍營的牆壁或建築物。

段注：「萬二千五百人為軍，行軍所駐為垣曰軍壁，壘之言累也。壘與垒字音義皆別，《周禮·量人》：營軍之壘舍。鄭云：軍壁曰壘。」

垝 垝 guǐ　　毀也。从土，危聲。《詩》曰：乘彼垝垣。〔過委切〕　陒 垝，或从𨸏。

【注釋】

《爾雅》：「垝，毀也。」本義是倒塌，《詩經》：「乘彼垝垣。」又指古代室內放食物的土臺。

圮 圮 pǐ　　毀也。《虞書》曰：方命圮族。从土，己聲。〔符鄙切〕　𢾭 圮，或从手，从非，配省聲。

【注釋】

《爾雅》：「圮，毀也。」本義是倒塌。圮，橋也。二字俗字不分。

陻 陻 yīn　　塞也。《尚書》曰：鯀陻洪水。从土，西聲。〔於真切〕　𡻰 古文陻。

【注釋】

此堙之初文也，填塞也。引申為埋沒、淹沒。段注：「此字古書多作堙、作陻，真字乃廢矣。」

塹 塹 qiàn　　阬也。一曰：大也。从土，斬聲。〔七豔切〕

【注釋】

本義是大坑、壕溝，如「天塹變通途」。引申為挫折，如「吃一塹，長一智」，「吃一塹」猶言栽一個坑也。

埂 埂 gěng　　秦謂坑為埂。从土，更聲。讀若井汲綆。〔古杏切〕

【注釋】

坑、埂，一語之轉也。此義少見。

段注：「秦謂坑塹曰埂，二字音略同，此與《釋詁》『坑、壑、隍、漮，虛也』同義。若《廣韻》曰：『吳人謂堤封為埂。』今江東語謂畦埒為埂，此又別一方語，非許所謂。」

壙 壙 kuàng　　塹穴也。一曰：大也。从土，廣聲。〔苦謗切〕

【注釋】

本義是墓穴，常「壙壟」連用。又有曠野義，《孟子》：「民之歸仁也，猶水之就下，獸之走壙也。」「壙埌」，形容原野一望無際的樣子。此「一曰：大也」之義也。

段注：「謂塹地為穴也，墓穴也，《周禮·方相氏》：及墓入壙，以戈擊四隅。鄭曰：壙，穿地中也。」

塏 塏 kǎi　　高燥也。从土，豈聲。〔苦亥切〕

【注釋】

段注：「燥者，乾也。《左傳》：請更諸爽塏者。杜曰：爽，明也。塏，燥也。」

毀 毀 huǐ　　缺也。从土，毇省聲。〔許委切〕 毀 古文毀，从壬。

【注釋】

本義是破壞。「毀齒」謂兒童換牙也。又指換牙的年齡，如「自毀齒以上」。

壓 壓 yā（压）　　壞也。一曰：塞補。从土，厭聲。〔烏狎切〕

**【注釋】**

簡化作压，另造之俗字也。本義是毀壞，非今之覆壓字。今覆壓字本字當作厭，《說文》：「厭，笮也。」笮者，迫也。後借為厭惡字，遂加土作壓，與《說文》訓壞之壓成了同形字。

段注：「此與《厂部》厭義絕不同，而學者多不能辨。《廣韻》壓下云：鎮也、降也、笮也，乃皆厭之訓也。」

壓有壓住、壓抑義，「一曰：塞補」，故壓有堵塞義，如「壓塞群疑」。壓即厭之後起字。填、塞有堵塞義，也有滿足義。厭也有此二義（其中堵塞義分化為壓），同步引申也。壓又有迫近、逼近義，今有「大軍壓境」。

壞 壞 huài　　敗也。从土，襄聲。〔下怪切〕𡍩古文壞，省。𡑿籀文壞。〔臣鉉等按：《支部》有𣀼，此重出。〕

**【注釋】**

簡化字作坏，古俗字也。

本義是毀壞，敗的本義也是毀壞，今有「敗血症」，即壞血症。引申為倒塌義，如「遇雨牆壞」，《說文》：「崩，山壞也。」引申為拆毀，如「魯恭王壞孔子宅」。又引申為衰敗義，今有「敗壞」「興壞」。

坷 坷 kě　　坎坷也。梁國寧陵有坷亭。从土，可聲。〔康我切〕

**【注釋】**

段注：「坎坷雙聲，謂不平也。」坷又有土塊義。

墟 墟 xià　　坼也。从土，虖聲。〔呼訝切〕𨻶墟，或从𨸏。

**【注釋】**

《說文》：「罅，裂也。」同源詞也。土、缶常通用不別。

坼 坼 chè　　裂也。《詩》曰：不坼不副。从土，斥聲。〔丑格切〕

【注釋】

今有「天崩地坼」。

埃 坱 yǎng　　塵埃也。从土，央聲。〔於亮切〕

【注釋】

本義是塵埃。《廣雅》：「坱，塵也。」「坱圠」「坱軋」，彌漫貌。央，大也。央聲，聲兼義也，謂大塵貌。

段注：「坱者，塵埃廣大之皃也。賈誼《賦》曰：大鈞播物兮，坱圠無垠。王逸《楚辭》注曰：坱，霧昧皃。」

塺 塺 méi　　塵也。从土，麻聲。〔亡果切〕

【注釋】

本義是塵埃。「塺塺」，塵土飛揚貌。塺、蒙一語之轉也。

塿 塿 lǒu　　塵土也。从土，婁聲。〔洛侯切〕

【注釋】

疏土也，又小墳也。俗書「附婁」作「培塿」，小土堆也。

坋 坋 fēn（坌）　　塵也。从土，分聲。一曰：大防也。〔房吻切〕

【注釋】

「一曰：大防也」，此《詩經》「遵彼汝墳」之本字也。俗作坌，塵埃也。《廣雅》：「坌，塵也。」

段注：「凡為細末糝物若被物者皆曰坋。如《左氏》：芥其雞。賈逵云：季氏搗芥為末，播其雞翼，可以坋郈氏雞。按坋之言被也。《周南》傳曰：墳，大防也。許釋墳為墓，然則《汝墳》乃假借字也。此義音當平聲。」

垂 垂 fēi　　塵也。从土，非聲。〔房未切〕

【注釋】

本義是塵土。

埃 <sup>塊</sup> āi　　塵也。从土，矣聲。〔烏開切〕

【注釋】

今有「塵埃」，同義連文。

堅 <sup>堅</sup> yī　　塵埃也。从土，殹聲。〔烏雞切〕

【注釋】

本義是塵埃。堅、翳同源詞也。

垽 <sup>垽</sup> yìn　　澱也。从土，沂聲。〔魚僅切〕

【注釋】

《說文》：「澱，滓垽也。」滓垽，沉滓也，今河南方言仍有此語。

垢 <sup>垢</sup> gòu　　濁也。从土，后聲。〔古厚切〕

【注釋】

本義是髒東西。引申為恥辱義，今有「忍辱含垢」。

壒 <sup>壒</sup> yì　　天陰塵也。《詩》曰：壒壒其陰。从土，壹聲。〔於計切〕

【注釋】

曀謂陰暗、昏暗，同源詞也。

坏 <sup>坏</sup> pī（坯）　　丘再成者也 [1]。一曰：瓦未燒 [2]。从土，不聲。〔芳杯切〕

【注釋】

[1] 再，段注改作一。《爾雅》：「山一成謂之坯。」本義是一重的山丘。段注：「孔安國以為再成曰坯。據此，是俗以孔傳改易許書。」

[2] 段注：「今俗謂土坏，古語也。瓦者，土器已燒之總名。然則坏者，凡土器未燒之總名也。此與墼字異義同，但墼專謂磚耳。《月令》：坏垣牆，坏城郭。注曰：坏，益也。是又叚坏為培也。」

坏即坯字，後俗作坯，簡化漢字坏、壞歸併為一，古代不同音，不同義。

垤 垤 dié　　蟻封也。《詩》曰：鸛鳴于垤。从土，至聲。〔徒結切〕

**【注釋】**

　　封，土堆也，引申為墳墓義。本義是螞蟻堆在洞口的小土堆，如「蟻垤」，也叫「蟻封」或「蟻冢」。泛指小土堆，《韓非子》：「山者大，故人順之；垤微小，故人易之也。」

坥 坥 qū　　益州部謂蚓場曰坥。从土，且聲。〔七余切〕

**【注釋】**

　　部，州也。漢代設置十三州，州有刺史，又叫作十三刺史部。本義是蚯蚓的糞便。坥、蛆，同源詞也。

埍 埍 juǎn　　徒隸所居也。一曰：女牢。一曰：亭部。从土，昌聲。〔古泫切〕

**【注釋】**

　　本義是古代服勞役的人住的土房。又指女牢房。又指古代地方基層政權所屬的牢房。

　　段注：「陸牢所以拘罪者也，其拘女者曰埍。一曰：亭部。蓋謂鄉亭之繫也，《韓詩》：宜犴宜獄。云：鄉亭之繫曰犴，朝廷曰獄。」

窟 窟 kū　　囚突出也。从土，叝聲。〔胡八切〕

瘗 瘗 yì　　幽薶也。从土，㾰聲。〔於罽切〕

**【注釋】**

　　常用義是埋。薶，後俗字作埋。

堋 堋 bèng　　喪葬下土也。从土，朋聲。《春秋傳》曰：朝而堋。《禮》謂之封，《周官》謂之窆，《虞書》曰：堋淫於家。〔方鄧切〕

**【注釋】**

　　埋葬也。

段注：「《禮》謂《禮經》，所謂《儀禮》十七篇也。《周官》者，《漢志》所謂《周官經》，漢人謂之《周禮》也。窆謂下棺也，《禮記》謂之封，《春秋》謂之堋，皆葬下棺也，聲相似，《鄉師》注略同。」

垗 㘜 zhào　　畔也。為四時界，祭其中。《周禮》曰：垗五帝於四郊。从土，兆聲。〔治小切〕

【注釋】

本義是祭壇或墓地的邊界，古書常寫作兆，如「兆域」，《廣雅》：「兆，葬地也。」垗又是古祭名。

段注：「兆為壇之塋域，然則四面為垠埒也。引申為《孝經》之宅兆。垗，古叚肇為之。《尚書大傳》：兆十有二州。鄭云：兆，域也，為塋域以祭十二州之分星也。而古文《堯典》作肇。《大雅》：以歸肇祀。鄭云：肇，郊之神位也。是讀為兆也。《商頌》：肇域彼四海。箋云：肇，當作兆。」

塋 閠 yíng　　墓也。从土，熒省聲。〔余傾切〕

【注釋】

本義是墓地，如「塋地」。今有「墳塋」，同義連文，今河南方言仍有此語。

墓 墓 mù　　丘也。从土，莫聲。〔莫故切〕

【注釋】

見前「丘」「墳」字注。

段注：「丘謂之虛，故曰丘墓，亦曰虛墓。墓，冢塋之地，孝子所思慕之處。然則丘自其高言，墓自其平言，渾言之則曰丘墓也。墓之言規模也。《方言》：凡葬而無墳謂之墓，所以墓謂之墲（墓地）。」

墳 墳 fén（坟）　　墓也。从土，賁聲。〔符分切〕

【注釋】

今簡化字作坟，乃另造之俗字也。

常用大土堆、大堤義，屈原《哀郢》：「登大墳以遠望兮。」此大土堆也。《詩經》：「遵彼汝墳。」此大堤也。又引申出大義，如「牂羊墳首」。從賁之字、之音多

有大義，見前「爺」字注。「三墳」謂古代三皇所作的書，墳亦取大義。如「三墳五典」，「五典」為五帝所作的書。

墳的本義是墳墓，古者墳、墓有別，墳指墳頭，墓指墓穴，古者「墓而不墳」，古代的墳墓一般不起墳頭。到了春秋時代，孔子把其父母合葬在防地，為了便於查找，才起了墳頭作標記。

段注：「析言之則墓為平處，墳為高處。故《檀弓》孔子曰：古者墓而不墳。《邯鄲淳孝女曹娥碑》曰：丘墓起墳。鄭注《禮記》曰：『墓謂兆域，今之封塋也。土之高者曰墳，此其別也。』墳之義多引申段借用之，如『厥土黑墳』『公置之地，地墳』，此引申之用也。如『遵彼汝墳』，借墳為坋。《周禮》：墳衍，借墳為濆也。」

壟 <sup>壠</sup>lǒng　　丘壟也。从土，龍聲。〔力踵切〕

## 【注釋】

本義是墳墓，如「壟墓」「丘壟」，《廣雅》：「壟，墓也。」後來土埂也叫壟，《陳涉世家》：「輟耕之壟上。」「壟畝」謂田地也。參「畝」字注。

段注：「高者曰丘壟。壟，冢也。墓，塋域。是則壟非謂墓界也。郭注《方言》曰：有界埒似耕壟以名之。此恐方語而非經義也。壟畝之稱，取高起之義引申之耳。」

壇 <sup>壇</sup>tán（坛）　　祭場也。从土，亶聲。〔徒干切〕

## 【注釋】

坛乃草書楷化俗字。

本義是祭壇。引申為庭院中的土臺，《湘夫人》：「蓀壁兮紫壇。」引申為庭院，楚方言詞，《淮南子》：「腐鼠在壇，燒薰於宮。」《涉江》：「巢堂壇兮。」

段注改作「祭壇場也」，云：「《祭法》注：封土曰壇，除地曰墠。築土為壇，除地為場。按墠即場也，為場而後壇之，壇之前又必除地為場，以為祭神道，故壇場必連言之。宋本作祭場也，無壇字，非是。若《祭法》壇與墠則異地，場有不壇者，壇則無不場也。」

場 <sup>場</sup>cháng　　祭神道也。一曰：田不耕。一曰：治穀田也。从土，易聲。〔直良切〕

## 【注釋】

場乃草書楷化字形。本義是祭壇旁的平地，見上「壇」字注。引申為泛指平地，今有「操場」。

段注：「《方言》曰：坻，場也。李善曰：浮壤之名也，音傷。按不耕則浮壤起矣，是即蚍蜉、犁鼠、蟥場之字也。」此謂蚯蚓所吐出的軟土。見上「坦」字注。

圭 圭 guī（珪）　瑞玉也。上圜下方。公執桓圭，九寸；侯執信圭，伯執躬圭，皆七寸；子執穀璧，男執蒲璧，皆五寸。以封諸侯，从重土。楚爵有執圭。〔古畦切〕珪古文圭，从玉。

## 【注釋】

瑞玉者，作為憑證的玉。

演變到後來，即古代臣子上朝時手中所執之笏。上三角形，下方形，這種形狀的門叫閨。作人名用字時常用重文珪，三國有公孫瓚，字伯珪，趙雲原其屬下。宋有王珪，字禹玉，著名宰相。清代有朱珪，字石君，嘉慶帝之老師。今人有裘錫圭。圭是權力的象徵，朱瞻基出生時，燕王朱棣夢到朱元璋賜給他一個大圭，於是下定了造反的決心。

古有「圭表」測日影法，樹立於地的直杆為表，南北方向橫置於地與表垂直的杆為圭。「圭表」又叫「圭臬」，表即臬也。今「奉為圭臬」，即奉為標準也。

段注：「圭之制，上不正圜，以對下方言之，故曰上圜。上圜下方，法天地也。故應劭曰：圭，自然之形，陰陽之始也。以圭為陰陽之始，故六十四黍為圭，四圭為撮，十圭為一合，量於此起焉。《方言》曰：鼃，始也。多不得其解，愚謂鼃从圭聲，與圭同音。鼃，始也，即『圭，始也』。」

圯 圯 yí　東楚謂橋為圯。从土，巳聲。〔與之切〕

## 【注釋】

《史記》「圯上老人」者，黃石公與張良之故事也。圯，橋也。見「汜」字注。

段注：「《史》《漢》：張良嘗閒從容步遊下邳汜上。服虔曰：『汜，音頤。楚人謂橋為汜。』按字當作圯，《史》《漢》叚汜為之，故服子慎讀如頤也，或云姚察見《史記》本有从土旁者。應劭曰：汜水之上，謂窮瀆無水之上也（鵬按：『下邳汜上』則謂下邳一乾水溝的岸邊）。則應說从水作汜為合，與从土訓橋異，詳《水部》汜下。」

垂 坙 chuí　　遠邊也。从土，巫聲。〔是為切〕

【注釋】

遙遠的邊界，此「邊陲」之本字也。

《說文》：「陲，危也。」非本字明矣。下垂字本字作巫，見巫字注。垂引申為邊也，「路垂」即路邊也；流傳也，今有「名垂後世」；接近、臨近也，《逍遙遊》：「其翼若垂天之雲。」今有「功敗垂成」「生命垂危」。

段注：「《逍遙遊》：翼若垂天之雲。崔云：垂猶邊（按：邊亦接近義）也，其大如天一面雲也。《漢書》：千金之子，坐不垂堂。謂坐不於堂之邊也。垂本謂遠邊，引申之，凡邊皆曰垂。俗書邊垂字作陲，乃由用垂為巫，不得不用陲為垂矣。《阜部》曰：陲，危也。則無邊義。」

堀 堀 kū　　兔堀也。从土，屈（屈）聲。〔苦骨切〕

【注釋】

此字重出，前有「堀」字，突也。段注刪此篆，留前字。

文一百三十一　重二十六

塗 塗 tú　　泥也。从土，涂聲。〔同都切〕

【注釋】

塗乃涂之後起字。

《說文》：「涂，水名。」此乃本義，罕見。常用義是泥，今有「生靈塗炭」，保留本義。《莊子》：「寧其留骨而貴乎？寧其曳尾於塗中？」塗，泥也。「一敗塗地」「肝腦塗地」者，塗抹、塗飾也。在「道路」「泥土」「塗飾」三義上，涂、塗、途通用，但途不作泥土、塗飾講。

塓 塓 mì　　塗也。从土，冥聲。〔莫狄切〕

【注釋】

塗抹牆壁。冥聲，聲兼義也。

埏 埏 yán　　八方之地也。从土，延聲。〔以然切〕

**【注釋】**

　　本義是大地的邊沿，如「上暢九垓，下溯八埏」。常用有墓道義，潘岳《悼亡》：「落葉委埏側。」又讀 shān，用水和土，《老子》：「埏埴以為器。」

　　場 塲 yì　　疆也。从土，易聲。〔羊益切〕

**【注釋】**

　　本義是邊界、邊境，又指田界。《詩經》：「疆場有瓜。」常「疆場」連文，既指邊界，又指田界。

　　境 境 jìng　　疆也。从土，竟聲。經典通用竟。〔居領切〕

　　塾 塾 shú　　門側堂也。从土，孰聲。〔殊六切〕

**【注釋】**

　　大門兩邊的小屋子，古代孩童讀書之所，故引申為家庭或家族內設立的學校，如「私塾」。《禮記》：「古之教者，家有塾，黨有庠，術有序，國有學。」

　　墾 墾 kěn（墾）　　耕也。从土，狠聲。〔康很切〕

**【注釋】**

　　墾乃省旁俗字。墾者，啃也。用力翻土，如「墾地」，同源詞也。引申為開闢義。

　　塘 塘 táng　　堤也。从土，唐聲。〔徒郎切〕

**【注釋】**

　　池塘謂之唐，圍著池塘的堤岸亦謂之唐，後加水作塘。陂亦有池塘和堤岸義，相鄰引申也。本楊琳先生說。

　　段注：「凡陂塘字古皆作唐，取虛而多受之意。」《說文》：「隉，唐也。」段注：「唐、塘正俗字。唐者，大言也，假借為陂唐，乃又益之土旁作塘矣。堤與唐得互為訓者，猶陂與池得互為訓也。其實窊者為池、為唐，障其外者為陂、為堤。」

　　鵬按：段注的假借含義較廣，不僅包括本無其字的假借，也包括引申義和本義共用一字不另造新字的現象。即只要不是本義本用都謂之假借，不管是引申義兼用了本義的字形，還是假借義借用了本字的字形，皆可稱假借，故常有引申假借等術語。

坳 <sup>坳</sup>āo　　地不平也。从土，幼聲。〔於交切〕

## 【注釋】

本義是低凹，又指低凹之地，如「下者飄轉沉塘坳」。坳者，凹也。又指山間的平地，如「山坳」。山間之地相對於山也是低凹之地。

壒 <sup>壒</sup>ài　　塵也。从土，蓋聲。〔於蓋切〕

## 【注釋】

塵埃。

墜 <sup>墜</sup>zhuì　　墮也。从土，隊聲。古通用磀。〔直類切〕

## 【注釋】

本義落下也。引申丟失也，《國語》：「敬不墜命。」今河南方言有「不會把你的要求掉地下」，謂滿足要求也。掉、丟皆有墜落義，亦有丟失義，同步引申也。

塔 <sup>塔</sup>tǎ　　西域浮屠也。从土，荅聲。〔土盍切〕

## 【注釋】

浮屠者，塔也，今有「救人一命，勝造七級浮屠」。今西安大雁塔正是七層。僧人亦謂之浮屠，《遊褒禪山記》：「唐浮屠慧褒始舍於其址。」佛教亦謂之浮屠。梵語 Buddha 的音譯，或譯為「浮屠」「浮圖」「菩提」「勃馱」等，簡稱曰「佛」。

坊 <sup>坊</sup>fāng　　邑里之名。从土，方聲。古通用埅。〔府良切〕

## 【注釋】

先秦叫里，二十五家的住宅區。魏晉叫坊，四方形的住宅區，如英語之 block。所不同者，里不一定是方形。坊者，方也，多方形。今地名仍有用坊者，如「王子坊」，上海有「田子坊」，北宋李師師所居為「鎮安坊」。引申出店鋪、工廠義，今有「作坊」「坊間」。見後「里」字注。

文十三　新附

## 垚部

垚 垚 yáo 　　土高也。从三土。凡垚之屬皆从垚。〔吾聊切〕

【注釋】

此堯之初文也。

堯 堯 yáo（尧）　　高也。从垚在兀上，高遠也。〔吾聊切〕 赫 古文堯。

【注釋】

尧乃草書楷化字形，參「壜」之草書。從堯之字多有高義，見前「嶢」字注。

段注：「堯本謂高，陶唐氏以為號。《白虎通》曰：『堯猶嶢嶢。嶢嶢，至高之貌。』按焦嶢，山高貌。堯之言至高也。舜，《山海經》作俊，俊之言至大也。皆生時臣民所稱之號，非諡也。」

文二　重一

## 堇部

堇 蓳 qín 　　黏土也。从土，从黄省。凡堇之屬皆从堇。〔巨斤切〕 蕭、 莙 皆古文堇。

【注釋】

勤、謹等從此聲。乃「墐」之初文也。

段注：「《內則》：塗之以謹塗。鄭曰：『謹當為墐，聲之誤也。墐塗，塗有穰草也。』按鄭注墐當為堇，轉寫者誤加土耳。《玉篇》引《禮》：堇塗，是希馮時不誤也。鄭謂土帶穰曰堇，許說不爾。蓋土性黏者，與埴異字同義也。」

艱 艱 jiān 　　土難治也。从堇，艮聲。〔古閑切〕 囏 籀文艱，从喜。

【注釋】

艰乃符號代替俗字。

本義是土難耕治，引申為艱難義。引申出險惡義，《詩經》：「彼何人斯，其心孔艱。」險亦有此義，同步引申也。父母之喪謂之艱，為父母守孝謂之「丁艱」。

段注：「引申之，凡難理皆曰艱。按許書無墾字，疑古艱即今墾字，狠亦艮聲也。」

文二　重三

# 里部

里 里 lǐ　　居也。从田，从土。凡里之屬皆从里。〔良止切〕

【注釋】

本義是古代的行政區劃。

五家為鄰，二十五家為里，住一個住宅區。里有里門，早開晚閉，有專人掌管。不同身份的人住在不同的里，唐代的妓女住在長安城北，叫「北里」，也叫「平康里」，唐孫棨有小說《北里志》。南京有長干里。後作為里程單位，三百步為里。古代一里地比現在略小，約 400 多米。

古代里、裏有別，里作為行政區劃、里程單位，里程、鄉里、公里都作里；裏是衣服的裏層，引申為裏外之裏，今簡化漢字歸併為里。見前「裏」字注。

段注：「《周禮·載師》：廛里。鄭云：『廛里者，若今云邑居矣。里，居也。』《縣師》：郊里。鄭云：郊里，郊所居也。《遺人》：鄉里。鄭云：鄉里，鄉所居也。《遂人》曰：五家為鄰，五鄰為里。《穀梁傳》曰：古者三百步為里。《毛詩》亦借里為悝。悝，病也。」

釐 釐 lí（厘）　　家福也。从里，氂聲。〔里之切〕

【注釋】

今簡化字作厘，省旁俗字也。

本義是福，《漢書》：「今吾聞祠官祝釐。」引申為用來祭祀的肉，祭祀完畢分給大家，《漢書》：「上方受釐坐宣室。」福、胙皆有福、祭肉二義，同步引申也。

常用義是治理、整理，《尚書》：「允釐百工。」今有「釐定」「釐正」。引申賜、給予義，《詩經》：「釐爾圭瓚。」古又通氂，長度單位，今有「釐米」，如「差之毫釐，謬以千里」。古長度單位有微、忽、絲（秒）、毫、釐、分、寸、尺、丈、引，皆十進位。

段注：「家福者，家居獲佑也。《易》曰：積善之家必有餘慶。《漢·孝文帝紀》詔曰：今吾聞祠官祝釐，皆歸福於朕躬。如淳曰：『釐，福也。《賈誼傳》：受釐宣室。

是也。』如說最合，應劭注釐為祭余肉，失之。

釐字從里，里者，家居也，故許釋為家福，與禧訓禮吉不同。《春秋三經》僖公，《史記》作釐公，叚借字耳。有假釐為氂者，經解云：差若毫氂，或作釐，是也。有假釐為賚者，《大雅》：釐爾女士。傳曰：釐，予也。釐爾圭瓚。傳曰：釐，賜也。有假釐為理者，《堯典》：允釐百工，是也。」

野　𡐨 yě　　郊外也。从里，予聲。〔羊者切〕𡐨 古文野，从里省，从林。

【注釋】

距國（都城）百里曰郊。邑外謂之郊，郊外謂之野，野外謂之林，林外謂之冂。古代郡縣制之前是鄉野制，也叫國野制，距國都百里內為郊，百里之外為野，見前「鄰」「縣」字注。

引申為地域義，古代根據天上的星宿來劃定地上的區域，認為某幾個星宿對應某個地區，謂之「分野」。又指民間，朝廷之外，跟「朝」對應，如「朝野」「在野」「下野」。段注：「《論語》：質勝文則野。包咸曰：野如野人，言鄙略也。亦作埜。」

文三　重一

# 田部

田　⊞ tián　　陳也 [1]。樹穀曰田。象四口。十，阡陌之制也 [2]。凡田之屬皆从田。〔待年切〕

【注釋】

[1] 聲訓也。田、陳音近，古無舌上音，舌上歸舌頭也。今福建方言田、陳同音。段注：「各本作陳，今正。敶者，列也。田與敶古皆音陳，故以疊韻為訓，取其敶列之整齊謂之田。凡言田田者，即陳陳相因也。陳敬仲之後為田氏，田即陳字，假田為陳也。」

春秋時陳國貴族陳完，字敬仲，跑到了齊國，其後子孫代姜姓齊國，成為戰國時期田氏齊國的始祖，史稱田敬仲，此田、陳音近之證。今之田氏始祖可追溯到陳完。余岳家乃田氏，余曾親目其家譜，其始祖則赫然為陳完也。今「蓮葉何田田」句，田田者，猶陳陳也，謂蓮葉相併之貌也。

[2] 郭沫若《奴隸制時代》：「田字就是一塊方塊田的圖形。」蔣禮鴻《讀字臆記》：「有樹穀之田，有獵禽之田，形同而非一字。田即网也，田所以取鳥獸，因之

凡取鳥獸皆曰田也。」

段注：「《周禮‧遂人》曰：凡治野，夫間有遂，遂上有徑；十夫有溝，溝上有
畛；百夫有洫，洫上有塗；千夫有澮，澮上有道；萬夫有川，川上有路，以達
於畿。百夫之塗謂之為百，千夫之道謂之為千，言千百以包徑畛路也。

南畝則畎縱遂橫，溝縱洫橫，澮縱川橫，遂（鵬按：遂當為衍文。遂是小水溝，
以下五字皆道路）、徑、畛、塗、道、路縱橫同之。東畝則畎橫遂縱，溝橫洫縱，
澮橫川縱，徑、畛、塗、道、路之橫縱同之，故十與口皆像其縱橫也。阡陌則
俗字也。」見前「く」字注。

町 𤰒 tīng　　田踐處曰町。从田，丁聲。〔他頂切〕

## 【注釋】

本義是田間小路。

又指田界，泛指田地。常「町疃」連用，謂房舍旁空地，《詩經》：「町疃鹿場。」
町也，其地多平，町町然也。丁聲，兼義也。訂，平議也。亭，民所安定也。汀，平
也。皆同源詞也。

畽 𤲃 ruán　　城下田也。一曰：畽，邵地。从田，耎聲。〔而緣切〕

## 【注釋】

常指宮廟外及水邊等處的空地或田地，又指古代宮殿的外牆。城下田謂城牆邊
的田地。段注：「所謂附郭之田也。張晏云：城旁地也。」下，邊也。上，邊也。「子
在川上曰」，謂水邊也。

疇 𤱰 chóu　　耕治之田也。从田，象耕屈之形。〔直由切〕 𠷎 疇，或
省。

## 【注釋】

簡化字作畴，草書楷化字形也。

本義是已耕治之田地。泛指土地，今有「田疇」。常用種類、同類義，今有「範
疇」。常「疇昔」連用，猶過去也。《爾雅》：「疇、孰，誰也。」又有疑問代詞義。

「疇人」者，曆算家也。古代天文曆算之學，有專人執掌，父子世代相傳為業，
稱為「疇人」。曆算、史學都是父子相承，是專門的學問。

段注：「許謂耕治之田為疇。耕治必有耦，且必非一耦，引申之，疇，類也。王逸注《楚辭》：二人為匹，四人為疇。張晏注《漢書》：疇，等也。《戰國策》曰：夫物各有疇。《漢書》曰：疇人子弟。曹植賦：命疇嘯侶。蓋自唐以前無不用从田之疇，絕無用从人之儔訓類者，此古今之變，不可不知也。楊倞注《荀卿》，乃云疇當為儔矣。」

疁 𤱊 liú　　燒穜也。《漢律》曰：疁田茠艸。从田，翏聲。〔力求切〕

【注釋】

段注：「田不耕，火種也。謂焚其艸木而下種，蓋治山田之法為然。《史記》曰：楚越之地或火耕。」

畬 𤰒 yú　　三歲治田也。《易》曰：不菑，畬田。从田，余聲。〔以諸切〕

【注釋】

同《爾雅·釋地》，曰：「一歲曰菑，二歲曰新田，三歲曰畬。」段注改之，今常指耕種了兩年的田地，同段注。荒地經過三年開發才真正成為田地，謂之新田。

段注：「菑，《艸部》云：反耕田也。反耕者，初耕反艸，一歲為然。二歲則用力漸舒矣，畬之言舒也，三歲則為新田。《周易音義》云：『畬，馬曰：田三歲。《說文》云：二歲治田。』此許作二之證。

考《釋地》曰：一歲曰菑，二歲曰新田，三歲曰畬。《小雅》《周頌》毛傳同，馬融、孫炎、郭璞皆同。鄭注《禮記·坊記》、許造《說文》、虞翻注《易·无妄》皆云：二歲曰畬。許全書多宗毛公，而意有未安者則不從，此其一也。」

今按：段改未必可從，許書原貌殆如此，多從毛傳。

輮 𤱿 róu　　和田也。从田，柔聲。〔耳由切〕

【注釋】

鬆軟的土壤，對剛土而言。柔，聲兼義。

畸 𤱚 jī　　殘田也。从田，奇聲。〔居宜切〕

【注釋】

指零星不整齊的田地。引申出零星、殘餘，今有「畸零」「畸羨」。引申出不整

齊義，今有「畸形」。又有偏斜義，如「畸輕畸重」。

段注：「殘田者，餘田不整齊者也。凡奇零字皆應於畸引申用之，今則奇行而畸廢矣。」

**瘥 瘥 cuó** 殘田也。《詩》曰：天方薦瘥。从田，差聲。〔昨何切〕

【注釋】

零星荒蕪的田地，今《詩經》作「天方薦瘥」。

段注：「殘葳田也，葳字依《集韻》《類篇》《韻會》所據補。殘而且蕪之田也，是曰瘥。《毛詩》作瘥，傳云：薦，重。瘥，病。許此所引，蓋或三家《詩》也。」

**畮 畮 mǔ（畝、亩）** 六尺為步，步百為畮。从田，每聲。〔莫厚切〕 畮，或从田、十、久。〔臣鉉等曰：十，四方也。久聲。〕

【注釋】

今通行重文畝，簡化字亩乃畝之省旁俗字。

長一百步、寬一步的面積為一畝，古代的畝比現在小的多，大致相當於現在的三分之一畝。方一里者（長寬各三百步）為田九百畝，即一個井田。常用義是田壟，泛指農田，常「壟畝」連用。壟亦田壟，泛指農田。「南畝」本指田壟南北向的田地，泛指農田。相鄰引申，同步引申也。

段注：「秦田二百四十步為畮，秦孝公之制也，商鞅開阡陌封疆則。鄧展曰：古百步為畮，漢時二百四十步為畮。按漢因秦制也。十者，阡陌之制。今惟《周禮》作畮。《五經文字》曰：經典相承作畞。《干祿字書》曰：畞通，畝正。」

鵬按：許慎的解釋，恐怕是當作土地面積單位處理了。「畝」之本義是田壟，非土地面積單位。上古時，土地面積單位是「田」不是「畝」，「田」見於金文。當「田」作為土地面積單位時，「畝」指狹長條的田壟。早期施行壟做法，戰國時發展為畎畝法，同時「畝」逐漸用作土地面積單位。

「田」是邊長一百步（六尺為步）的正方形田塊，即一百畝地，一夫所耕，故又叫「夫」。「田」必須切分成條塊，才便於耕作、排水。此長條形田壟，即是畝，大小是長一百步、寬一步，一般是南北向，故《詩經》屢見「南畝」。上古「畝」主要用作田壟義，《詩經》中的「畝」八處，除一處作為面積單位講，其餘均作田壟義。「畝」是長條形田壟，在一般人的觀念中固定下來，遂引申為計量面積的單位，《韓

詩外傳》:「廣一步,長百步為畝。」《說文》:「六尺為步,步百為畝。」此即為長期以來田中一條長壟的通行長寬度。一個「田」可以切成一百個「畝」。

《詩經》時代,「畝」皆不連「畎」而單用,表明此時施行壟做法,即在壟畝上種植莊稼,壟溝以排水。戰國時候發展為畦種法,即畎畝法,在戰國文獻中,已見「畎畝」連用。畎畝法是:高旱田將莊稼種植於畎溝(畝溝),以避旱燥,即今之高畦栽培;低窪地將莊稼種於畝上以避澇濕;一般田地,則畎與畝輪作互易,以保肥力。「六畎為畝」,一畝地分六壟,一個壟寬一尺,即「畎」的寬度。當然這是大壟的「畝」內再分的小壟,見「畎」字注。參黃金貴《古代文化詞義集類辨考》。

旬 ⊕ diàn　　天子五百里地。从田,包省。〔堂練切〕

【注釋】

段注改作「天子五百里內田也」。本義是天子所屬的離王城五百里的田地。古代有五服,即甸服、侯服、遂服、要服、荒服。《禹貢》:「五百里甸服。」

常用義是國都城外百里內稱郊,百里外稱甸,泛指郊外,常「郊甸」連用,如「落英滿郊甸」。又指古代劃分田地或居所的單位,《漢書》:「九夫為井,四井為邑,四邑為丘,四丘為甸。」引申出治理義,《信南山》:「信彼南山,維禹甸之。」

「九服」中也有甸服,與「五服」中之甸服不同。《周禮·夏官·職方氏》:「乃辨九服之邦國:方千里曰王畿,其外方五百里曰侯服,又其外方五百里曰甸服,又其外方五百里曰男服,又其外方五百里曰采服,又其外方五百里曰衛服,又其外方五百里曰蠻服,又其外方五百里曰夷服,又其外方五百里曰鎮服,又其外方五百里曰藩服。」

段注:「《禹貢》:五百里甸服。《周語》曰:先王之制,邦內甸服。韋注云:邦內,謂天子畿內千里之地。《商頌》曰:邦畿千里,惟民所止。《王制》曰:千里之內曰甸,京邑在其中央,故《夏書》曰:五百里甸服。則古今同矣。

甸,王田也。服,服其職業也。自商以前,邦畿內為甸服,武王克殷,周公致大平,因禹所弼除甸內,更制天下為九服。千里之內謂之王畿,王畿之外曰侯服,侯服之外曰甸服。按周制,王畿千里,不在九服,而亦未嘗不從古曰甸服也。」

畿 𤲮 jī　　天子千里地。以遠近言之,則言畿也。从田,幾省聲。〔巨衣切〕

【注釋】

本義是以國都為中心的南北千里或東西千里之地。畿、甸是一回事。

常用義是靠近國都的廣大地區，大致百里之內，如「京畿」「畿內」「畿輔」。「畿」又有門檻義，《詩經》：「不遠伊邇，薄送我畿。」段注：「畿之言垠也，故亦作圻。《邶風》：薄送我畿。傳曰：『門內也。』謂門限也。」

王畿之外有九畿，即各級諸侯所領轄以及外族所居的九等各以五百里為界的地面。《周禮·地官·小司徒》：「凡建邦國，立其社稷，正其畿疆之封。」鄭玄注：「畿，九畿。」賈公彥疏：「案《司馬》：除王畿以外，仍有九畿，謂侯、甸、男、采、衛、要以內六服為中國，其外更言夷、鎮、蕃三服為夷狄。王畿四面，皆有此九畿，相去各五百里，故云畿謂九畿。」見「鄉」字注。

段注：「即天子五百里內田也，五百里自其一面言，千里自其四面言，為方百里者百也。《故書》畿為近，鄭司農云：近當言畿。按《故書》作近，猶他書叚圻作畿耳。許言以逮近言之則曰畿者，謂畿最近天子，故稱畿，畿與近合音最切。

古惟王畿稱畿，甸服外無稱者。至周而侯、甸、男、采、衛、蠻、夷、鎮、藩皆曰畿，直以其遞相傅近，轉移叚借名之，非古也。故許以近釋畿，畿之言垠也，故亦作圻。」

**畦 畦 qí　　田五十畝曰畦。从田，圭聲。〔戶圭切〕**

【注釋】

本義是五十畝田地。今作為田園中分成的小區，如「菜畦」，畦猶壟也。

段注：「按《孟子》曰：圭田五十畝。然則畦从圭、田會意兼形聲與？又用為畦畛，《史記》：千畦薑韭。韋昭曰：畦猶壟也。」

**畹 畹 wǎn　　田三十畝也。从田，宛聲。〔於阮切〕**

【注釋】

本義是三十畝田地。《楚辭》：「余既滋蘭之九畹兮。」南開大學有邢公畹先生。

**畔 畔 pàn　　田界也。从田，半聲。〔薄半切〕**

【注釋】

本義是田界。引申為邊界義，今有「河畔」。

段注：「引申為凡界之稱，或叚泮為之，《氓》詩曰：隰則有泮。傳曰：泮，坡也。坡即陂。箋云：泮讀為畔。畔，涯也。經典多借為叛字，《論語》：佛肸以中牟

畔。《大雅》：無然畔援。傳曰：無是畔道，無是援取。」

界 畍 jiè　　境也。从田，介聲。〔古拜切〕

【注釋】

本義是田界。段注：「界之言介也。介者，畫也。畫者，介也，象田四界，聿所以畫之。介、界古今字。」

邊界是二物相鄰之地，故引申出接連、毗連義，《史記》：「與強秦壤界。」「邊」亦有此二義，同步引申也。界又引申出離間、疏遠義，揚雄《解嘲》：「范睢界涇陽，抵穰侯而代之。」

畖 畖 gǎng　　境也。一曰：陌也，趙魏謂陌為畖。从田，亢聲。〔古郎切〕

【注釋】

「一曰：陌也」，或謂今「康莊大道」之本字也。本義是疆界，又指田間道路。

段注：「古郎切，按此古朗今訛古郎，因諱朗改為郎也，鼎臣時未嘗諱朗字。」

鵬按：宋避其祖先趙元朗字。瘦金體《千字文》「曦暉朗耀」改作「晃」。

畷 畷 zhuì　　兩陌閒道也。廣六尺。从田，叕聲。〔陟劣切〕

【注釋】

田間小道。

段注：「兩百間道也。百者，百夫洫上之涂也。兩百夫之間而有洫，洫上有涂。兩千夫之間而有澮，澮上有道，所謂阡也。洫橫則澮縱，涂橫則道縱，故道在中縱，而左右各十涂皆橫，是謂兩陌間道，是之謂畷。」見「阡」字注。

畛 畛 zhěn　　井田閒陌也。从田，参聲。〔之忍切〕

【注釋】

井田溝上的小路，泛指田間的路。常用義是界限，今有「畛域」。《爾雅》：「畛，界也。」

段注：「井田間者，謂十夫間也，兩十夫之間猶井間也。徑、畛、涂、道、路皆可謂之陌阡，故曰井田間陌。《遂人》曰：十夫有溝，溝上有畛。《周頌》曰：徂隰徂畛。毛傳曰：畛，場也。按場者，疆場也，《信南山》：疆場有瓜，是也。古只

作易,《左傳》曰:封畛土略。謂疆界。」

時 🔲 zhì　　天地五帝所基址,祭地。从田,寺聲。右扶風有五時。好時、鄜時,皆黃帝時祭。或曰:秦文公立也。〔周市切〕

【注釋】

古時祭天、地、五帝的祭壇。古通「庤」,儲備也。

略 🔲 lüè　　經略土地也。从田,各聲。〔離約切〕

【注釋】

經略,同義連文,指劃定土地的界限。

宋至清代都有經略大臣,管理邊疆軍政。引申出疆界義,《小爾雅》:「略,界也。」巡行邊地也叫略,《左傳》:「楚子為舟師,以略吳疆。」虛詞有大概義,「略無」者,毫無也,《水經注》:「兩岸連山,略無闕處。」常用義有奪取,今有「攻城略地」。謀也,今有「謀略」。

段注:「昭七年《左傳》:芋尹無宇曰,天子經略,諸侯正封,古之制也。杜注:經營天下,略有四海,故曰經略。正封,封疆有定分也。《禹貢》曰:嵎夷既略。凡經界曰略,《左傳》曰:吾將略地。引申之,規取其地亦曰略地,幾舉其要而用功少皆曰略,略者對詳而言。」

當 🔲 dāng(当)　　田相值也。从田,尚聲。〔都郎切〕

【注釋】

当乃草書楷化字形。

當的本義是兩塊田地相對,泛指對著,如「木蘭當戶織」。今有「門當戶對」,當即對也。「對酒當歌」,當亦對也,非應當歌唱也。

又引申為處在某個地方或時候,「首當其衝」謂首先處在交通路口。衝者,通道也,非衝擊也。「當時」「當今」皆處在義。引申出掌管、掌握義,如「當權者」「當局者迷」「當國者」。又引申為判罪義,《陳涉世家》:「失期,當斬。」謂判死罪,非應當斬首也。

段注:「值者,持也,田與田相持也。引申之,凡相持相抵皆曰當,報下曰:當罪人也,是其一端也。流俗妄分平、去二音,所謂無事自擾。」

畯 jùn　　農夫也。从田，夋聲。〔子峻切〕

【注釋】

　　農官，即西周時管理奴隸耕種的官。《爾雅・釋言》：「畯，農夫也。」孫炎注：「農夫，田官也。」《詩・七月》：「田畯至喜。」毛傳曰：「畯，田大夫也。」「寒畯」，舊時指貧窮的讀書人。

　　段注：「《周禮・籥章》：以樂田畯。注：鄭司農云：田畯，古之先教田者。按田畯，教田之官，亦謂之田，《月令》：命田舍東郊。鄭曰：田謂田畯，主農之官也。亦謂之農，《郊特牲》：大蜡饗農。鄭曰：農，田畯也。田畯教田之時，則親而尊之，《詩》三言『田畯至喜』是也。死而為神則祭之，《周禮》之『樂田畯』『大蜡饗農』是也。」

畞 méng（氓）　　田民也。从田，亡聲。〔武庚切〕

【注釋】

　　田野的老百姓。今作氓。氓特指外來的百姓，故從亡，從民。泛指老百姓。古代氓沒有流氓義，也不讀 máng。

　　段注：「畞為田民，農為耕人，其義一也。《民部》曰：氓，民也。此从田，故曰田民也。唐人諱民，故『氓之蚩蚩』，《周禮》：以下劑致氓，石經皆改為畞。古只作萌，故許引《周禮》：以興鋤利萌，蓋古本如是。鄭云：變民言萌，異外內也。萌猶懵懵無知貌。」

疄 lìn　　轢田也。从田，粦聲。〔良刃切〕

【注釋】

　　古同「躪」，車輪輾壓田地。又指田壟、菜畦。

　　段注：「《子虛賦》：掩兔轔鹿。字从車。《上林賦》：車徒之所閵轢。又叚閵為之。《足部》曰：躪，轢也。義相近。」

留 liú　　止也。从田，丣聲。〔力求切〕

【注釋】

　　本義是停止。

畜 <sub>畜</sub> chù　　田畜也。《淮南子》曰：玄田為畜。〔丑六切〕 <sub>畜</sub>《魯郊禮》畜，从田，从茲。茲，益也。

**【注釋】**

盡力種田所得的積蓄。畜生本字作「嘼」，見後「嘼」字注。

段注：「田畜謂力田之蓄積也。《艸部》曰：蓄，積也。畜與蓄義略同。俗用畜為六嘼字。古叚為好字，如《說苑》：尹逸對成王曰：民善之則畜也，不善則讎也。晏子對景公曰：畜君何尤？畜君者，好君也。謂畜即好之同音叚借也。」

疃 <sub>疃</sub> tuǎn　　禽獸所踐處也。《詩》曰：町疃鹿場。从田，童聲。〔土短切〕

**【注釋】**

本義是禽獸踐踏的地方。見「町」字注。又指村莊、屯，多用於地名。

段注：「踐者，履也。獸足蹂地曰厹，其所踩之處曰疃。本不專謂鹿，《詩》則言鹿而已。毛傳曰：町疃，鹿跡也。謂鹿跡所在也。《楚辭·九思》：鹿蹊兮躖躖。躖與疃蓋一字。」

畼 <sub>畼</sub> chàng（暢）　　不生也。从田，昜聲。〔臣鉉等曰：借為通暢之暢。今俗別作暢，非是。〕〔丑亮切〕

**【注釋】**

俗字作暢。常用義通也，今有「暢通」「曉暢兵法」。又有盛義，如「草木暢茂。」

段注：「今之暢，蓋即此字之隸變。《詩》：文茵暢轂。傳曰：暢轂，長轂也。《月令》：命之曰暢月。注曰：暢，充也。蓋皆義之相反而相生者也。」

文二十九　重三

# 畕部

畕 <sub>畕</sub> jiāng　　比田也。从二田。凡畕之屬皆从畕。〔居良切〕

**【注釋】**

相連的田地。實畺、疆之初文也。見下「畺」字羅振玉注。

畺 畺 jiāng（疆）　　界也。从畕，三，其界畫也。〔居良切〕疆 畺，或从彊、土。

【注釋】

今通行重文疆字。本義是疆界，段注：「今則疆行而畺廢矣，惟《周禮》有畺。」

甲文作𝍁，羅振玉《增訂殷虛書契考釋》：「甲文从弓，从畕，此古者以弓紀步之證。从畕象二田相比，界畫之義已明，知畕與畺乃一字矣。」從畺之字多有大義，見前「鱷」字注。

文二　重一

# 黃部

黃 黃 huáng　　地之色也。从田，从芡，芡亦聲。芡，古文光。凡黃之屬皆从黃。〔乎光切〕灸 古文黃。

【注釋】

甲文作𡕟，郭沫若《金文叢考》：「黃即佩玉，後假為黃白字，卒至假借義行而本義廢，乃造珩若璜以代之，或更假用衡字。」

䖵 䖵 xiān　　赤黃也。一曰：輕易人，䖵姁也。从黃，夾聲。〔許兼切〕

【注釋】

紅黃色。

段注：「此謂輕侮人者，其狀䖵姁也。《後漢書》：曹大家女誡，視聽陜輸。注云：陜輸，不定皃。蓋即䖵姁也，語同字異耳。」

黵 黵 tuān　　黃黑色也。从黃，耑聲。〔他端切〕

【注釋】

段注：「黑黃各本作黃黑，疑當作黑黃，黑色之敝而黃也。《詩》：我馬玄黃。傳曰：玄馬病則黃。正此意。若黃黑則土剋水之色，謂之騂黃。

黈 黈 wěi　　青黃色也。从黃，有聲。〔呼罪切〕

點 黇 tiān　　白黃色也。从黃，占聲。〔他兼切〕

韃 韃 huà　　鮮明黃也。从黃，圭聲。〔戶圭切〕

文六　重一

# 男部

男 昜 nán　　丈夫也。从田，从力。言男用力於田也。凡男之屬皆从男。
〔那含切〕

## 【注釋】

力者，乃耒耜之象形，見下「力」字注。本義是男子，又指兒子，《史記》：「太倉公無男，有女五人。」

段注：「周制八寸為尺，十尺為丈，人長一丈，故曰丈夫。《白虎通》曰：男，任也。任功業也。古男與任同音，故公侯伯子男，王莽男作任。」

今男女之得名皆可解釋，章太炎謂古娘、日二紐歸泥母，即今讀 r 的古多讀 n。男者，任也。任，擔任也。先民就把這種力氣大，能夠擔任更多勞動重擔的人叫 nán；女者，如也。如者，從也，順也。先民把性情溫順、慈祥仁愛的這類人叫 nǚ。

舅 舅 jiù　　母之兄弟為舅，妻之父為外舅。从男，臼聲。〔其久切〕

## 【注釋】

古代天子稱異姓諸侯為舅，稱同姓諸侯為伯、叔。諸侯稱異姓大夫為舅。《詩經》：「我送舅氏，至於渭陽。」女子稱呼自己的公婆為舅姑，男子稱呼自己的老丈人、丈母娘為外舅、外姑，此亞血族群婚制之遺留。見「姑」字注。

段注：「舅之言舊也，猶姑之言故也。父之昆弟稱父，母之昆弟不得稱父，故稱舅。凡同姓可稱父，凡異姓不可稱父，故舅之也。今俗人言舅父者，非也。母之父母曷為曰外王父、外王母與？父之父母稱王父、王母，故母之父母得稱呼王父、王母而外以別之也。

異姓可稱舅，故婦稱夫之父曰舅，男子稱妻之父曰外舅。母之從父昆弟曰從舅，又稱父之舅曰大舅，見《後漢書》。大者，今太字。對妻之舅吾父為稱也。母之昆弟不曰外舅者，妻黨之別於母黨也。」

大舅也叫太舅，即今舅爺爺，大，太也。今大舅父、大舅子古代也稱大舅，即奶

奶的兄弟、母親的兄、老婆的兄都可稱為大舅；母親的弟、老婆的弟則稱小舅。

甥 㽮 shēng　　謂我舅者，吾謂之甥也。从男，生聲。〔所更切〕

### 【注釋】

你的舅舅可以稱你為甥，你的老丈人也可以稱你為甥，他倆都是你的舅（老丈人叫外舅）。

段注：「母之昆弟為吾舅，則謂吾為甥矣。妻之父為吾外舅，則亦謂吾為甥矣。《釋親》：姑之子為甥，舅之子為甥，妻之晜弟為甥，姊妹之夫為甥。注謂平等相甥，非也。姑之子，吾父母得甥之。舅之子，吾母侄之，吾父得甥之。妻之昆弟，吾父母得甥之。姊妹之夫，吾父母壻之而甥之。是四者皆舅吾父者也。

舅者，耆舊之稱呼。甥者，後生之稱。故異姓尊卑異等者以此相稱。《爾雅》類列於此，亦以見舅之子、妻之昆弟稱吾父皆曰舅，不似後世俗呼也。其立文如此者，從其便也，自來不得其解，則謂平等相甥。

吾姊妹之夫，吾父既甥之矣，吾又呼之為甥，此豈正名之義乎。姑之子為外兄弟，舅之子為內兄弟，妻之昆弟為婚兄弟，姊妹之夫為姻兄弟，既正其名矣，又安得淆之乎。外孫亦稱彌甥。姊妹之孫，離孫也，亦稱從孫甥。」

文三

## 力部

力 𠛐 lì　　筋也。象人筋之形。治功曰力，能圉大災。凡力之屬皆从力。〔林直切〕

### 【注釋】

筋，本義是附著在骨頭上的韌帶，如「扒皮抽筋」「傷筋動骨」。又肌肉之俗稱，如「筋疲力盡」。也指血管，如「青筋暴出」。

甲骨文力作𠂤，象耒耜之形，金文中從力之字，有時即從耒作。從力之字多有條理義，見前「𣏟」字注。

段注：「筋下曰：肉之力也。二篆為轉注。筋者其體，力者其用也，非有二物。引申之，凡精神所勝任皆曰力。人之理曰力，故木之理曰𣏟，地之理曰阞，水之理曰泐。」

勳 𪟝 xūn（勛）　　能成王功也。从力，熏聲。〔許雲切〕𪟐 古文勳，从員。

【注釋】

能成就輔佐天子的大功勞。段注：「《司勳》曰：王功曰勳。鄭云：輔成王業若周公者。」今通行重文勛。大功勞，特殊的功勞叫勳。

熏聲，聲兼義，從熏之字多有盛大義，從員之字也有盛大義。薰，香艸也，有大香之味；醺醺醺者，大醉也。幅員遼闊者，員，四周之長也。如貟（物數紛貟亂也）、覴（外博眾多視也）、緷（持綱紐也，即大繩子）。

功 𠜍 gōng　　以勞定國也。从力，从工，工亦聲。〔古紅切〕

【注釋】

段注：「《司勳》曰：國功曰功。鄭云：保全國家若伊尹。許則舉《祭法》文以釋之也，《詩》：以奏膚公。傳曰：膚，大也。公，功也。此謂叚公為功也。」

常用義有工作、事情，《爾雅》：「功，事也。」《詩經》：「我稼既同，上入執宮功。」謂給奴隸主幹蓋房子的事情。有成績義，今有「功勞」「功績」。有精善義，通「工」，如「器械不功」。《詩經》：「我馬既同，我車既功。」謂車精善結實也。

助 𦔳 zhù　　左也。从力，且聲。〔床倨切〕

勴 𪟶 lǜ　　助也。从力，从非，慮聲。〔良倨切〕

【注釋】

常用義是幫助。

勑 𪟣 lài　　勞也。从力，來聲。〔洛代切〕

【注釋】

常「勞勑」連用，勸勉、慰問也，或寫作勞來、勞徠。「既來之，則安之」之本字也。

段注：「此當云：勞勑也，淺人刪一字耳。此勞依今法讀去聲。《孟子》：放勳曰：勞之來之。《詩》序曰：萬民離散，不安其居，宣王能勞來，還定安集之。來皆

㔩之省，俗作徠。俗誤用為敕字。」

**劼** jié　　**慎也。从力，吉聲。《周書》曰：汝劼毖殷獻臣。〔巨乙切〕**

**【注釋】**

常用義有三：謹慎也，堅固也，勤勉也。《廣韻》：「用力也，又固也，勤也。」《廣雅》：「劼，固也。」中國現代詩人李劼人，筆名老懶、懶心，當取勤勉義。從吉之字多有堅固義，見前「桔」字注。

**務** wù（务）　　**趣也。从力，敄聲。〔亡遇切〕**

**【注釋】**

簡化字务乃省旁俗字也。

本義是趨向、努力做，引申為從事、致力於，今有「務農」，保留本義。引申要求得到、追求義，《韓非子》：「糟糠不飽者，不務粱肉。」「好高騖遠」，本字當作「務」，求也。引申為名詞事情義，今有「公務」「任務」，《小爾雅》：「務，事也。」引申為務必義。

**勥** qiǎng　　**迫也。从力，強聲。〔巨良切〕𠡠古文，从彊。**

**【注釋】**

此「強迫」之後起本字也。

段注：「迫者，近也。勥與彊義別。彊者，有力。勥者，以力相迫也。凡云勉勥者，當用此字，今則用強、彊而勥廢矣。」

**勱** mài　　**勉力也。《周書》曰：用勱相我邦家。讀若萬。从力，萬聲。〔莫話切〕**

**【注釋】**

本義是勉勵。段注：「勉者，勥也。亦作邁，《左傳》引《夏書》：臯陶邁種德。邁，勉也。」

**勪** jué　　**勥也。从力，厥聲。〔瞿月切〕**

【注釋】

今「倔強」之本字也。段注：「彊力也。彊力各本作勢力，非。今依《玉篇》《廣韻》正。俗語勢彊，彊讀去聲。」

**勍 qíng　　彊也。《春秋傳》曰：勍敵之人。从力，京聲。〔渠京切〕**

【注釋】

本義是強有力，如「勍敵」「勍寇」。

段注：「《廣雅》：倞，強也。按《大雅》：無競維人，箋云：競，強也。秉心無競，傳曰：競，強也。執競武王，箋云：競，強也。按傳、箋皆謂競為倞之假借字也。」

**勁 jìng　　彊也。从力，巠聲。〔吉正切〕**

【注釋】

劲乃草書楷化俗字。本義是強，今有「強勁」。引申為正直、剛正，今有「勁士」。

**勉 miǎn　　彊也。从力，免聲。〔亡辨切〕**

【注釋】

本義是盡力、努力幹，《韓非子》：「願子勉為寡人治之。」今之勉強義乃後起。

段注：「勢舊作彊，非其義也。凡言勉者皆相迫之意。自勉者，自迫也。勉人者，迫人也。《毛詩》黽勉，《韓詩》作密勿，《大雅》毛傳曰：亹亹，勉也。《周易》鄭注：亹亹猶沒沒也。」

**劭 shào　　勉也。从力，召聲。讀若舜樂韶。〔寔照切〕**

【注釋】

本義是勉勵。《爾雅》：「劭，勉也。」劭另有美好義，今有「年高德劭」。

段注：「漢成帝詔曰：先帝劭農。蘇林曰：劭音翹，精異之意也。晉灼曰：劭，勸勉也。按《卩部》：卲，高也。卲與劭相似，轉寫容有互訛者。如應仲遠之名，當是卲字。此蘇林所說當亦是卲農。《爾雅》《方言》皆曰：釗，勉也。釗當是劭之假借字。」

勖 〔圖〕 xù 　　勉也。《周書》曰：勖哉，夫子！从力，冒聲。〔許玉切〕

**【注釋】**

本義是勉勵。

段注：「《方言》：釗、薄，勉也。秦晉曰釗，或曰薄，南楚之外曰薄努，自關而東周鄭之間曰勔釗，齊魯曰勖。勖古讀如茂，與懋音義皆同，今文《尚書》懋皆作勖，見《隸釋》石經殘碑。《心部》曰：懋，勉也。俗寫此字形（按：即勗字），尤訛舛不通。」

勸 〔圖〕 quàn 　　勉也。从力，雚聲。〔去願切〕

**【注釋】**

劝乃符號代替俗字。

本義是勸勉。「勸農」謂鼓勵農桑。《荀子》有「勸學」篇。說服、講明事理使人聽從是後起義。「勸進」謂鼓勵、促進也，如「上下同心，勸進農業」。特指勸說促使稱帝，劉琨有《勸進表》。段注：「《廣韻》曰：獎，勉也。按勉之而悅從亦曰勸。」

勝 〔圖〕 shèng（胜）　　任也。从力，朕聲。〔識蒸切〕

**【注釋】**

任，擔也。本義是承擔得起，今有「勝任」。引申出副詞義，盡、全，如「不勝枚舉」「不勝榮幸」。《孟子》：「魚鱉不可勝食也。」優美的，優美的景致也叫勝，如「勝地」「勝景」「引人入勝」。

勝、胜本二字二音，胜是腥的本字，後常通用，簡化漢字歸併為一。見前「勝」字注。段注：「凡能舉之，能克之皆曰勝，本無二義二音，而俗強分平去。」

勶 〔圖〕 chè（撤）　　發也。从力，从徹，徹亦聲。〔臣鉉等曰：今俗作撤，非是。〕〔丑列切〕

**【注釋】**

今俗作撤。

段注：「發者，射發也。引申為凡發去之稱。勶與徹義別，徹者，通也。勶謂除

去。若《禮》之有『司徹』『客徹重席』，《詩》之『徹我牆屋』，其字皆當作𢿜，不訓通也。或作撤，乃𢿜之俗也。」

勠 𩏩 lù　　並力也。从力，翏聲。〔力竹切〕

【注釋】

共同努力也，如「勠力而攻秦」，今有「勠力合作」。

段注：「《左傳》《國語》或云勠力同心，或云勠力一心，皆謂數人共致力。《偽尚書傳》訓云陳力，斯失之。古書多有誤作戮者。」

勨 𩏩 xiàng　　縣緩也。从力，象聲。〔余兩切〕

動 𩏩 dòng（动）　　作也。从力，重聲。〔徒總切〕𨔝 古文動，从辵。

【注釋】

动乃符號替代形成之俗字。

作，起也。今有「狂風大作」。引申為感動，感亦動也，如「天子為之動」。引申為副詞，動不動、常常，今有「動輒得咎」，杜甫詩：「人生不相見，動如參與商。」

勯 𩏩 lèi　　推也。从力，畾聲。〔盧對切〕

【注釋】

段注：「勯者，以物磊磊自高推下也。古用兵，下礧石，《李陵傳》作壘石，《晁錯傳》：具藺石，如淳注曰：城上雷石，《周禮》注亦作雷。《唐書·李光弼傳》：擂石車。又作擂，其實用勯為正字也。故許書之字可用而不用者多矣。」

劣 𩏩 liè　　弱也。从力，少聲。〔力輟切〕

【注釋】

本義是弱小，非優劣義，如「強劣」指強弱。引申出副詞僅僅義，如「劣有一人」。

勞 𩏩 láo　　劇也。从力，熒省。熒，火燒冖，用力者勞。〔魯刀切〕𤇾 古文勞，从悉。

## 【注釋】

荧、营乃草書楷化字形，劳同之。「劇也」，段注改作「勮也」，可從。本義是費力吃力，今有「勞而無功」。

引申出勞累義，引申為功勞義，今有「功勞」「汗馬之勞」。勞者，功也。引申出慰勞義，今有「犒勞」「勞軍」。勞者，犒也。皆同義連文。今同義複合詞之單個語素，古代多為獨立之詞，明此理則可事半而功倍矣。引申有勞煩義，如「駿馬不勞鞭」。

段注：「勮各本从刀，作劇，今訂从力。《文選·北征賦》注引《說文》：劇，甚也。恐是許書本作勮，用力甚也。後因以為凡甚之詞，又訛其字从刀耳，以俟明者定之。」

**勮 𦣞 jù（劇）**　　務也。从力，豦聲。〔其據切〕

## 【注釋】

段注：「務者，趣也。用力尤甚者，字訛从刀作劇。」《說文》本無劇字，徐鉉新附之，云：「尤甚也。」

劇今簡化作剧，厲害、嚴重也，今有「劇痛」「劇烈」。又有難義，常「劇易」連用，《商君書》：「事劇而功寡。」

**勀 𦣞 kè（剋）**　　尤極也。从力，克聲。〔苦得切〕

## 【注釋】

即剋字，本義是戰勝。

段注：「勀又勮之尤者也。剋者，以力制勝之謂，故其事為尤勞。許書勀與克義不同。克者，肩也，肩者，任也。以《春秋》所書言之，如『辛巳雨，不克葬。戊午，日下昃，乃克葬』，如『晉人納捷菑於邾，弗克納』，此克之義也。『鄭伯克段於鄢』，此勀之義也。勀之字訛而从刀作剋，猶勮之訛而从刀也。經典有克無勀，百家之書克、剋不分，而勀乃廢矣。」

**勩 𦣞 yì**　　勞也。《詩》曰：莫知我勩。从力，貰聲。〔余制切〕

## 【注釋】

《爾雅》：「勩，勞也。」本義是勞累、勞苦。

引申器物逐漸磨損，失去棱角、鋒芒謂之勩，如「螺絲扣勩了」。勞有勞苦義，又有勞損義，《說文》：「紿，絲勞則紿。」勞即勞損義。同步引申也。

勦 劋 jiǎo / cháo（剿）　　勞也。《春秋傳》曰：安用剿民？从力，巢聲。〔子小切〕，又〔楚交切〕

【注釋】

常用義有三：一、勞累也，此乃本義，「勦民」即勞民也。二、消滅也，本字當作劋，《說文》：「劋，絕也。」今有「圍剿」。三、抄襲也，今有「剿說」，謂套用別人的語言以為自己的。「剿襲」猶抄襲也。「剿襲」本字是鈔，《說文》：「鈔，叉取也。」段注：「剿即鈔之假借也。今謂竊取人文字曰鈔，俗作抄。」

段注：「昭九年《左傳》：叔孫昭子曰：《詩》云：『經始勿亟，庶民子來。』焉用速成，其以勦民也。許隱栝其辭。按《刀部》剿字亦作劋，《禮記》：毋勦說，與此从力字絕不同，俗多淆之。」後力訛作刀，俗作剿。

券 劵 juàn（倦）　　勞也。从力，卷省聲。〔臣鉉等曰：今俗作倦，義同。〕〔渠卷切〕

【注釋】

此「疲倦」之本字也。本義是勞累。

段注：「《輈人》：終日馳騁，左不楗。書楗或作券，鄭云：『券，今倦字也。』據此則漢時已倦行券廢矣，今皆作倦，蓋由與契券从刀相似而避之也。」

勤 勤 qín　　勞也。从力，堇聲。〔巨巾切〕

【注釋】

本義是勞累，跟「逸」相對。

勤快義乃後起，與「惰」相對。「辛勤」「勤勞」原義都是勞苦，同義連文，後皆指勤快義。勤有勞累義，亦有功勞義，今有「功勤」。勞亦有此二義，同步引申也。

努力、盡力謂之勤，《左傳》：「齊方勤我，棄德不祥。」「勤王」謂為王盡力也，今特指以兵力救援朝廷，今有「勤王之師」。段注：「慰其勤亦曰勤。」則勞、勤亦同步引申也。

加 加 jiā　　語相增加也。从力，从口。〔古牙切〕

**【注釋】**

本義是用言語欺誣人。引申出副詞更義，王安石《遊褒禪山記》：「其至又加少矣。」今有「更加」。

段注：「譖，各本作增，今正。增者，益也，義不與此同。譖下曰：加也。誣下曰：加也。此云：語相譖加也，知譖、誣、加三字同義矣。誣人曰譖，亦曰加，故加从力。《論語》曰：我不欲人之加諸我也，吾亦欲無加諸人。乃加字本義，引申之，凡據其上曰加，故加巢即架巢。」

**勢** 豪 áo　　健也。从力，敖聲。讀若豪。〔五牢切〕

**【注釋】**

此「豪傑」之本字也。「讀若豪」，許書以讀若破假借也。

段注：「此豪傑真字，自假豪為之，而勢廢矣。豪，豕鬣如筆管者。」豪之本義是豬鬃上的硬毛。

**勇** 勇 yǒng　　气也。从力，甬聲。〔余隴切〕 勇，或从戈、用。 古文勇，从心。

**【注釋】**

段注：「勇者，气也，气之所至，力亦至焉。」勇者，湧也，氣上湧而有膽量也。

**勃** 勃 bó　　排也。从力，孛聲。〔薄沒切〕

**【注釋】**

本義不常用。「排軖」謂矯健有力（多指文章），此排當訓勃也。常用義是旺盛，今有「蓬勃」。「勃然大怒」者，盛氣貌。「勃然而興」，亦興起旺盛貌。《莊子》：「忽然出，勃然動。」謂突然貌也。

段注：「今俗語謂以力旋轉曰勃，當用此字。《論語》：色孛如也。許所引乃本字本義，謂孛字，盛氣也。今《論語》假借勃字，殊失其恉。」今「蓬勃」之本字當作「孛」，見前「孛」字注。

**勡** 勡 piào（剽）　　劫也。从力，票聲。〔匹眇切〕

【注釋】

本義是搶劫。俗字常作剽。

剽有二義：一、搶劫也，今有「剽竊」。二、動作輕快。剽，輕也。今有「剽悍」，謂敏捷而兇猛也。又有削除義，《後漢書》：「剽甲兵，敦儒學。」剿有取義，如「剿襲」。又有消滅義，今有「圍剿」。同步引申也。

段注：「以力脅止人而取其物也。按此篆諸書多从刀，而許《刀部》剽下曰：一曰：剽劫人也。是在許時固从力、从刀並行，二形不必有是非矣。」

劫 劢 jié　　人欲去，以力脅止曰劫。或曰：以力止去曰劫。〔居怯切〕

【注釋】

本義即威逼、脅迫，今有「劫持」。引申有搶奪義，今有「趁火打劫」。又有災難義，今有「劫數」「劫難」。

段注：「脅猶迫也，俗作愶，古無其字，用脅而已。以力止人之去曰劫，不專謂盜，而盜禜人於國門之外亦劫也。太史公曰：劫人作奸。此篆从力，而俗作刼，从刀，蓋刀與力相淆之處固多矣。」

飭 飭 chì　　致堅也。从人，从力，食聲。讀若敕。〔恥力切〕

【注釋】

整治使之堅牢。常用義是整頓，今有「整飭」。另有謹慎義，今有「謹飭」。告誡義，通「敕」，古時上級的命令謂之「飭令」。

段注：「其字形與飾相似，故古書多有互訛者，飾在外，飭在內，其義不同。飭與敕義略相近，敕，誠也。」「讀若敕」者，以讀若破假借之例也。

劾 劾 hé　　法有罪也。从力，亥聲。〔胡概切〕

【注釋】

本義是揭發罪狀，今有「彈劾」。

段注：「按此字俗作劾，从刃，恐从刀則混於《刀部》之刻也。」

募 募 mù　　廣求也。从力，莫聲。〔莫故切〕

【注釋】

本義是廣泛徵求，今有「招募」。莫聲，莫，大也，聲兼義也。

文四十 重六

劬 𦷾 qú　　勞也。从力，句聲。〔其俱切〕

【注釋】

本義是勞累。今有「劬勞」，二字義微別，劬比勞程度重。「勤劬」謂勞苦也。

勢 𫝀 shì　　盛力權也。从力，埶聲。經典通用埶。〔舒制切〕

【注釋】

簡化字勢乃草書楷化字形。

常用義有男性生殖器，古有「淫者去其勢」。今「大勢已去」，雙關戲謔語也。

勘 𠢲 kān　　校也。从力，甚聲。〔苦紺切〕

【注釋】

常用義有二：校定也，今有「校勘」「勘誤」；查探也，今有「勘探」「勘察」。

辦 𧤛 bàn（办）　　致力也。从力，辡聲。〔蒲莧切〕

【注釋】

常用義有處罰、罰辦，今有「重辦」「首惡必辦」。又有置備義，今有「辦貨」「辦酒席」。

文四 新附

## 劦部

劦 𠟼 xié　　同力也。从三力。《山海經》曰：惟號之山，其風若劦。凡劦之屬皆从劦。〔胡頰切〕

【注釋】

此「協同」之初文也。甲骨文作 𧘇，象三耒並耕之形。

協 協 xié　　同心之和。从劦，从心。〔胡頰切〕

**【注釋】**

見「劦」字注。

勰 勰 xié　　同思之和。从劦，从思。〔胡頰切〕

**【注釋】**

同「協」，常用於人名，如劉勰、賈思勰。

協 協 xié（叶）　　眾之同和也。从劦，从十。〔臣鉉等曰：十，眾也。〕
〔胡頰切〕叶 古文協，从曰、十。叶或从口。

**【注釋】**

協，同也，今有「協商」「協辦」。又調和、和諧義，如「協調」「協和」。

協、叶本一字之異體，諧音也寫作「叶音」，後分別異用，今叶作為葉之簡化
字。叶古代不作樹葉講，除「叶音」「叶韻」「叶句」等少數情況外，一般寫作「協」，
不寫「叶」。

文四　重二

# 卷十四上

五十一部　六百三文　重七十四　凡八千七百一十七字　文十八新附

## 金部

金 𨥀 jīn　　五色金也。黃為之長，久薶不生衣，百鍊不輕，从革不違，西方之行。生於土，从土。左右注，象金在土中形。今聲。凡金之屬皆从金。〔居音切〕𨤾古文金。

### 【注釋】

金的本義是金屬的泛稱，今有「五金」，保留本義。

「金屬」者，金類也。五色金者，今之金，古叫作黃金，銀叫白金，銅叫赤金，鐵叫黑金，錫叫青金。金常作銅講，「金馬門」，漢代未央宮門前有銅馬，故稱。黃金面具一般指黃銅面具。

段注：「凡有五色，皆謂之金也。下文白金、青金、赤金、黑金、合黃金為五色，黃為之長，故獨得金名。」

從五行來看，西方對應金屬，土生金，故從土。饒炯《說文解字部首訂》：「從土，二注象礦，指事字也，後加今聲成形聲字。」《尚書・洪範》：「木曰曲直，金曰從革。」從，順也。革，更也。可順可更也。「久薶不生衣」五字句，與上下四字韻語不協，衣當為衍文，唐《慧琳音義》所引無衣字。生有長出銹斑義，本胡敥瑞先生說。

古代計算貨幣的單位用金。先秦以黃金二十兩為一鎰，一鎰稱一金。《墨子》：「請獻十金。」漢代以黃金一斤（即十六兩）為一金，常作成馬蹄或餅狀，一個馬蹄金或餅金即一金，大致今之四百來克。後來以銀為貨幣，銀一兩稱一金。

銀 銀 yín　　白金也。从金，艮聲。〔語巾切〕

**【注釋】**

見「金」字注。產生白色義，今有「銀色」。「銀燕」，喻白色的飛機。汞是白色流動的金屬，故叫水銀。

段注：「黃金既專金名，其外四者皆各有名。《爾雅》曰：黃金謂之璗，其美者謂之鏐。然則黃金自有名，而許以璗系諸《玉部》，云：金之美者，與玉同色。與《釋器》不合，何也？璗為金，而字從玉，許書主釋字形，故其說如此也。《爾雅》又曰：白金謂之銀，其美者謂之鏐。此則許所本也。」

鏐 鏐 liáo　　白金也。从金，尞聲。〔洛蕭切〕

**【注釋】**

白金之美者，即上等的銀。《爾雅》：「白金謂之銀，其美者謂之鏐。」今作為腳鐐字。

段注：「《爾雅》別之曰其美者，許不別也。《毛詩》傳曰：大夫鐐琫而鏐珌。」

鋈 鋈 wù　　白金也。从金，沃省聲。〔烏酷切〕

**【注釋】**

本義是白銅。

又指白色金屬，鍍上白銅亦謂之鋈。《詩經》：「俴駟孔群，厹矛鋈錞。」白銅是以鎳為主要添加元素的銅基合金，呈銀白色，有金屬光澤，故名白銅。不易銹蝕，適於製造各種裝飾品和給水器具。《詩經》：「游環脅驅，陰靷鋈續。龍盾之合，鋈以觼軜。」「鋈續」「鋈觼」皆指鍍過白銅之環。

鉛 鉛 qiān　　青金也。从金，㕣聲。〔與專切〕

**【注釋】**

見「金」字注。今之鉛筆實為石墨。

錫 錫 xī　　銀鉛之間也。从金，易聲。〔先擊切〕

## 【注釋】

銀和鉛的合金謂之錫。段注：「經典多假錫為賜字，凡言錫予者，即賜之假借也。」鋁器盛行之前，錫器在農村很常用，如錫壺等，後因笨重，費燃料，多不用。

鈏 鈏 yǐn　　錫也。从金，引聲。〔羊晉切〕

## 【注釋】

錫的別稱，或專指錫中堅白的一種。段注：「《周禮・卝人》『錫』注曰：鈏也。《職方氏》注曰：鑞也。鑞字《說文》無。」

鑞是鉛和錫的合金，可以焊接金屬，亦可製造器物，亦稱「白鑞」「錫鑞」。「銀樣鑞槍頭」，錫鉛合金做的槍頭，質軟，比喻中看不中用的人。

銅 銅 tóng　　赤金也。从金，同聲。〔徒紅切〕

## 【注釋】

見「金」字注。段注：「銅色本赤，今之白銅，點化為之耳。《食貨志》曰：金有三等：黃金為上，白金為中，赤金為下。」白銅是以鎳為主要添加元素的銅基合金，呈銀白色。

鏈 鏈 liàn　　銅屬。从金，連聲。〔力延切〕

## 【注釋】

今作為「鏈接」字，後起之義也。段注：「應劭曰：鏈似銅。與許說合。」

鐵 鐵 tiě（铁）　　黑金也。从金，𢧜聲。〔天結切〕鐵 鐵，或省。鐵 古文鐵，从夷。

## 【注釋】

簡化字作铁，新造之俗字也。引申出黑義，如「鐵面無私」，「鐵驪」謂黑馬也。又有堅固義，今有「鐵證如山」。鐵也叫惡金，顏色不好看也。

鍇 鍇 kǎi　　九江謂鐵曰鍇。从金，皆聲。〔苦駭切〕

## 【注釋】

好鐵謂之鍇，又有堅硬義，多用於人名。徐鍇，字楚金，著有《說文解字繫

傳》，世稱小徐本。近人有蔡廷鍇。

鋚 tiáo　　鐵也。一曰：轡首銅。从金，攸聲。〔以周切〕

鏤 lòu　　剛鐵，可以刻鏤。从金，婁聲。《夏書》曰：梁州貢鏤。一曰：鏤，釜也。〔盧候切〕

【注釋】

本義是可供雕刻的堅鐵。

《尚書》：「厥貢：璆、鐵、銀、鏤。」常做鏤刻字，鏤，雕刻也。《荀子‧勸學》：「鍥而不捨，金石可鏤。」今有「鏤骨銘心」。引申有鑿通義，如「鏤靈山」。鐫亦有雕刻、鑿通二義，同步引申也。

段注：「鏤本剛鐵之名，剛鐵可受鐫刻，故鐫刻亦曰鏤。今則引申之義行而本義廢矣。」

鐼 fén　　鐵屬。从金，賁聲。讀若熏。〔火運切〕

銑 xiǎn　　金之澤者。一曰：小鑿。一曰：鐘兩角謂之銑。从金，先聲。〔穌典切〕

【注釋】

本義是有光澤的金屬。《爾雅‧釋器》：「絕澤謂之銑。」「銑鐵」謂生鐵也。

鋻 jiàn　　剛也。从金，臤聲。〔古甸切〕

【注釋】

從臤之字多有堅義，見前「堅」字注。

段注：「此形聲中有會意也。堅者，土之臤。緊者，絲之臤。鋻者，金之臤。彼二字入《臤部》，會意中有形聲也。」

鑗 lí　　金屬。一曰：剝也。从金，黎聲。〔郎兮切〕

【注釋】

段注：「剝者，裂也。剝訓裂，知鑗與劙義同音別。《方言》：蠡，分也。注謂分

割也，此即鑡之假借。《方言》又曰：劃，解也。亦即此字。」

錄 鑡 lù（录）　　金色也。从金，彔聲。〔力玉切〕

【注釋】

今簡化作彔字，省旁俗字也。

本義不常見。常用義，記載也，今有「記錄」；任用也，今有「錄用」，錄即用也；抄寫也，今有「抄錄」；逮捕也，今有「收錄」，收也有逮捕義，同義連文。又有總領義，《三國志》：「亮以丞相錄尚書事。」錄即總也，今有「總錄」。總亦有總領義，同步引申也。

段注：「錄與綠同音，金色在青黃之間也。叚借為省錄字，慮之叚借也，故錄囚即慮囚（訊察記錄囚犯）。云庸錄者，猶無慮也，言其緜繀。」

鑄 鑡 zhù　　銷金也。从金，壽聲。〔之戍切〕

【注釋】

本義是熔化金屬。引申出鍛鍊義，如「陶鑄」。「鎔鑄」，本義也是熔化金屬後倒在模子裏製成器物，引申出鍛鍊義。

銷 鑡 xiāo　　鑠金也。从金，肖聲。〔相邀切〕

【注釋】

本義是熔化金屬，如「眾口鑠金，積毀銷骨」。引申為泛指消除，今有「銷聲匿跡」。

鑠 鑡 shuò　　銷金也。从金，樂聲。〔書藥切〕

【注釋】

本義是熔化金屬，如「眾口鑠金，積毀銷骨」。

「鑠石流金」喻天氣極熱。引申有削弱、削損義，《戰國策》：「秦先得齊宋，則韓氏鑠。」銷、鑠都有熔化金屬和消損義，同步引申也。引申出美盛義，當為「爍」之假借，《詩經》：「於鑠王師，遵養時晦。」《爾雅》：「鑠，美也。」

鍊 鑡 liàn（煉）　　冶金也。从金，柬聲。〔郎甸切〕

## 【注釋】

段注改作「治金也」，云：「治，大徐本訛作冶，今正。涷，治絲也。練，治繒也。鍊，治金也。皆謂瀡涷欲其精，非第冶之而已。冶者，銷也。引申之，凡治之使精曰鍊。」

《說文·火部》：「煉，鑠治金也。」今簡化歸併為一，均作炼，炼乃煉之草書楷化字形。見前「煉」字注。

釘針 dìng（錠）　　煉餅黃金。从金，丁聲。〔當經切〕

## 【注釋】

冶煉而成餅塊黃金。今作「錠」，王筠《說文句讀》：「今所謂錠，即此釘也。」今作為鐵釘字，後起之後者也。

段注：「凡物匾之曰餅，煉餅，煉而成之。今人用此字，則古鐕字之義也。」

錮鍚 gù　　鑄塞也。从金，固聲。〔古慕切〕

## 【注釋】

本義是熔化金屬填塞空隙，亦作「錮漏」。《漢書》：「合採金石，冶銅錮其內，漆塗其外。」段注：「凡銷鐵以窒穿穴謂之錮。」引申出封閉義，如「禁錮」。

鑲鑲 ráng　　作型中腸也。从金，襄聲。〔汝羊切〕

## 【注釋】

本義是製作鑄器模型裏面的胚胎。段注：「型者，鑄器之法也，其中腸謂之鑲，猶瓜中腸謂之瓤也。」今作為「鑲嵌」字。

鎔鎔 róng　　冶器法也。从金，容聲。〔余封切〕

## 【注釋】

法者，模型也。本義是冶煉器皿的模子。常通「熔」，引申有陶冶義。今人有朱鎔基。

段注：「《董仲舒傳》曰：猶泥之在鈞，唯甄者之所為；猶金之在鎔，唯冶者之所鑄。師古曰：鎔謂鑄器之模範也。」

鋏鋏jiá　　可以持冶器鑄鎔者。从金，夾聲。讀若漁人茮魚之茮。一曰：若挾持。〔古叶切〕

【注釋】

即鑄器皿時用的火鉗。段注：「冶器者鑄於鎔中，則以此物夾而出之。」鋏又指劍柄，長鋏代指長劍，《戰國策・齊策四》：「長鋏歸來乎！食無魚。」

鍛鍛duàn　　小冶也。从金，段聲。〔丁貫切〕

【注釋】

鍛即打鐵，今有「鍛工」「鍛造」。冶、鑄、銷、鑠是熔化金屬。鏤、鐫是刻。煉是用火燒製或用加熱等方法使物質純淨、堅韌、濃縮，如「煉鋼」「煉焦」「煉油」。今有「鍛鍊」。

段注：「冶之則必椎之，故曰鍛鐵。《殳部》曰：段，椎物也。鍛从段、金，會意兼形聲。《考工記》：段氏為鑄器。段即鍛也，《詩》之碫石，則鍛質也。」

鋌鋌dìng　　銅鐵樸也。从金，廷聲。〔徒鼎切〕

【注釋】

本義是銅鐵礦石。又指古代重五兩或十兩的金屬貨幣，後來寫作「錠」。假借義為快走貌，今有「鋌而走險」。又指箭鋌，即箭頭嵌入箭杆的部分。

段注：「《石部》曰：礦，銅鐵樸。鋌與礦義同音別，亦謂之鋧。《淮南書》曰：苗山之鋌。」

鐃鐃xiǎo　　鐵文也。从金，曉聲。〔呼鳥切〕

鏡鏡jìng　　景也。从金，竟聲。〔居慶切〕

【注釋】

此聲訓也。本義是鏡子。宋代為避趙匡胤祖父趙敬之諱，鏡改稱鑒，《龍龕手鏡》改作《龍龕手鑒》。

段注：「景者，光也。金有光可照物謂之鏡，此以疊韻為訓也。鏡亦曰鑒，雙聲字也。」

鉹鉹chǐ　　曲鉹也。从金，多聲。一曰：鬻鼎。讀若摘。一曰：《詩》云：佟兮哆兮。〔尺氏切〕

【注釋】

鉹即甗也，古代蒸飯的一種瓦器。今化學上蒸餾或使物體分解用的器皿叫「曲頸甗」。

鈃鈃xíng　　似鍾而頸長。从金，幵聲。〔戶經切〕

【注釋】

古代的一種酒器，似鍾，頸長。古通「鉶」，古代盛羹的器皿。

段注：「鍾者，酒器，見下，此以相聯為文矣。用此知古酒鍾有腹有頸，蓋大其下，小其上也。」

鍾鍾zhōng　　酒器也。从金，重聲。〔職容切〕

【注釋】

《說文》：「鐘，樂鐘也。」古者鐘、鍾有別，今簡化均作钟。

鐘乃鐘鼓、鐘錶之鐘。鍾乃酒器，如「美酒千鍾」。由酒器引申出聚集義，如「一見鍾情」，謂感情聚集也。錢鍾書周歲抓周，抓到一本書，故名「鍾書」，謂感情聚集於書也。引申出大的容量，「齊舊四量，豆甌釜鍾」，六百四十升為鍾也。今姓氏作鍾，不能寫作鐘。

段注：「古者此器蓋用以貯酒，故大其下，小其頸。自鍾傾之而入於尊，自尊勺之而入於觶，故量之大者亦曰鍾，引申之義為鍾聚。」

鑑鑑jiàn（鑒）　　大盆也 [1]。一曰：鑑諸，可以取明水於月 [2]。从金，監聲。〔革懺切〕

【注釋】

即今鉴（鑒）字。

[1] 本義是照影的水盆。古者以盆裝水，用來照影，這就是鏡子的前身。「監」之本義即人照影於水盆，後用銅為鏡，加金作鑑，金旁移於下部即鑒字。今簡化作鉴，草書楷化字形也。

鑑之常用義是鏡子，如「以銅為鑑，可以正衣冠」，《龍龕手鑑》又叫《龍龕手鏡》。引申為動詞照鏡子，如「油光可鑑」。引申出觀看、審查義，今有「鑑別」「借鑑」。「鑑於」猶謂看到、覺察到，如「鑑於某某情況」。

段注：「《凌人》：春始治鑑。注云：鑑如甄，大口，以盛冰。按鄭云『如甄』，《醯人》作醯，云『塗置甄中』，則鑑如今之甕。許云大盆，則與鄭說不符。疑許說為是，且字從金，必以金為之也。」

[2] 段注：「蓋鏡主於照形，鑑主於取明水，本係二物，而鏡亦可名鑑，是以經典多用鑑字，少用鏡者。」

鐈 𨮯 qiáo　　似鼎而長足。从金，喬聲。〔巨嬌切〕

【注釋】

長足的鼎。從喬之字多有高長義，見前「橋」字注。

鐆 𨮯 suì（鐩）　　陽鐆也。从金，隊聲。〔徐醉切〕

【注釋】

後寫作鐩，太陽底下取火的銅杯或銅鏡，聚集陽光以取火。《周禮·司烜氏》：「以夫遂取明火於日，以鑑取明水於月。」陽鐆也叫夫鐩，或釋「夫」為發語詞者，誤。

鉶 𨥏 xíng　　溫器也，圜直上。从金，巠聲。〔戶經切〕

【注釋】

古同「鈃」，酒器。段注：「溫器者，謂可用暖物之器也。」

鑴 𨯁 xī　　甖也。从金，巂聲。〔戶圭切〕

【注釋】

甖，大盆也。鑴與鑑同物。又指鼎一類的大鑊。巂聲，聲兼義也。巂，大龜也。

鑊 𨰥 huò　　鑴也。从金，蒦聲。〔胡郭切〕

【注釋】

大鍋也。是煮肉的炊具，鑊比鼎大，古代煮肉，以鑊為常，一般是先在鑊中煮

熟，而後再移到鼎中就食。鑊是專門煮肉的。鄭玄：「鑊所以煮肉及魚腊之器，既熟，乃進於鼎。」鑊也是大腹，圓形，但沒有足。因為鼎受火過於猛烈足部容易損壞，所以鑊作為煮肉器更為常用。

今南方稱鍋叫鑊。「鑊子」即鍋，「鑊蓋」即鍋蓋。有三個足架空，可以燃火，兩耳，用扃（銅鉤）和鉉（橫杠）抬舉。「湯鑊」即烹刑，《史記·廉頗藺相如列傳》：「臣知欺大王之罪當誅也，臣請就鼎鑊。」

**鍑 fù　　釜大口者。从金，复聲。〔方副切〕**

**【注釋】**

大口鍋。段注：「釜者，䰛之或字。《鬲部》曰：䰛，鍑屬。是二篆為轉注也。《方言》曰：釜，自關而西或謂之鍑。」

**鍪 móu　　鍑屬。从金，敄聲。〔莫浮切〕**

**【注釋】**

本義是鍋。「兜鍪」，頭盔也，形似鍋。秦漢以前稱胄，後叫兜鍪。盔本義是盆子一類的器皿，如「鍋盔」「瓦盔」，又指頭盔。與「鍪」引申路徑相同，同步引申也。

**錪 tiǎn　　朝鮮謂釜曰錪。从金，典聲。〔他典切〕**

**【注釋】**

古代的炊具，相當於現在的鍋。《方言》：「鍑，北燕朝鮮洌水之間或謂之錪，或謂之鉼。」

**銼 cuò　　鍑也。从金，坐聲。〔昨禾切〕**

**【注釋】**

小鍋也。今有挫敗義，通「挫」。從坐之字多有小義，見前「痤」字注。段注：「銼鑹，二字依全書通例補，疊韻字。」

**鑹 luó　　銼鑹也。从金，贏聲。〔魯戈切〕**

**【注釋】**

小鍋也。

鉶鉶 xíng　　器也。从金，荆聲。〔戶經切〕

【注釋】

經典亦作鈃，用來盛羹。

段注：「此禮器也，《魯頌》：毛炰胾羹。傳曰：『羹，大羹、鉶羹也。』按大羹，煮肉汁不和，貴其質也。鉶羹，肉汁之有菜和者也。大羹盛之於登，鉶羹盛之於鉶，鉶羹菜和謂之芼，其詳在《禮經》。鉶，經典亦作鈃，此猶荆罰字本从井，作刑非正字也。《內饔》職鉶作荆，亦叚借字。」

鎬鎬 hào　　溫器也。从金，高聲。武王所都，在長安西上林苑中，字亦如此。〔乎老切〕

【注釋】

暖物的器皿。

段注：「此於例不當載而特詳之者，說叚借之例也。武王都鎬本無正字，偶用鎬字為之耳。一本有其字之假借，一本無其字之假借也。鎬京或書鄗，乃淺人所為，不知漢常山有鄗縣。」

許書舉古書例句，或說字形，或說字音，或破假借，或釋義也。

鏖鏖 áo（鏖）　　溫器也。一曰：金器。从金，麀聲。〔於刀切〕

【注釋】

隸變作鏖，本義罕見，常用義為激戰，今有「鏖戰」。引申為喧擾義，黃庭堅《仁亭》：「市聲鏖午枕。」今河南方言用微火煮菜，肉謂之 áo 菜、áo 肉，本字當是鏖。

段注：「《廣韻》曰：鏖，銅銚也。今江東尚有鏖孰之語，與《火部》以微火溫肉之熬義同。或作爊，或作鏖。《集韻》曰：盡死殺人曰鏖糟。漢霍去病『合短兵，鏖皋蘭下』，是也。」

銚鉊 yáo　　溫器也。一曰：田器。从金，兆聲。〔以招切〕

【注釋】

古代一種有柄的小鍋，煮開水熬東西用，如「沙銚」「藥銚」。「銚子」謂煎藥或燒水用的器具。田器者，銚也。錢、銚、鏟，同物異名。西周、春秋時的銅鏟稱

錢，戰國時的鐵鏟稱為銚，秦後鏟成為鐵鏟的統稱。

段注：「《周頌》：庤乃錢鎛。傳曰：錢，銚也。許下文錢下亦曰：銚也，古田器。銚，《釋器》《方言》皆作斛。《釋器》曰：斛謂之疀。郭云：即古鍫雷字。《方言》曰：雷，燕之東北朝鮮洌水之間謂之斛，趙魏之間謂之梟。銚、斛、梟三字同，即今鍫字也。」

鐙 鐙 dòu　　酒器也。从金，豆象之形。〔大口切〕 豆 鐙，或省金。

【注釋】

闟、跠從此聲。

鐎 鐎 jiāo　　鐎斗也。从金，焦聲。〔即消切〕

【注釋】

即刁斗，也叫刀斗，白天做飯，晚上打更的銅製用具。有柄，夜間可用以打更，白天可當鍋煮飯，能容一斗米。

段注：「即刀斗也。孟康曰：以銅作鐎器，受一斗，晝炊飯食，夜擊持行，名曰刀斗。蘇林曰：形如鋗，以銅作之，無緣，受一斗，故云刀斗。《廣韻》：溫器，三足而有柄。」

鋗 鋗 xuān　　小盆也。从金，肙聲。〔火玄切〕

【注釋】

盆形，平底，兩邊有環的小鍋。從肙之字多有小義，見前「涓」字注。

鏏 鏏 wèi　　鼎也。从金，彗聲。讀若彗。〔于歲切〕

【注釋】

小鼎也。又鼎無耳為鏏。從彗之字多有小義，見前「嘒」字注。

鍵 鍵 jiàn　　鉉也。一曰：車轄。从金，建聲。〔渠偃切〕

【注釋】

本義是舉鼎的棍子。「一曰：車轄也」，即車軸上插的小木棍，防止車輪脫落。

段注：「謂鼎局也，以木橫關鼎耳而舉之，非是則既炊之鼎不可舉也，故謂之關鍵。引申之為門戶之鍵閉，《門部》曰：關，以木橫持門戶也。門之關猶鼎之鉉也。」

鍵的常用義是豎插在門門上使門撥不開的木棍。今「關鍵」保留本義。析言之，關是橫門門，鍵是豎的門棍。該義又作「楗」。徐灝《說文解字注箋》：「鍵者，門關之牡也。蓋以木橫持門戶，而納鍵於孔中，然後以管籥固之，管籥即今之鎖也。車軸端鍵與此相類，故也謂之鍵。」見「關」字注。

演變到後來鍵指鎖簧，又指鑰匙。郭璞《爾雅序》：「誠九流之津涉，六藝之鈐鍵。」鈐謂鎖也。引申之，在河堤缺口處打下的木樁亦謂之楗，《史記》：「而下淇園之竹以為楗。」引申為堵塞義，《墨子》：「以楗東土之水。」

鉉 鉉 xuàn　　舉鼎也。《易》謂之鉉，《禮》謂之鼏。从金，玄聲。〔胡犬切〕

**【注釋】**

鉉是舉鼎的橫木。

古者舉鼎，用橫木橫穿兩耳舉之，謂之扛，後直接抓兩耳舉亦謂之扛，倆人抬亦謂之扛。徐鉉，字鼎臣，名、字相依也。整理《說文解字》，世稱「大徐本」。據傳徐鉉乃後蜀花蕊夫人（原名徐蕊）之叔父。

段注：「《手部》曰：扛，橫關對舉也。謂橫關於兩耳，露其端以兩手對舉之，非是則難扛也。鼏音局，與鼏音蜜，畫然二物二事。《易》謂之鉉者，《周易·鼎》：六五：鼎，黃耳金鉉。上九：鼎，玉鉉。是也。古說皆云鉉貫於耳，顏師古獨云：鉉者，鼎耳，非鼎局也。其說甚誤，《易》言黃耳金鉉，則耳與鉉非一物明矣。」

鉻 鉻 yù　　可以句鼎耳及爐炭。从金，谷聲。一曰：銅屑。讀若浴。〔余足切〕

鎣 鎣 yíng　　器也。从金，熒省聲。讀若銑。〔烏定切〕

鐵 鐵 jiān（尖）　　鐵器也。一曰：鑯也。从金，韱聲。〔臣鉉等曰：今俗作尖，非是。〕〔子廉切〕

**【注釋】**

今俗字作尖，新造之俗字也。

段注：「蓋銳利之器。郭注《爾雅》用為今之尖字。融丘，鐵頂者。」

錠 𨫆 dìng　　鐙也。从金，定聲。〔丁定切〕

【注釋】

油燈也。析言之，錠有足，鐙無足。後作為金錠、銀錠字。

鐙 鐙 dēng（燈、灯）　　錠也。从金，登聲。〔臣鉉等曰：錠中置燭，故謂之鐙。今俗別作燈，非是。〕〔都滕切〕

【注釋】

《爾雅》：「瓦豆謂之登。」陶製的高腳盤叫登，又寫作「鐙」。因油燈與之相似，故也叫登。後產生出燈字，今簡化作灯。《廣韻》曰：「豆有足曰錠，無足曰鐙。」豆之遺制類今之燈盞。鐙今作為馬鐙字，如「執馬墜鐙」。

段注：「《祭統》曰：夫人薦豆，執校。執醴授之，執鐙。注曰：『校，豆中央直者也。鐙，豆下跗也。執醴者以豆授夫人，執其下跗，夫人受之，執其中央直者。』按跗，《說文》作柎，闌足也。鐙有柎，則無足曰鐙之說未可信。

豆之遺制為今俗用燈盞，徐氏兄弟遂以膏鐙解《說文》，誤矣。《生民》傳曰：木曰豆，瓦曰登。豆薦菹醢，登薦大羹。箋云：祀天用瓦豆，陶器質也，然則瓦登用於祭天。廟中之鐙，范金為之，故其字从金。」

鏶 鏶 jí　　鍱也。从金，集聲。〔秦入切〕鍻 鏶，或从咠。

鍱 鍱 yè　　鏶也。从金，葉聲。齊謂之鍱。〔與涉切〕

【注釋】

此謂金、銅、鐵椎薄成葉者。常指薄鐵片，如「或剪鐵鍱」。從葉之字多有薄義，見前「葉」「碟」字注。

鏟 鏟 chǎn　　鍱也。一曰：平鐵。从金，產聲。〔初限切〕

【注釋】

「一曰：平鐵」，段注：「謂以剛鐵削平柔鐵也。《廣韻》曰：鏟，平木器也。凡鏟削多用此字，俗多用剗字。」

鑪鑪lú（爐）　　方鑪也。从金，盧聲。〔臣鉉等曰：今俗別作爐，非是。〕〔洛胡切〕

【注釋】

後作爐字，今簡化作炉，俗字也。凡燃炭之器曰鑪，即方形的火爐。

鏇鏇xuàn　　圓爐也。从金，旋聲。〔辭戀切〕

【注釋】

圓形的火爐。從旋之字多有圓形義，如旋、漩、璇（測天文的儀器，能旋轉，如「璇璣玉衡」）等。

鍉鍉tí　　器也。从金，虒聲。〔杜兮切〕

鑥鑥lǔ　　煎膠器也。从金，虜聲。〔郎古切〕

釦釦kòu（扣）　　金飾器口。从金，从口，口亦聲。〔苦厚切〕

【注釋】

本義是用金玉裝飾器物，今作為紐扣字，簡化漢字廢。

段注：「謂以金塗器口，許所謂錯金，今俗所謂鍍金也。《漢舊儀》：大官尚食，用黃金釦器。中官、私官尚食，用白銀釦器。」

錯錯cuò　　金涂也。从金，昔聲。〔倉各切〕

【注釋】

本義是鑲嵌、鍍，如「錯彩鏤金」。

古有「金錯刀」，保留本義。假借為磨刀石，如「他山之石，可以為錯」，引申磨義，如「不琢不錯」。又假借為放置義，如「舉直錯諸枉，能使枉者直」。假借為對錯、交錯義，引申出不合義，《漢書》：「劉向治《穀梁春秋》，與仲舒錯。」與正確的不合即錯誤。上古「錯」不當錯誤講，後來文言中也多用「誤」，不用「錯」。

段注：「謂以金塗器，許所謂錯金，今俗所謂鍍金也。涂俗作塗，又或作搽，謂以金措其上也。或借為措字，措者，置也。或借為摩厝字，厝者，厲石也。或借為迕造字，東西曰迕，邪行曰迕也。」

鋙 鋙 yù　　鉏鋙也。从金，御聲。〔魚舉切〕鋙 鋙，或从吾。

【注釋】

鋸的別稱，因鋸齒相錯故名。

段注：「《齒部》：齟齬，齒不相值也。鉏鋙，蓋亦器之能相抵拒錯摩者。故《廣韻》以不相當釋鉏鋙。《周禮·玉人》注云：駔牙，《左傳》人有名鉏吾者，皆此二者之同音假借。」

錡 錡 qí　　鉏鋙也。从金，奇聲。江淮之閒謂釜曰錡。〔魚綺切〕

【注釋】

本義是鋸，又指鑿子一類的工具。常用義是三條腿的鍋。王筠《釋例》：「終疑錡是鋸之故名也。」

段注：「《豳風》：既破我斧，又缺我錡。傳曰：鑿屬曰錡。此蓋所謂鉏鋙者與？字或作奇。《召南》：維錡及金。傳曰：錡，釜屬，有足曰錡。《方言》曰：鍑，江淮陳楚之間謂之錡。郭云：或曰三腳釜也。按《詩》《左傳》皆錡、釜並言，然則本以有足別於釜，而江淮語同之耳。」

鍤 鍤 chā　　郭衣針也。从金，臿聲。〔楚洽切〕

【注釋】

本義是連綴衣服周圍所用的長針。常作為臿字，即鐵鍬也。

段注：「云郭衣，謂恢廓，張衣於版，以針密籤其周使伸直，今之治裘者正如此，是曰郭衣，其針曰鍤。鍤之言深入也，以為鍬臿字者，失之遠矣。」

鉥 鉥 shù　　綦針也。从金，术聲。〔食聿切〕

【注釋】

納鞋底的長針。引申有刺義，又有引導義，《國語》：「吾請為子鉥。」今有「穿針引線」。鉥自身可引申出引導義。《說文》：「訹，誘也。」本義是引導。同源詞也。

段注：「綦疑當作長。《管子》：一女必有一刀一錐，一箴一鉥。房注：鉥，時橘切，長針也。《玉篇》亦曰長針。」

鍼鍼 zhēn（針）　　所以縫也。从金，咸聲。〔臣鉉等曰：今俗作針，非是。〕〔職深切〕

**【注釋】**

俗字作針，今簡化作针。《竹部》：「箴，綴衣箴也。」初用竹製，後乃用金屬耳，同源詞也。

段注：「《竹部》箴下曰：綴衣箴也。以竹為之，僅可聯綴衣。以金為之，乃可縫衣。」

鈹鈹 pī　　大針也。一曰：劍如刀裝者。从金，皮聲。〔敷羈切〕

**【注釋】**

中醫破癰的大針。

段注：「玄應曰：醫家用以破癰。劍兩刃，刀一刃，而裝不同，實劍而用刀削裹之是曰鈹。《左傳》曰：夾之以鈹。」

鎩鎩 shā　　鈹有鐔也。从金，殺聲。〔所拜切〕

**【注釋】**

常用義是長矛，賈誼《過秦論》：「鉏櫌棘矜，非銛於鉤戟長鎩也。」又有摧殘、傷殘義，「鎩羽」謂羽毛掉落，喻失意受挫折，如「鎩羽之鳥」。

段注：「鐔，劍鼻也。云鈹有鐔者，則知鈹有不為鼻者矣，如刀裝之鈹不為鼻者也。《淮南書》：飛鳥鎩羽。許注曰：鎩，殘也。左思賦亦曰鳥鎩翮。此等鎩字乃引申之義，鎩可殘羽，故凡見殘者曰鎩。《公羊》作搬，『宋萬臂搬仇牧，碎其首』，何云：側手擊曰搬。」

鈕鈕 niǔ　　印鼻也。从金，丑聲。〔女久切〕玨 古文鈕，从玉。

**【注釋】**

鼻指某些器物上的隆起或孔狀部分。「印鈕」亦作「印紐」，又稱「印鼻」，指印章頂端的帶孔雕飾。鈕孔用以穿綬帶，佩印於身上。秦漢印鈕，有龜、螭、辟邪、虎等形狀，以區分官員品級。後世私印之鈕，形式更多。段注：「古文印鈕字从玉，蓋初作印時，惟以玉為之也。」

銎 qióng　　斤斧穿也。从金，巩聲。〔曲恭切〕

【注釋】

穿，孔也。斧頭上的孔，用來穿柄。

段注：「謂斤斧之孔，所以受柄者。《豳風》毛傳曰：方銎曰斨，隋銎曰斧。隋謂狹長。」

錊 zī　　錊錍，斧也。从金，此聲。〔即移切〕

錍 pī　　錊錍也。从金，卑聲。〔府移切〕

【注釋】

錊錍，短斧也。此聲、卑聲皆兼義也。

鏨 zàn　　小鑿也。从金，从斬，斬亦聲。〔藏濫切〕

【注釋】

本義是小鑿子，如「鏨子」「石鏨」。又指在金石上雕刻，如「鏨字」「鏨花」「虎頭鏨金槍」。

鐫 juān　　穿木鐫也。从金，雟聲。一曰：琢石也。讀若瀸。〔子全切〕

【注釋】

本義是穿破木頭的金屬器具。即鑿子類的工具，《方言》：「鐫，掘也。」

段注：「破木之器曰鐫，因而破木謂之鐫。一曰：琢石也。此破木引申義耳。凡似此者，皆淺人所增耳。」

「一曰：琢石也」，常用義是刻。今有「鐫刻」「鐫鏤」，鐫者，刻也。引申出開鑿、開掘義，《漢書》：「患底柱隘，可鐫廣之。」鏤亦有刻、開掘義，同步引申也。又官吏降級之謂也，如「鐫罰」。

鑿 záo（凿）　　穿木也。从金，糳省聲。〔在各切〕

【注釋】

今簡化作凿，省旁俗字也。段注：「穿木之器曰鑿，因之既穿之孔亦曰鑿矣。

《考工記》曰：量其鑿深以為輻廣。《九辨》：圜鑿而方枘。」今有「方枘圓鑿」，鑿，孔也。枘，榫頭也。《廣雅》：「鑿，穿也。」

既指動詞穿，又指名詞穿，即洞也。鑿、洞、穿三字都有動詞、名詞二義，同步引申也。「鑿鑿」，鮮明貌，《詩經》：「揚之水，白石鑿鑿。」引申有明確義，今有「確鑿」「言之鑿鑿」。

銛 𨥑 xiān　　鍤屬。从金，舌聲。讀若棪。桑欽讀若鐮。〔息廉切〕

【注釋】

本義是鐵鍬。常用義是鋒利，賈誼《過秦論》：「鉏耰棘矜，非銛於鉤戟長鎩也。」

段注改作「臿」，云：「臿，大徐作鍤，則是郭衣針矣。臿者，舂去麥皮也。假借為鍬臿，即上文田器之銚也。引申為銛利字。賈誼曰：莫邪為鈍，鉛刀為銛。《漢書音義》曰：銛，利也。又按《方言》曰：銛，取也。此引申叚借之義也。《孟子》：以言銛之，以不言銛之。今本誤作餂。」

鈂 𨥛 chén　　臿屬。从金，冘聲。〔直深切〕

鐀 𨮯 guǐ　　臿屬。从金，危聲。一曰：瑩鐵也。讀若跛行。〔過委切〕

【注釋】

鍤一類的起土工具。

鐅 𨯠 piě　　河內謂臿頭金也。从金，敝聲。〔芳滅切〕

錢 𨤲 qián / jiǎn　　銚也，古田器。从金，戔聲。《詩》曰：庤乃錢鎛。〔即淺切〕，又〔昨先切〕

【注釋】

西周、春秋時的銅鏟稱錢，戰國時的鐵鏟稱為銚，秦後鏟成為鐵鏟的統稱。

段注：「云古田器者，古謂之錢，今則但謂之銚，謂之臿，不謂之錢，而錢以為貨泉之名。古者貨貝而寶龜，周而有泉，至秦廢貝行錢。《檀弓》注曰：古者謂錢曰泉布。《周禮·泉府》注：鄭司農云：《故書》泉或作錢。《外府》注云：其藏曰泉，

其行曰布，取名於水泉，其流行無不遍。

《周語》：景王二十一年，將鑄大錢。韋曰：古曰泉，後轉曰錢。玉裁謂秦漢乃假借錢為泉，《周禮》《國語》早有錢字，是其來已久，錢行而泉廢矣。王莽時錢文尚曰大泉五十，曰貨泉。」

鐝 鐝 jué（镢）　　大鋤也。从金，矍聲。〔居縛切〕

【注釋】

俗字作镢。俗稱镢頭，刨土的農具，類似木工之銼，見《三才圖會》。段注：「鋤之大者曰鐝。」

鈐 鈐 qián　　鈐鐇，大犁也。一曰：類枱。从金，今聲。〔巨淹切〕

【注釋】

鈐鐇，連綿詞，大犁。

今常用義是印章，如「鈐記」，舊時印的一種。蓋印章也叫鈐，今有「鈐印」。又有鎖義，如「鈐鍵」，鎖鑰也，關鍵也。郭璞《爾雅序》：「夫《爾雅》者，誠九流之津涉，六藝之鈐鍵也。」

鐇 鐇 duò　　鈐鐇也。从金，隋聲。〔徒果切〕

鏺 鏺 pō　　兩刃，木柄，可以刈艸。从金，發聲。讀若撥。〔普活切〕

鈍 鈍 tóng　　枱屬。从金，蟲省聲。讀若同。〔徒冬切〕

【注釋】

小徐本「枱」作「耜」，小徐多俗字。

鉏 鉏 chú（鋤）　　立薅所用也。从金，且聲。〔士魚切〕

【注釋】

俗字作鋤。薅，拔草也。薅草，今河南方言仍有此語。鋤是鋤草，耘亦是鋤草，有種鋤叫「耘鋤」，如「三齒耘鋤」。耕是翻土，耕、耘有別。

段注：「云立薅者，古薅艸坐為之，其器曰櫌，其柄短。若立為之，則其器曰鉏，其柄長。櫌之用淺，鉏之用可深。」

鑼 鑼 bēi　　枱屬。从金，罷聲。讀若嬀。〔彼為切〕

鐮 鐮 lián（鐮）　　鍥也。从金，兼聲。〔力鹽切〕

【注釋】

俗作鐮。

鍥 鍥 qiè　　鐮也。从金，契聲。〔苦結切〕

【注釋】

本義是一種小鐮刀。鍥刀即鐮刀。假借為「契」，用刀子刻，今有「鍥而不捨」「鍥金玉」。引申有截斷義，《戰國策》：「鍥朝涉之脛。」

段注：「《方言》曰：刈鉤，江淮陳楚之間謂之鉊，或謂之鐝。自關而西或謂之鉤，或謂之鐮，或謂之鍥。《刀部》曰：剆，鐮也。即方言之刈鉤也。」

鉊 鉊 zhāo　　大鐮也。从金，召聲。鐮謂之鉊，張徹說。〔止搖切〕

【注釋】

本義是大鐮刀。召聲，聲兼義也。又作「鉛」之俗字。

段注：「《方言》：錐謂之錯。其字从苕，取其象苕秀也，亦音苕。《廣雅》作此鉊，誤矣。」

銍 銍 zhì　　獲禾短鐮也。从金，至聲。〔陟栗切〕

【注釋】

短鐮刀。《詩經》：「獲之銍銍。」引申為用鐮刀割。

段注：「《禹貢》：二百里納銍。某氏曰：『銍艾謂禾穗。』亦謂所獲之穗為銍。」

鎮 鎮 zhèn　　博壓也。从金，真聲。〔陟刃切〕

【注釋】

本義是壓，今有「鎮壓」「鎮尺」，泛指壓抑、抑制、震懾。壓則安，故引申為安

也，如「鎮國家，撫百姓」。李師師所居之處叫「鎮安坊」，鎮即安也。今有「鎮定」「鎮靜」。又引申出時常義，定則常也，今有「十年鎮相隨」。

段注：「博當作簿，局戲也。謂局戲以此鎮壓，如今賭錢者之有椿也，未知許意然否。引申之為重也，安也，壓也。」

鉆 鉆 chān　　鐵鉆也。从金，占聲。一曰：膏車鐵鉆。〔敕淹切〕

【注釋】

鐵作的鑷子、鉗子。今钻之繁體作鑽，跟鉆非一物。

鉆 鉆 zhé　　鉆也。从金，耴聲。〔陟葉切〕

【注釋】

段注：「此與《竹部》籋義同音近。夾取之器曰籋，今人以銅鐵作之，謂之鑷子。」

鉗 鉗 qián　　以鐵有所劫束也。从金，甘聲。〔巨淹切〕

【注釋】

本義是鐵鉗子。

鈦 鈦 dì　　鐵鉗也。从金，大聲。〔特計切〕

【注釋】

腳鐐也。段注：「鐵，《御覽》作脛。《平準書》：鈦左趾。鈦，踏腳鉗也。狀如跟衣，箸足下，重六斤以代刖。」

鋸 鋸 jù　　槍唐也。从金，居聲。〔居御切〕

【注釋】

槍唐，漢人語，連綿詞，即鋸也。

鐕 鐕 zān　　可以綴著物者。从金，朁聲。〔則參切〕

【注釋】

一種釘子。段注:「按今謂釘者皆是,非獨棺釘也。」

錐 鐕 zhuī　　銳也。从金,隹聲。〔藏追切〕

鑱 鑱 chán　　銳也。从金,毚聲。〔士銜切〕

【注釋】

鑱石,治病的石針。鑱針,治病的針。

湯可敬《今釋》:「古漢語體、用、狀常為一體。以銳釋鑱,言其狀;轉言其用,鑱,刺也;又轉而言體,鑱謂之鈹,大針也。」甚是。

銳 銳 ruì　　芒也。从金,兌聲。〔以芮切〕 劂 籀文銳,从厂、剡。

【注釋】

本義是尖端。引申出小義,《左傳》:「吾以玉賈罪,不亦銳乎?」引申出迅速、急切義,今有「銳增」「銳減」。

段注:「芒者,艸端也。艸端必尖,故引申為芒角字,今俗用鋒錟字,古只用夆芒。」

鏝 鏝 màn(槾)　　鐵杇也。从金,曼聲。〔母官切〕 槾 鏝,或从木。〔臣鉉等案:《木部》已有,此重出。〕

【注釋】

今通行重文槾,今泥水匠用的泥抹,用來粉牆。從曼之字多有覆蓋、包裹義,見前「槾」字注。

段注:「秦謂之杇,關東謂之槾。从木,是則木為者曰杇,金為者曰鏝。」

鑽 鑽 zuān(钻)　　所以穿也。从金,贊聲。〔借官切〕

【注釋】

今簡化字钻,另造之俗字也。本是器名,因之謂穿亦曰鑽。

鑢 鑢 lǜ　　錯銅鐵也。从金,慮聲。〔良據切〕

## 【注釋】

錯，磨也。磋磨骨角銅鐵等使之光滑的工具，引申打磨、磨製，如「磨鑢」。引申為磨煉。《廣雅》：「鑢，磨也。」或作鋼。

銓 𨥛 quán　　衡也。从金，全聲。〔此緣切〕

## 【注釋】

本義是秤。稱量輕重亦謂之銓，選拔官吏亦謂之銓，如「銓選」，謂衡量後選用也。「銓敍」謂議定官吏的等級。今常作「權衡」。權者，秤錘也。衡者，秤桿也。

段注：「蓋古權衡二字皆假借字。權為垂之假借，古十四部（元部）與十七部（歌部）合音，是以若干為若柯，桓表為和表，斟灌為斟戈，毛詩觀為多之借，單聲之鼉、鄿入戈韻。垂古音陀，假權為之，俗乃作錘。若衡則假借之橫字。權衡者，一直一橫之謂。」

段注用例證分析了後代音韻學中的「陰陽對轉」理論。

銖 𨥛 zhū　　權十分黍之重也。从金，朱聲。〔市朱切〕

## 【注釋】

一百粒黍米的重量就是一銖，即一兩的二十四分之一。

「銖積寸累」謂一點一滴積累。今有「錙銖必較」。「銖兩」比喻很少。又有鈍義，《廣雅》：「銖，鈍也。」《淮南子》：「其兵戈銖而無刃。」

段注：「權，五權也。五權，銖、兩、斤、鈞、秬也。《么部》曰：叅，十黍之重也。此云銖，權十叅黍之重也。《兩部》曰：兩，二十四銖為一兩。斤本無其字，以斫木之斤為之，十六兩也。鈞，三十斤也。《禾部》曰：秬，百二十斤也。按許說與《漢·律曆志》合。《志》曰：一龠容千二百黍，重十二銖，兩之，二十四銖為兩，十六兩為斤，三十斤為鈞，四鈞為石。此許所本。」

鋝 𨦋 lüè　　十銖二十五分之十三也。从金，寽聲。《周禮》曰：「重三鋝。」北方以二十兩為鋝。〔力錣切〕

## 【注釋】

重量單位，六兩。

鍰 𨦋 huán　　鋝也。从金，爰聲。《罰書》曰：列百鍰。〔戶關切〕

【注釋】

重量單位，六兩。

鎦鎦 zī　　六銖也。从金，甾聲。〔側持切〕

【注釋】

一兩的四分之一，六百個黍米之重。今有「鎦銖必較」，鎦、銖皆小的重量單位。六銖為一鎦，四鎦為一兩。

錘銼 chuí　　八銖也。从金，垂聲。〔直垂切〕

【注釋】

八百個黍米之重。後人稱權為錘，作秤錘字。「鎦介」「鎦錘」喻微小也。段注：「古字只當作垂，謂有物垂之而使平。」

鈞鈞 jūn　　三十斤也。从金，勻聲。〔居勻切〕鈞古文鈞，从旬。

【注釋】

本義是三十斤，今有「千鈞一髮」。

又指製作陶器用的轉輪，如「陶鈞」，比喻造就人才。今人有洪鈞陶。又作敬辭，如「某某鈞鑒」「鈞安」。又假借為平均字，段注：「按古多假鈞為均。」金文以勻為鈞。

鈀鈀 bā　　兵車也。一曰：鐵也。《司馬法》：晨夜內鈀車。从金，巴聲。〔伯加切〕

鐲鐲 zhuó　　鉦也。从金，蜀聲。軍法：司馬執鐲。〔直角切〕

【注釋】

鐲、鈴、鐸一物，有舌。見「鉦」「鈴」字段注。鐲，鉦也，形如小鐘，軍行鳴之以為鼓節。今作為手鐲字。

鈴鈴 líng　　令丁也。从金，从令，令亦聲。〔郎丁切〕

**【注釋】**

又叫令丁，得名於其聲音也。

段注：「《廣韻》：鈴似鐘而小。然則鐲、鈴一物也，古謂之丁寧，漢謂之令丁，在旗上者亦曰鈴。」

鉦 鉦 zhēng　　鐃也。似鈴，柄中，上下通。从金，正聲。〔諸盈切〕

**【注釋】**

鉦、鐃一物，無舌。鉦是古代的一種樂器，用銅做，有兩種：一種形似鐘而狹長，有長柄可執，口向上，以物擊之而鳴，在行軍時敲打。「鉦鼓」，古時行軍擊鉦使士兵肅靜，擊鼓使士兵前進，後用「鉦鼓」為軍事的代稱。「鳴金收兵」者即此物也，後鳴金多指敲鑼。另一種形圓如銅鑼，蘇軾詩「樹頭初日掛銅鉦」者是也。

段注：「鐲、鈴、鉦、鐃四者相似而有不同。鉦似鈴而異於鈴者。鐲、鈴似鐘有柄，為之舌以有聲。鉦則無舌，柄中者，柄半在上半在下，稍稍寬其孔為之抵拒，執柄搖之，使與體相擊為聲。《鼓人》：以金鐃止鼓。注曰：鐃如鈴，無舌有柄，執而鳴之，以止擊鼓。按鐃即鉦，鄭說鐃形與許說鉦形合。《詩·新田》傳曰：鉦以靜之。與《周禮》止鼓相合。」

鐃 鐃 náo　　小鉦也。軍法：卒長執鐃。从金，堯聲。〔女交切〕

**【注釋】**

鉦、鐃一物，無舌。「鉦歌」即鐃歌，軍樂也。鉦有兩種，鐃也有兩種：一是銅製的圓形打擊樂器，比鈸大。二是古代軍中樂器，像鈴鐺，但沒有中間的舌，即《說文》之「小鉦也」。

段注：「鉦、鐃一物，而鐃較小，渾言不別，析言則有辨也。《周禮》言鐃不言鉦，《詩》言鉦不言鐃，不得以大小別之。《大司馬》：仲冬大閱，乃鼓退，鳴鐃且卻。《左傳》：陳子曰：吾聞鼓不聞金。亦謂聞鼓進，聞鐃退也。」

鐸 鐸 duó　　大鈴也。軍法：五人為伍，五伍為兩，兩司馬執鐸。从金，睪聲。〔徒洛切〕

**【注釋】**

铎乃草書楷化俗字。鈴、鐲、鐸一物，有舌，故謂之大鈴。大鈴鐺，古代宣布政

教或打伎時使用。

段注：「鐸謂鈴之大者。軍法所用金鈴金舌，謂之金鐸；施令時所用金鈴木舌，則謂之木鐸。按《大司馬》職曰振鐸，又曰摝鐸，鄭謂『摝，掩上振之』。鐸之制同鈴。」

鐸有舌，搖之會響，故謂之振鐸。今人取名多有叫振鐸者，如鄭振鐸、趙振鐸，蓋本此也。今北師大校內有大鐘，持架上題曰「木鐸金聲一百年」。木鐸，古代宣傳教化，召集群眾所用。又比喻宣揚教化的人，《論語·八佾》：「天將以夫子為木鐸。」

鎛 𨮯 bó　　大鐘。淳于之屬，所以應鍾磬也。堵以二，金樂則鼓鎛應之。從金，薄聲。〔匹各切〕

【注釋】

大鐘，單獨懸掛，用於節樂，不同於編鐘的大鐘。薄聲，聲兼義。段注：「《周禮》《國語》字作鏄，乃是叚鏄鱗字。」見下「鏄」字注。

鏞 𨮰 yōng　　大鐘謂之鏞。從金，庸聲。〔余封切〕

【注釋】

金庸，原名查良鏞，分鏞為金庸二字作筆名。其堂兄查良錚，即詩人穆旦也。從庸之字多有大義，見前「庸」字注。

鐘 𨯀 zhōng　　樂鐘也。秋分之音，物種成。從金，童聲。古者垂作鐘。〔職茸切〕𨮹鐘，或從甬。

【注釋】

鐘、鍾二字有別，今簡化均作钟。鐘的本義是樂鐘，鍾的本義是酒器。鐘經傳也多作鍾，假借酒器字。見前「鍾」字注。

鈁 𨮒 fāng　　方鐘也。從金，方聲。〔府良切〕

鏄 𨯁 bó　　鏄鱗也。鐘上橫木上金華也。一曰：田器。從金，專聲。《詩》曰：庤乃錢鏄。〔補各切〕

## 【注釋】

本義是古代懸掛銅鐘的架子上的橫木。懸鐘之橫木有專稱，謂之「鎛鱗」。《考工記》所說的「鱗屬以為筍」，以及《明堂位》注所說的「飾筍以鱗屬」都是指鎛鱗，上刻鱗屬，以金塗飾。《玉篇》：「鎛鱗獸，似人，懸鐘橫木也。」

段注：「縣鐘者直曰虡，橫曰筍。《考工記》云：鱗屬以為筍。《明堂位》云：夏后氏之龍筍虡。注云：飾筍以鱗屬。又於龍上刻畫之為重牙，然則橫木刻為龍，而以黃金塗之，光華爛然，是之謂鎛鱗。」

常用義是樂器大鐘。鐘、鎛有異，鐘口呈弧狀，鎛為平口。《考工記·鳧氏》：「兩欒謂之銑。」鄭注：「銑，鐘口兩角。古鐘羨而不圜，故有兩角。」又指鋤頭，《詩·周頌》：「庤乃錢鎛。」

段注：「鎛訓迫，故田器曰鎛。《周頌》之鎛，毛曰：鎒也。鄭注《考工記》曰田器，正謂鎒迫地披草而有此稱。《釋名》以為鎛亦鉏類，鎛，迫也。今本《釋名》作鑮，非。」

古貨幣叫布，通「鎛」也，蓋古代以此物作為一般等價物也。如「錢」亦農具鐵鏟，用來作為貨幣字。「錢」類似今農民所用之方頭鏟子，除草用。「鎛」是一種寬口鋤，見《三才圖會》。二者皆除草農具，故《詩經》云：「庤乃錢鎛。」明宋應星《天工開物·鋤鎛》：「凡治地生物，用鋤、鎛之屬。」鍾廣言注：「鎛，一種鋤草用的闊口鋤。」

這種寬口鋤去掉木柄，鋤首伸直，則類似小鐵鍬，也類似方頭鏟，跟錢幣平頭空首布極為相似。布幣形似鏟，故又稱鏟布。鎛，薄也，迫地除草，故稱。錢，劃也，得名於劃除。

或謂鎛是古代除草的一種短柄鋤。《詩·周頌·臣工》：「命我眾人，庤乃錢鎛。」馬瑞辰通釋：「今按古鎒（小手鋤）以薅草，然有偃薅、立薅之分。《釋名》：『鎒似鋤，偃薅木也。鎛亦鋤田器也。鎛，迫也，迫地去草也。』是則鎛、鎒一物，皆偃薅所用，其柄短。」

鍠 鍠 huáng　　鐘聲也。从金，皇聲。《詩》曰：鐘鼓鍠鍠。〔乎光切〕

## 【注釋】

大的鐘聲。從皇之字多有大義，見前「湟」字注。

段注：「《周頌》文，今《詩》作喤喤。毛傳曰：和也。皇，大也。故聲之大字多從皇，《詩》曰：其泣喤喤，喤喤厥聲。《玉部》曰：瑝，玉聲也。」

鎗鎗 qiāng　　鐘聲也。从金，倉聲。〔楚庚切〕

**【注釋】**

大的鐘聲。

段注：「鎗鎗，二字各本無，今依全書例補之，雙聲字也。引申為他聲，《詩·采芑》：八鸞鎗鎗。毛曰：聲也。《韓奕》作將將，《烈祖》作鶬鶬，皆假借字。或作鏘鏘，乃俗字。《漢書·禮樂志》鏗鎗，《藝文志》作鏗鏘，《廣雅》作鏓鎗。」

今按：頗疑「鎗」「鏓」二篆誤倒，當「鏓」上「鎗」下，故「鎗鏓」當作「鏓鎗」也，即今之鏗鏘，故或作「鏗鎗」「鏓鎗」。

鏓鏓 zǒng　　鎗鏓也。一曰：大鑿，平木者。从金，悤聲。〔倉紅切〕

錚錚 zhēng　　金聲也。从金，爭聲。〔側莖切〕

**【注釋】**

本義是金屬撞擊聲。今有「鐵骨錚錚」，喻剛正不阿。詩人穆旦，原名查良錚。見「鏞」字注。

鏜鏜 tāng　　鐘鼓之聲。从金，堂聲。《詩》曰：擊鼓其鏜。〔土郎切〕

**【注釋】**

敲擊鐘鼓的大聲響。從堂、唐之字多有大義，見前「唐」「堂」字注。

段注：「《鼓部》曰：鼟，鼓聲也。引《詩》：擊鼓其鼟，為其字之从鼓也。此引《詩》：擊鼓其鏜，蓋有韓、毛之異與？《邶風》傳曰：鏜，擊鼓聲也。許以其從金，故先之以鐘，曰鐘鼓之聲。相如賦作閶鞈，《司馬法》曰：鼓聲不過閶。皆叚借字。」

鑋鑋 qìng　　金聲也。从金，輕聲。讀若《春秋傳》曰：鑋而乘它車。〔苦定切〕

鐔鐔 xín　　劍鼻也。从金，覃聲。〔徐鍇曰：劍鼻，人握處之下也。〕〔徐林切〕

## 【注釋】

俗稱劍鼻，劍柄頂端手握處的兩個突起。又指古代一種兵器，似劍而小。

段注：「劍鼻謂之鐔，鐔謂之珥，又謂之環，一謂之劍口，有孔曰口，視其旁如耳然曰珥，面之曰鼻，對末言之曰首。玉裁按：《莊子》說劍凡五事，曰：鋒、鍔、脊、鐔、夾。鋒者其端，許書之鏠字，《左傳》所謂劍末也。鍔者其刃，許之劈字。

脊者其身中隆處，《記》因之有『兩從』『臘廣』之稱也。鐔者其鼻，《玉部》所謂設璏處也。夾者其柄。鐔在其端，《記》所謂莖，許《刀部》所謂刏也。印鼻、劍鼻、瓜鼻皆謂鼻者，鼻猶初也。始生子為鼻子。」

鏌 鏌 mò　　鏌釾也。从金，莫聲。〔慕各切〕

## 【注釋】

段注：「鏌釾，大戟也。大徐無『大戟』字，小徐及臣瓚《賈誼傳》注、李善《羽獵賦》注、李賢《杜篤傳》注引許皆同。淺人但知莫邪為劍，故刪之也。應劭、司馬貞、顏師古皆主劍說，非許意。《史記》趙良、司馬相如皆云：干將之雄戟。張揖曰：吳王劍師干將所造者也。然則干將、莫邪古說皆謂戟矣。」

釾 釾 yé　　鏌釾也。从金，牙聲。〔以遮切〕

## 【注釋】

干將、莫邪皆連語，以狀其鋒刃之利，自西漢未有以之為人名，東漢趙曄《吳越春秋》始以干將為吳人。

段注：「鏌釾疊韻字也，《漢郭究碑》作鋣。」

鏢 鏢 biāo　　刀削末銅也。从金，票聲。〔撫招切〕

## 【注釋】

刀鞘末端的銅飾物。又刀的尖端謂之鏢，今作為飛鏢字。從票之字多有尖端義，見前「趬」字注。

段注：「削者，刀鞞也，私妙切，俗作鞘。刀室之末，以銅飾之曰鏢，鞞用革，故其末飾銅耳。高誘注《天文訓》云：標讀如刀末為鏢。《通俗文》曰：刀鋒為鏢。皆自刀言，不自刀室言，與許說異矣。」

鈒 鈒 sà　　鋋也。从金，及聲。〔穌合切〕

鋋 鋋 chán　　小矛也。从金，延聲。〔市連切〕

【注釋】

小矛也，又有刺殺義。

段注：「矛者，酋矛，長二丈，建於兵車者也，其小者可用戰曰鋋。《埽誓》『立爾矛』是也。《鄭風》《魯頌》有二矛，《秦風》有厹矛。《方言》曰：矛或謂之鋋。師古注《漢書》曰：鋋，鐵把短矛也。」

鈗 鈗 yún　　侍臣所執兵也。从金，允聲。《周書》曰：一人冕，執鈗。讀若允。〔余準切〕

【注釋】

古代侍臣所執的矛類兵器。

鉈 鉈 shé　　短矛也。从金，它聲。〔食遮切〕

【注釋】

它，蛇之初文也。從它聲，聲兼義也。

《廣雅》作「鉇」，矛刃曲折宛延，故謂之蛇矛。林沖、張飛兵器，皆為丈八蛇矛，又名丈八點鋼槍，矛杆長一丈，矛尖長八寸，即長一丈八寸也，不可信。或謂長一丈八尺，古代長兵器常見，如酋矛長二丈，夷矛長二丈四尺，見「矛」字注。古代西方長兵器也不少見。丈八蛇矛殆文學作品中之兵器，無須深究也。中國古代的馬槊確為一丈八尺，見「槊」字注。

段注：「《方言》曰：矛，吳揚江淮南楚五湖之間謂之鍦，或謂之鋋，或謂之縱。按鍦即鉈字，《廣雅》作鉇。《晉書》：丈八鉈矛左右盤。」

鏦 鏦 cōng　　矛也。从金，從聲。〔七恭切〕〔臣鉉等曰：今音楚江切。〕鋄 鏦，或从彖。

【注釋】

古代一種短矛。

錟 錟 tán　　長矛也。从金，炎聲。讀若老聃。〔徒甘切〕

## 【注釋】

長矛。

段注:「本義也,《史記》:鈒戈在後。又『非鈒於句戟長鎩』,叚為銛利字也。劉伯莊云:四廉反,而毛晃讀同剡。」

鏠 𨦖 fēng(鋒)　　兵耑也。从金,逢聲。〔敷容切〕

## 【注釋】

今俗字作鋒。本義是刀的尖端,兩邊叫刃。從夆之字多有尖端義,見前「蜂」字注。

段注:「凡金器之尖曰鏠,俗作鋒,古亦作夆,山之巔曰夆,古無峯字。」見「鐔」字注。

錞 𨧀 duì(鐓)　　矛戟柲下銅,鐏也。从金,𦎫聲。《詩》曰:叴矛沃錞。〔徒對切〕

## 【注釋】

後作「鐓」,古代矛柄末的金屬箍。見「鐓」字注。

鐏 𨧀 zùn　　柲下銅也。从金,尊聲。〔徂寸切〕

## 【注釋】

戈柄下端的圓錐形金屬套,即鐓也。矛戟之矜以積竹杖為之,其首非銅裏而固之恐易散,故有銅鐏。積竹杖者,中以圓木棍,周裏竹片,比單獨的木棍為柄更有韌性和彈性。

段注:「《曲禮》曰:進戈者前其鐏,後其刃。進矛戟者前其鐓。注云:『後刃,敬也。三兵鐏鐓雖在下,猶為首也。銳底曰鐏,取其鐏地。平底曰鐓,取其鐓地。』按:鐏地,可入地。鐓地,箸地而已。知古鐓讀如敦也。鄭析言之,許渾言不析者,蓋銳鈍皆可為,非必戈銳而矛戟鈍也,《曲禮》或互文耳。」

鏐 𨧴 liú　　弩眉也。一曰:黃金之美者。从金,翏聲。〔力幽切〕

## 【注釋】

黃金之美者,今紫磨金也。《爾雅》:「黃金謂之璗,其美者謂之鏐。」段注:

「《漢·地理志》亦作鏐。韋昭云：紫磨金。」

**鍭 鍭 hóu**　　矢。金鏃翦羽謂之鍭。从金，侯聲。〔乎鉤切〕

【注釋】

連篆為讀，古代用於打獵的一種箭，又指箭頭。翦羽，謂整齊的箭羽。

**鏑 鏑 dí**　　矢鏠也。从金，啻聲。〔都歷切〕

【注釋】

又寫作「鍉」。箭端的金屬頭，即箭鏃也，如「鋒鏑」。代指箭，如「鳴鏑」，響箭也。毛澤東詞：「正西風落葉下長安，飛鳴鏑。」段注：「謂矢族之入物者，古亦作鍉，是聲、啻聲同部也。」

**鎧 鎧 kǎi**　　甲也。从金，豈聲。〔苦亥切〕

【注釋】

本義是鎧甲。古曰甲，漢人曰鎧，故漢人以甲釋鎧。此許書以古釋今之體例也。

**釬 釬 hàn**　　臂鎧也。从金，干聲。〔侯旰切〕

【注釋】

射箭時套在臂上的袖套。常寫作扞。

段注：「《管子》戒曰：弛弓脫釬。房注：釬所以扞弦。禮射時箸左臂者謂之遂，亦謂之拾。若戰陣所用臂鎧謂之釬，兩臂皆箸之，又非無事時所箸臂衣謂之韝也。」

**錏 錏 yā**　　錏鍜，頸鎧也。从金，亞聲。〔烏牙切〕

**鍜 鍜 xiá**　　錏鍜也。从金，叚聲。〔乎加切〕

**錒 錒 jiàn（錒）**　　車軸鐵也。从金，閒聲。〔古莧切〕

【注釋】

今作鐧，鑲嵌在車軸、車轂間的鐵圈。《吳子》：「膏鐧有餘，則車輕人。」又指

古代兵器，形似鞭四棱。秦瓊兵器為熟銅鐧。今有「殺手鐧」或「撒手鐧」，古人有出其不意用鐧投擲敵人的招數，這是最關鍵的時刻最拿手的招數。

段注：「車軸之在釭中者，以鐵鍱裹之謂之鐧。《釋名》曰：鐧，間也。間釭軸之間，使不相摩也。按釭中亦以鐵鍱裹之，則鐵與鐵相摩，而轂、軸之木皆不傷。乃名鐵之在軸者曰鐧，在轂者曰釭。」

釭 釭 gāng　　　車轂中鐵也。从金，工聲。〔古雙切〕

【注釋】

車轂中穿軸用的鐵圈。

段注：「《釋名》曰：釭，空也，其中空也。《方言》曰：自關而西謂之釭。引申之，凡空中可受者皆曰釭。《漢書》曰：昭陽宮壁帶為黃金釭，函藍田璧。是也。俗謂膏燈為釭，亦取凹處盛膏之意，如《方言》釭亦曰鍋也。釭有鐵，則軸又易傷，故又有鐧。」

鏨 鏨 shì　　　車樘結也。一曰：銅生五色也。从金，折聲。讀若誓。〔時制切〕

鈒 鈒 xì　　　乘輿馬頭上防釱。插以翟尾、鐵翮，象角，所以防网羅釱去之。从金，气聲。〔許訖切〕

鑾 鑾 luán　　　人君乘車，四馬鑣，八鑾鈴，象鸞鳥聲，和則敬也。从金，从鸞省。〔洛官切〕

【注釋】

段注：「此舉會意包形聲。」

指繫在車上的鈴鐺，常用在帝王的車駕，故皇帝的車駕叫鑾輿。又有「隨鑾」「迎鑾」。皇帝辦公場所叫金鑾殿。鑣是馬銜露出口外部分，四馬故四鑣，每鑣二鑾，四鑣故八鑾也。《詩經》：「和鑾雝雝。」和亦鈴鐺也，毛傳：「鑾在衡，和在軾。」段注：「馬銜橫貫口中，其端端外出者繫以鑾鈴。」與毛異。

鏏 鏏 huì（鐬）　　　車鑾聲也。从金，戉聲。《詩》曰：鑾聲鏏鏏。〔臣鉉等曰：今俗作鐬，以鏏作斧戉之戉，非是。〕〔呼會切〕

【注釋】

今俗作斧鉞字。

錫鐊 yáng（錫）　　馬頭飾也。从金，陽聲。《詩》曰：鉤膺鏤錫。一曰：鍱，車輪鐵。〔臣鉉等曰：今經典作錫。〕〔與章切〕

【注釋】

俗作錫。又叫「當顱」。馬額上的金屬裝飾物，馬走動時發出聲響。「錫面」謂馬頭上的鏤金飾物。

段注：「《韓奕》傳曰：鏤錫，有金鏤其錫也。箋云：眉上曰錫，刻金飾之，今當盧也。按人眉目間廣揚曰揚，故馬眉上飾曰錫。盧即顱字。」

銜𫓶 xián　　馬勒口中。从金，从行。銜，行馬者也。〔戶監切〕

【注釋】

馬口中的鐵棍子。

俗稱馬嚼子，馬嚼子一般是用兩個兩端都帶環的鐵棍連接而成，中間兩個小環連接含在嘴裏，另外兩個大環露出嘴外穿鑣，鑣上繫馬勒。鑣、銜、勒三物一體。見前「勒」字注。

段注：「勒，馬頭落銜也。落謂絡其頭，銜謂關其口，統謂之勒也。其在口中者謂之銜，落以鞨為之。鞨，生革也。銜以鐵為之，故其字从金。引申為凡口含之用。」

銜由口中含物引申出懷著義，今有「銜恨」；又有奉、接受義，今有「銜命而往」；又有相接義，今有「銜接」。

鑣鑣 biāo　　馬銜也。从金，麃聲。〔補嬌切〕䪐鑣，或从角。

【注釋】

鑣為馬嚼子兩端露出嘴外的部分，今有「分道揚鑣」。代指騎的馬，如「飛鑣」，即飛馬也。見上「銜」字注。

段注：「馬銜橫貫口中，其端端外出者繫以鑾鈴。又《巾部》曰：幩，馬纏鑣扇汗也。蓋扇汗亦繞於兩端。」見前「勒」字注。王筠《釋例》：「勒以革為之，所以繫鑣。鑣與銜皆以金為之，鑣在口旁，銜在口中，三物一體，故通其名。」

鉣鉣 jié　　組帶鐵也。从金，劫省聲。讀若劫。〔居怯切〕

鈇 鈇 fū　　莝斫刀也。从金，夫聲。〔甫無切〕

**【注釋】**

本義是鍘刀。又指斧頭，《列子》：「人有亡鈇者，意其鄰之子。」

釣 釣 diào　　鉤魚也。从金，勺聲。〔多嘯切〕

鑟 鑟 zhì　　羊棰耑有鐵。从金，埶聲。讀若至。〔脂利切〕

**【注釋】**

古代羊鞭子頂端的針。亦指古代一種頂部帶鐵刺的馬鞭。

鋃 鋃 láng　　鋃鐺，瑣也。从金，良聲。〔魯當切〕

**【注釋】**

即今之鐵鎖鏈也。今有「鋃鐺入獄」。又指金屬撞擊的聲音，鐵鎖鏈名鋃鐺即得名於此。

段注：「瑣俗作鎖，非。瑣為玉聲之小者，引申之，雕玉為連環不絕謂之瑣，漢以後罪人不用累紲，以鐵為連環不絕繫之，謂之鋃鐺，遂製鎖字。琅當，段借字也。若宮室青瑣，以青畫戶邊為瑣文，故《楚辭》注曰：文如連瑣。」

鐺 鐺 dāng　　鋃鐺也。从金，當聲。〔都郎切〕

**【注釋】**

又作為溫器，如「酒鐺」「茶鐺」。今作為烙餅或做菜用的平底淺鍋，音 chēng，如「電餅鐺」。

段注：「都郎切，十部，今俗用為酒鎗（溫酒器）字，楚庚切。」

鋂 鋂 méi　　大瑣也，一環貫二者。从金，每聲。《詩》曰：盧重鋂。〔莫杯切〕

**【注釋】**

一個大環貫兩個小環，獵犬脖頸上常戴。

段注：「大環也。環各本作瑣，今正。《玉篇》《廣韻》皆云大環，用許之舊。

《詩‧正義》引《說文》：鍇，環也，一環貫二。由其以大環貫小環釋子母環，遂刪此大字而云環，固未誤也。非綿連者不得云瑣，犬飾以纓環不以瑣，且犬既有緌矣，何為施以大銀鐺乎？《韻會》『一環貫二者』五字在每聲之下，蓋此五字後人所增。」

　　鍡　鍡wěi　　鍡鑸，不平也。从金，畏聲。〔烏賄切〕

【注釋】

　　段注：「《莊子》有畏壘之山，《史記》作畏累虛，《玉篇》云：鍡鑸，亦作碨磊。」
又作「嵬壘」，謂屈折盤旋貌。又作「碨磊」，皆不平貌。四川有玉壘山，門神有神荼、鬱壘，蓋皆得名於此。心中不平謂之鬱壘，皆同源詞也。

　　鑸　鑸lěi　　鍡鑸也。从金，壘聲。〔洛猥切〕

　　鎎　鎎kài　　怒戰也。从金，氣聲。《春秋傳》曰：諸侯敵王所鎎。〔許既切〕

【注釋】

　　今「同仇敵愾」之本字也。鎎本義是憤怒、憤恨，愾的本義是歎息，非本字明矣。

　　段注：「愾，各本作鎎，今正。杜曰：敵猶當也。愾，恨怒也。《心部》曰：愾，大息。从心、氣。是則王所愾，王所怒也。敵王所怒，故用金革。此引以證會意之恉，與引『艸木麗乎地』說麗，引『豐其屋』說㞳，引『莫可觀於木』說相，引『在冋之野』說駉同意。」

　　今按：段注聊備一說，許所引容為《左傳》不同的版本，因為例句用的正好是本義，與「莫可觀於木」之類不可等量視之。段注皆改成通行本用字，未必妥當。

　　鋪　鋪pū　　箸門鋪首也。从金，甫聲。〔普胡切〕

【注釋】

　　本義是門環的底座。左思《蜀都賦》：「金鋪交映。」今常用義散開，引申有普遍廣泛義，如「鋪觀列代」，乃敷之假借。

　　段注：「古者箸門為蠃形，謂之椒圖，是曰鋪首。以金為之，則曰金鋪。以青畫瑣文鏤中，則曰青瑣。按《大雅》：鋪敦淮濆。箋云：陳屯其兵於淮水之上。假鋪為敷

也，今人用鋪字本此。《江漢》：淮夷來鋪。傳曰：鋪，病也。則謂叚鋪為痡也。」

鐉 鐉 quān　　所以鉤門戶樞也。一曰：治門戶器也。从金，巽聲。〔此緣切〕

【注釋】

段注：「按《玉篇》釋為六兩，所劣切者。此《尚書大傳》饌訓六兩誤字。」

鈔 鈔 chāo（抄）　　叉取也。从金，少聲。〔臣鉉等曰：今俗別作抄。〕〔楚交切〕

【注釋】

俗字作抄，用手指撈取也。常用義是強取、掠奪，如「攻鈔郡縣」。今有「鈔掠」。今作鈔票字，乃後起之後者也。

段注：「手指突入其間而取之，是之謂鈔。字从金者，容以金鐵諸器刺取之矣。《曲禮》曰：毋剿說。剿即鈔字之假借也。今謂竊取人文字曰鈔，俗作抄。」

錔 錔 tà　　以金有所冒也。从金，沓聲。〔他荅切〕

【注釋】

金屬套。

段注：「輨下曰：轂耑錔也。錔取重沓之意，故多借沓為之。《手部》揢下曰：亦曰韜也。」

銽 銽 guā　　斷也。从金，昏聲。〔古活切〕

鉻 鉻 luò　　鬎也。从金，各聲。〔盧各切〕

【注釋】

段注：「鬎者，鬄髮也，亦謂之鉻，俗作剆、作斮。」今河南方言仍有此語，把東西剪掉一部分使之變小叫 luó。

鐕 鐕 zhǎn　　伐擊也。从金，彗聲。〔旨善切〕

鏃 鏃 zú　　利也。从金，族聲。〔作木切〕

【注釋】

段注：「今用為矢鋒之族，與許不同，疑後所增字。」

常用義箭頭謂之鏃。《說文》：「族，矢鋒也。」段注：「今字用鏃，古字用族。《金部》曰：鏃者，利也。則不以為矢族字矣。」

鉞 鉞 yuè　　刺也。从金，夬聲。〔於決切〕

鏉 鏉 shòu　　利也。从金，欶聲。〔所右切〕

【注釋】

今鐵銹字。段注：「《玉篇》《廣韻》云：鐵生鏉也，亦曰銹。此今義，非古義也。古云鐵繡作採。」

鏐 鏐 liú（劉、刘）　　殺也。〔徐鍇曰：《說文》無劉字，偏旁有之，此字又史傳所不見，疑此即劉字也。从金，从丣，刀字屈曲，傳寫誤作田爾。〕〔力求切〕

【注釋】

今作劉，劉之本義是殺，簡化字刘，乃符號代替形成之俗字。

《爾雅》：「劉，殺也。」又指斧鉞一類的兵器，《尚書》：「一人冕，執劉。」又凋殘也，《詩經》：「捋采其劉。」段注：「从丣之字，俗多改為从卯，自漢已然。卯金刀為劉之說，緯書荒謬。」

錉 錉 mín　　業也。賈人占錉。从金，昏聲。〔武巾切〕

【注釋】

本錢也。

鉅 鉅 jù（巨）　　大剛也。从金，巨聲。〔其呂切〕

【注釋】

本義即硬鐵，即鋼也。或謂即今之金鋼石也。《史記》：「宛之鉅鐵。」古無鋼字，

剛即鋼字，其質至剛，故曰大剛。

　　段注：「孫卿《議兵篇》曰：宛鉅鐵鉇，慘如蠭蠆。《史記·禮書》本之，曰：宛之鉅鐵施，鑽如蠭蠆。徐廣云：大剛曰鉅。引申為鉅大字。」據《史記》描述，似為今金剛石類，可鑽鐵。

　　常用義是大，如《鉅宋廣韻》，「鉅宋」即大宋也。「鉅萬」猶萬萬，億萬也。又有「鉅富」「鉅儒」。又有鉤子義，潘岳《西征賦》：「馳青鯤於網鉅。」鉅，鉤也。《廣雅》：「鉅，鉤也。」今有「鉤鉅」。鉤、鉅一語之轉也。侯部、魚部，旁轉也。

　　鐋 𨫃 táng　　鐋鏏，火齊。从金，唐聲。〔徒郎切〕

【注釋】

　　火齊，一種寶石。

　　段注：「《玉部》曰：玫瑰，火齊也。然則鐋鏏即玫瑰也。《廣韻》：火齊似雲母，重沓而開，色黃赤似金，出日南。」

　　鏏 𨫼 tí　　鐋鏏也。从金，弟聲。〔杜兮切〕

　　鈋 鈋 é　　吪圜也。从金，化聲。〔五禾切〕

【注釋】

　　去角變圓。《廣韻》：「鈋，刓也，去角也。」

　　鐜 𨬔 duī　　下垂也。一曰：千斤椎。从金，敦聲。〔都回切〕

【注釋】

　　段注以為《說文》「錞」乃後人所改，「鐜」才是本字，故段氏在「錞」下無注。

　　鍒 鍒 róu　　鐵之耎也。从金，从柔，柔亦聲。〔耳由切〕

【注釋】

　　軟鐵，即熟鐵。段注：「鍒正為鉅之反。」

　　鋾 𨯁 táo　　鈍也。从金，周聲。〔徒刀切〕

【注釋】

《廣雅》:「錭,鈍也。」

**鈍** 鈍 dùn　　錭也。从金,屯聲。〔徒困切〕

【注釋】

段注:「今俗謂挫抑人為錭鈍,古亦假頓為之。」

**鈭** 鈭 qí　　利也。从金,末聲。讀若齊。〔徂奚切〕

【注釋】

段注:「《周易》:喪其資斧。子夏傳及眾家並作齊,應劭云:齊,利也。然則鈭為正字,齊為假借字。」

**錗** 錗 něi(歪)　　側意。从金,委聲。〔女恚切〕

【注釋】

即今歪字。段注:「《司部》曰:詞者,意內而言外也。側意猶側詞,錗即今之歪字,唐人曰夭邪。」

文一百九十七　重十三

**鑺** 鑺 qú　　兵器也。从金,瞿聲。〔其俱切〕

**銘** 銘 míng　　記也。从金,名聲。〔莫經切〕

【注釋】

本義是刻。

今有「銘刻」「刻骨銘心」,刻下的東西即文字(一般是記功)也叫銘,今有「座右銘」「墓誌銘」。古代常刻石記功,謂之銘,如「太息燕然未勒銘」。在器物上刻字,表示不忘,產生出記義,今有「銘記」。

**鎖** 鎖 suǒ　　鐵鎖,門鍵也。从金,貨聲。〔穌果切〕

**鈿** 鈿 diàn　　金華也。从金,田聲。〔待年切〕

## 【注釋】

古代一種嵌金花的首飾,如「花鈿委地無人收」。又指把金屬、寶石等鑲嵌在器物上作妝飾,如「寶鈿」「螺鈿」。

釧 釧 chuàn　　臂環也。从金,川聲。〔尺絹切〕

## 【注釋】

今之手鐲也。用珠子、玉石穿起來做成。川聲,聲兼義也,取其連貫之義。紃,圓彩也,即圓形飾帶,同源詞也。歐陽修詞:「窄袖輕羅,暗露雙金釧。」《紅樓夢》丫鬟有金釧、玉釧。

釵 釵 chāi　　笄屬。从金,叉聲。本只作叉,此字後人所加。〔楚佳切〕

## 【注釋】

先秦叫笄,後叫簪,笄、簪不分叉,釵末端分叉。女子所用,故代指女子,如「金陵十二釵」。「裙釵」代指女子,「荊釵布裙」代指貧家婦女。

釽 釽 pī　　裂也。从金、爪。〔普擊切〕

文七　新附

# 开部

开 开 jiān　　平也。象二干對構,上平也。凡开之屬皆从开。〔徐鉉曰:开但象物平,無音義也。〕〔古賢切〕

## 【注釋】

開、妍等從开聲,今與开多不分。「开頭山」即平頂山。

段注:「凡岐頭兩平曰开,开字古書罕見,《禹貢》:道岍及岐。許書無岍字,蓋古只名开山,後人加之山旁,必岐頭平起之山也。用开為聲之字音讀多岐,如汧、麗、研、妍在先韻,音之近是者也。如并、刑、形、邢、鉼入清青韻,此轉移之遠者也。如笄入齊韻,此轉移更遠者也。」

文一

# 勺部

勺 勺 zhuó 　　挹取也。象形，中有實，與包同意。凡勺之屬皆从勺。
〔之若切〕

## 【注釋】

挹者，舀也。此酌之初文也，酌是舀，《詩經》：「酌彼行潦。」斟是倒，今天津話仍保留此語，如「給我斟杯水」。後作為名詞勺子，俗作杓。

「與某同意」者，謂造字理據相同，非意義相同也。勺為指事字也。

与 勻 yú 　　賜予也。一勺為与。此與予同。〔余呂切〕

## 【注釋】

此「給與」之本字也，典籍通常用「與」字，今簡化漢字又回來了。「與」的本義是黨派，非本字明矣。

段注：「與，擡與也。从舁，義取共舉，不同與也。今俗以與代与，與行而与廢矣。」

文二

# 几部

几 几 jī 　　踞几也。象形。《周禮》五几：玉几、雕几、彤几、鬃几、素几。凡几之屬皆从几。〔居履切〕

## 【注釋】

古幾、几區別迥然。几乃茶几、臺几字，乃古代坐時之靠具，故有「隱几而臥」，几和杖常作為賞賜老人之物。幾乃幾個、幾乎字，後簡化漢字歸併為一。見前「幾」字注。

凭 凭 píng（憑）　　依几也。从几，从任。《周書》：凭玉几。讀若馮。〔臣鉉等曰：人之依馮，几所勝載，故从任。〕〔皮冰切〕

## 【注釋】

引申為憑靠義，今有「憑欄遠眺」。

段注：「凭几亦作馮几，假借字，臥則隱几。今《尚書》作憑，衛包所改俗字

也。古假借只作馮，凡馮依皆用之。」「讀若馮」者，以讀若破假借也。

古「馮」有登義，《廣雅・釋言》：「馮，登也。」《玉篇・馬部》：「馮，乘也，登也。」由詞義滲透律的制約，因「馮」有登乘之登義，所以「登」也有憑依之憑義。《左傳・莊公十年》「登軾而望之」即「憑軾而望之」。本孫雍長先生說。

尻 㞒 jū　　處也。从尸得几而止。《孝經》曰：仲尼尻。尻，謂閒居如此。〔九魚切〕

【注釋】

處，居也，坐也。此「居住」之本字也。

居本義是蹲踞，後居假借為居住字，加足作踞表蹲踞義，尻則廢矣。「不遑啟處」，啟者，跪也；處者，居也，坐也。正用本義。見「坐」字段注。處、居都有居住義，居有停止義，今有「變動不居」。處也有停止義，今有「處暑」。同步引申也。

段注：「凡尸得几謂之尻，尸即人也，引申之為凡尻處之字。既又以蹲居之字代尻，別製踞為蹲居字，乃致居行而尻廢矣。《方言》《廣雅》尻處字皆不作居，而或妄改之。」

処 㞌 chǔ（處、处）　　止也。得几而止。从几，从夂。〔昌與切〕 𠁥 處，或从虍聲。

【注釋】

今通行重文處，簡化字作处，古之俗字也。俗字中人，几常訛混。

處之本義是停止，今有「處暑」，謂暑氣停止也。引申為居住義，屈原《九歌》：「余處幽篁兮終不見天。」隱居者稱為「處士」，今有「穴居而野處」。見上「尻」字注。

段注：「人遇几而止，引申之為凡尻處之字。今或體獨行，轉謂処俗字。」

文四　重二

## 且部

且 且 qiě/jū　　薦也。从几，足有二橫，一其下地也。凡且之屬皆从且。〔子余切〕，又〔千也切〕

【注釋】

薦者，墊子也。本義是用來墊放東西的器具。

甲骨文作𝐁，林義光《文源》：「即俎之古文，从二肉在俎上。」郭沫若《釋祖
匕》：「且，男根之象。」

作虛詞有暫時義，今有「且慢」「且住」。今有「暫且」者，同義連文也。又作為
語氣詞，相當於啊，《詩經》：「匪我思且。」

段注：「且，古音俎，所以承藉進物者。引申之，凡有藉之詞皆曰且。凡語助云
且者，必其義有二，有藉而加之也；云婪且、苟且者，謂僅有藉而無所加，粗略之詞
也。」

俎 ⿰⿱丶匕且 zǔ　　禮俎也。从半肉在且上。〔側呂切〕

【注釋】

本義是古代祭祀時放祭品的器物，像陳肉於且上之形。「俎豆」，「俎」和「豆」，
都是古代祭祀用的器具，後代指祭祀。今作案板義，今有「人為刀俎，我為魚肉」。

段注：「《魯頌》傳曰：大房，半體之俎也。按半體之俎者，《少牢禮》『上利升羊
載右胖』『下利升豕右胖載於俎』是也，故曰禮俎。《半部》曰：胖，半體肉也。」

𪊧 𪊧 zù　　且往也。从且，虗聲。〔昨誤切〕

【注釋】

此「姑且」「暫且」之本字也。段注：「且往，言姑且往也，匆遽之意。」朱駿聲
《通訓定聲》：「凡語詞有正文（字）者甚少，此後出字也。」

文三

## 斤部

斤 ⿰丿⿱丶斤 jīn　　斫木斧也。象形。凡斤之屬皆从斤。〔舉欣切〕

【注釋】

即今之錛也，木工用具。

甲文作𝟏，于省吾《甲骨文字釋林》：「字象橫列的斧形，即斧字之初文，甲文後
期从斤，父聲，後世沿用，初文遂廢。」

段注：「凡用斫物者皆曰斧，斫木之斧則謂之斤。斤與《金部》銖、鈞，《网部》
兩，《禾部》秭，合成五權。班固說五權曰：斤，明也。即《爾雅》、毛傳之『斤斤，
察也。』」

後假借作重量單位,十六兩為一斤,解放後才改為十兩為一斤。據段注,重量單位斤得名於明也。《爾雅》:「明明、斤斤,察也。」今有「斤斤計較」,斤斤謂明察也,非斤兩義也。又有謹慎貌,《廣雅》:「斤斤,仁也。」《後漢書》:「及在朝廷,斤斤謹質,形於體貌。」

斧 fǔ　　斫也。从斤,父聲。〔方矩切〕

【注釋】

段注:「斧之為用廣矣,斤則不見於他用也,蓋其制有異矣。白與黑相次文曰黼,蓋如畫斧然,故亦曰斧藻。」

斨 qiāng　　方銎斧也。从斤,爿聲。《詩》曰:又缺我斨。〔七羊切〕

【注釋】

方孔的斧頭。段注:「銎者,斤斧空也。《毛詩》傳曰:隋銎曰斧,方銎曰斨。隋讀如妥,謂不正方而長也。」

斫 zhuó　　擊也。从斤,石聲。〔之若切〕

【注釋】

用刀斧砍。段注:「凡斫木、斫地、斫人皆曰斫矣。」「斫輪」謂斫木成輪也。「斫輪老手」謂經驗多的人。「斫喪」,摧殘、傷害也,特指沉溺酒色而傷害身體。

劬 qú　　斫也。从斤,句聲。〔其俱切〕

【注釋】

常「劬斸」連用,鋤頭也。

段注:「《爾雅》:劬斸謂之定。劬斸合二字成文,劬之言鉤也,斸之言斫也。《考工記‧車人》注作句欘。斤斧所以斫木,劬斸所以斫地。」

斸 zhú　　斫也。从斤,屬聲。〔陟玉切〕

【注釋】

《說文》:「欘,斫也,齊謂之鎡錤。」欘、斸實一字之異體。「鎡錤」,鋤頭也,類今之钁頭。

段注：「《木部》有欘字，所以斫也，齊謂之茲其，蓋實一字。」見「欘」字注。

斲 zhuó　　斫也。从斤、㽙。〔臣鉉等曰：㽙，器也，斤以斲之。〕〔竹角切〕斲，或从畫，从丮。

【注釋】

鬭字從此。

斫、斲實一字之異體，常通用，許書有同部重文之例。「斲」常指把木頭砍削成器物。「斫」除了此義，還表示砍擊、砍斷，還可用於「斫人」「斫地」。

從畫，段注改作「畫聲」，云：「篆體作⿰畫丮，今依《玉篇》正，畫聲猶㽙聲也。」段注可從。

釿 jīn　　劑斷也。从斤、金。〔宜引切〕

【注釋】

朱駿聲《通訓定聲》：「謂以斤斷金也。」此本義也。一說是剪刀的別名。又指一種平木具，據《釋名》描述，蓋類似木工用的鉋子，推刮木料使其平滑的一種工具。鐊亦是古代磨木使平的石製器具，與釿類似。

釿又作為「斤」之俗字，王獻唐《中國古代貨幣通考》：「斤為初文，釿則後出。斤象石器古形，後鑄以銅，復从金作釿，本實一字。」

段注：「劑者，齊也。《釋名》曰：釿者，謹也。板廣不可得制削，又有節，則用此釿之，所以詳謹，令平滅斧跡也。《六書故》曰：『釿，魚斤切，似鐊而小。』按此篆蓋从斤，金聲，讀若呻吟之吟。其義謂以斤斧之屬，制斷金鐵物也。今俗間謂戾斷堅為釿斷，當即此字。」

所 suǒ　　伐木聲也。从斤，戶聲。《詩》曰：伐木所所。〔疏舉切〕

【注釋】

本義是伐木聲。丁丁者，斧斤聲。所所，鋸聲也。

段注：「伐木聲，乃此字本義。用為處所者，假借為處字也。用為分別之詞者，又从處所之義引申之，若『予所否者』『所不與舅氏同心者』之類是也，皆於本義無涉，是假借矣。

首章伐木丁丁，傳曰：丁丁，伐木聲。次章伐木許許，傳曰：許許，柿皃（削

木頭)。此許許作所所者,聲相似。不用柿兒之說,用伐木聲之說者,蓋許以毛為君,亦參用三家也。今按丁丁者,斧斤聲。所所,則鋸聲也。」

**斯 𣂠 sī** 析也。从斤,其聲。《詩》曰:斧以斯之。〔息移切〕

【注釋】

本義是劈開。從斯之字多有分開義,如撕、澌(水盡)、嘶啞、癖(散聲)、凘(流冰也)。

作虛詞,則也,如「有備斯可以無患矣」。又句中、句末語氣詞,《詩經》:「哀我人斯。」又此也,如「斯文在茲」,見「文」字注。「斯須」連用,謂須臾、片刻也。

**斮 𣂆 zhuó(斫)** 斬也。从斤,昔聲。〔側略切〕

【注釋】

後作為「斫」之異體字。段注:「斫用斜,斮、截用正。」據段注,斮即截斷也。

**斷 𣃔 duàn(断)** 截也。从斤,从𢇍。𢇍,古文絕。〔徒玩切〕𠜷古文斷,从𠤖。𠤖,古文叀字。《周書》曰:㠯㠯猗無他技。𠸶亦古文。

【注釋】

断乃草書楷化字形。本義是截斷,引申出絕對、一定義,今有「斷無此理」。李商隱《無題》:「斷無消息石榴紅。」絕本義也是斷,也引申出絕對、一定義,今有「絕無此事」。同步引申也。

段注:「今人斷物讀上聲,物已斷讀去聲,引申之義為決斷。」

**斱 𣂸 luǒ** 柯擊也。从斤,良聲。〔來可切〕

**新 𣂟 xīn** 取木也。从斤,新聲。〔息鄰切〕

【注釋】

「新聲」,誤,當作辛聲。本義是砍柴,乃薪之初文。《馬王堆漢墓帛書》:「百姓斬木艾新而各取富焉。」正用本義。王筠《說文句讀》:「其訓取木,則新乃薪之初文。」

段注:「取木者,新之本義。引申之為凡始基之稱。《采苣》傳曰:田一歲曰菑,二歲曰新田。其一端也。」

所 𠂤 yín　　二斤也。从二斤。〔語斤切〕

【注釋】

質字從所。

文十五　重三

# 斗部

斗 𢃄 dǒu　　十升也。象形，有柄。凡斗之屬皆从斗。〔當口切〕

【注釋】

此容量單位升斗字，古者鬥、斗有別，鬥乃鬥爭字。二字不混用，今簡化漢字歸併為一。見前「鬥」字注。

古容量單位有圭、撮、勺、合、升、斗、斛，皆十進位。見前「秅」字注。今大的東西可謂之斗，如「斗膽」。小的東西亦可謂之斗，如「斗室」「斗城」。「斗筲之人」，形容才識短淺。

段注：「此篆段借為斗陗之斗，因斗形方直也，俗乃制陡字。許說俗字人持十為斗，魏晉以後作升，似升非升，似斤非斤，所謂人持十也。」升、斗在敦煌俗體中常混用。

斛 𣁦 hú　　十斗也。从斗，角聲。〔胡谷切〕

【注釋】

十斗的容量後來用石，音擔，先秦用斛。先秦的「石」是重量單位，一百二十斤也，《說文》作「秅」。三十斤為鈞，四鈞為石也。銖、兩、斤、鈞、石，即五權也。「斛」比喻物之小，「斛舟」，小船也。

段注：「《律曆志》曰：量者，躍於龠，合於合，登於升，聚於斗，角於斛。」

斝 𣝔 jiǎ　　玉爵也。夏曰琖，殷曰斝，周曰爵。从𠬞，从斗，冂象形。與爵同意。或說斝受六斗。〔古雅切〕

【注釋】

古代青銅製的盛酒器，圓口，三足，用以溫酒。

料 粸 liào　　量也。从斗，米在其中。讀若遼。〔洛蕭切〕

【注釋】

從斗，從米，表示用斗量米，本義是稱量。

引申為估量、料想，引申為計算、統計，如「乃料民於太原」，「料民」者，統計人口也。料有整治、安排義，《玉篇》：「料，理也。」今有「料理」，同義連文也。又指唐宋時官吏於俸祿外所津貼的食料、口糧，有時折錢發給，稱料錢，如「料食」，猶俸祿也。

段注：「稱其輕重曰量，稱其多少曰料，其義一也，知其多少，斯知其輕重矣。引申之，凡所量度豫備之物曰料。」

斛 豒 yǔ　　量也。从斗，臾聲。《周禮》曰：黍三斛。〔以主切〕

【注釋】

今作庾，一庾為十六斗。《廣雅》：「庾，量也。」

斡 斡 wò　　蠡柄也。从斗，倝聲。楊雄、杜林說，皆以為軺車輪斡。〔烏括切〕

【注釋】

本義是瓢把。

常用義是旋轉，「回斡」猶回轉也，「斡流」猶運轉也。今有「斡旋」，本義是旋轉，同義連文，今是調解義。斡又有主管、領管義，《漢書》：「欲擅斡山海之貨。」

段注：「此蠡非蟲齧木中，乃本無其字，依聲假借之字。《方言》則从瓜作瓤矣，楊雄曰：瓢也。郭云：『瓠勺也。』判瓠為瓢以為勺，必執其柄而後可以挹物，執其柄則運旋在我，故謂之斡。

引申之，凡執柄樞轉運皆謂之斡。或叚借筦字，《楚辭》云：筦維焉係，天極焉加。或作幹字，程氏瑤田云：《考工記》：旋蟲謂之幹。蓋斡之訛也。軺車者，小車也，小車之輪曰斡，亦取善轉運之意，亦本義之引申也。」

魁 魁 kuí　　羹斗也。从斗，鬼聲。〔苦回切〕

【注釋】

本義是勺子、調羹。

北斗星的斗柄叫罡，斗勺叫魁。魁星，即北斗星的第一至第四顆星，又第一顆星即天樞星亦謂之魁星。引申出頭目、首領義，今有「罪魁禍首」。科舉考試的第一名狀元又叫「魁甲」。百花的首領叫「花魁」，多指梅花。舊時指有名的妓女。引申出高大義，今有「魁梧」。

段注：「魁頭大而柄長，《毛詩》傳曰：大斗，長三尺。是也。引申之，凡物大皆曰魁。北斗七星，魁方，杓曲，魁象首，杓象柄也。」

**斠 jiào** 平斗斛也。从斗，冓聲。〔古嶽切〕

【注釋】

本義是刮平斗斛的刮板，又名概。引申出平、畫一義，如「斠然一概」。又通「校」字，校正也，常用於書名，如王叔岷有《莊子斠詮》《諸子斠詮》。

段注：「《月令》：角斗甬，正權概。鄭注：角、正皆謂平之也。角者，斠之叚借字。今俗謂之校，音如教，因有書校讎字作此者，音義雖近，亦大好奇矣。」

**斟 zhēn** 勺也。从斗，甚聲。〔職深切〕

【注釋】

本義是用勺子舀酒、倒酒。

「斟」「酌」皆可謂舀酒、倒酒。析言之，倒酒叫斟，今天津話仍用斟，如「給我斟杯水」。舀酒叫酌。斟引申有調製羹湯義，故又指帶汁的肉，猶羹也，《方言》：「斟，汁也。」《史記》：「廚人進斟。」

段注：「枓曰勺，用枓挹注亦曰勺。勺之斟之，多少在己，故凡處分曰斟勺，今多用斟酌。勺之謂之斟，引申之盛於勺者亦謂之斟。《方言》：斟，汁也。北燕朝鮮洌水之間曰斟。《左傳》：羊斟不與。《趙世家》《張儀列傳》：廚人進斟。是也。」

**斜 xié** 抒也。从斗，余聲。讀若荼。〔似嗟切〕

【注釋】

抒，舀取也。本義是舀取，今作為傾斜字。

段注：「凡以斗挹出之謂之斜，故字从斗。音轉義移，乃用為衺，俗人乃以人之衺正作邪，物之衺正作斜。」

**斪 jū** 挹也。从斗，臾聲。〔舉朱切〕

【注釋】

舀取也。

段注:「挹亦抒也,《詩》箋、《禮》注皆用魁,皆謂挹酒於尊中也。」

料 𣂏 bàn　　量物分半也。从斗,从半,半亦聲。〔博幔切〕

【注釋】

古代指量物取其容量單位的一半。

斜 𣂏 pāng　　量溢也。从斗,旁聲。〔普郎切〕

【注釋】

穀物裝滿量器直至溢出。段注:「量旁溢也。大徐無旁,非。旁者,溥也,形聲包會意。」

䙝 𡢏 juàn　　抒屚也。从斗,絲聲。〔俱願切〕

【注釋】

《通俗文》:「汲取曰䙝。」

斣 𣂏 dòu　　相易物,俱等為斣。从斗,蜀聲。〔昌六切〕

【注釋】

本義是交換物相等。蜀聲,聲兼義也。《廣雅》:「蜀,一也。」獨、蜀皆同源詞也。

斟 𣂏 tiāo　　斜旁有斟。从斗,尿聲。一曰:突也。一曰:利也。《爾疋》曰:「斟謂之疀。」古田器也。〔臣鉉等曰:《說文》無尿字,疑厂象形,兆聲。今俗別作鍫,非是。〕〔土雕切〕

【注釋】

《爾疋》,即《爾雅》也。段注:「斟者,《金部》銚之假借字。銚者,田器。」銚,今之鐵鏟也。斟,今同「鍫」字。

古代製斛,算來一尺見方,容十斗,但製斛時須加九釐五毫,這樣才能實容十

斗，斛就是製斛超過方尺的部分。「跳」「挑」「祧」「斛」皆同源詞也。tiào，出也。

升 <sup>象形字</sup> shēng　　十龠也。从斗，亦象形。〔識蒸切〕

## 【注釋】

當作「二十龠也」。《漢書·律曆志》：「量者，龠、合、升、斗、斛也。」二龠為合，十合為升，十升為斗，十斗為斛。

升斗的升只寫作升，上升的升三字（升、昇、陞）都能用。陞字在唐以前罕見，唐以後一般只用於陞官的意義。升、登一語之轉，都有成熟義，今「五穀豐登」，又作「五穀豐升」。「升平」謂太平也，又作「登平」。絲線的單位謂之升，即八十縷為一升，也作登。

林義光《文源》：「升、斗所象形同，因加一畫以別之。」敦煌俗字中升、斗形近，常互訛，根源即在此也。高鴻縉《中國字例》：「此升起之升字，倚斗畫其已挹取有物，而升上傾注之形，託以寄升起之義。後世借為十合之名，非本義。」

段注：「《律曆志》曰：合龠為合，十合為升，十升為斗，十斗為斛，而五量嘉矣。作十龠則不可通。古經傳登多作升，古文假借也。《禮經》注曰：『布八十縷為升。』升字當為登，今之《禮》皆為升，俗誤已行久矣。按今俗所用又作陞。經有言升不言登者，如《周易》是也。有言登不言升者，《左傳》是也。」

文十七

## 矛部

矛 <sup>古文字</sup> máo　　酋矛也。建於兵車，長二丈。象形。凡矛之屬皆从矛。〔莫浮切〕<sup>古文</sup>古文矛，从戈。

## 【注釋】

酋矛，一種長二丈的矛，見《三才圖會》。或謂短矛，不妥。殆與長二丈四尺的夷矛相比稍短耳，如鄭注，其實並不短。徐鍇《繫傳》：「酋矛，長矛。」

段注：「《考工記》有酋矛、夷矛。酋矛常有四尺（倍尋為常，即共二十尺），夷矛三尋。鄭注：酋、夷，長短。酋之言遒也，酋近（短）、夷長矣。按許不言夷矛者，兵車所不建，不常用也。《魯頌》箋云：兵車之法，左人持弓，右人持矛，中人御。」

狼 láng　　矛屬。从矛，良聲。〔魯當切〕

【注釋】

　　《廣韻》：「短矛。」從良之字多有長義，見前「狼」字注。

豬 kài　　矛屬。从矛，害聲。〔苦蓋切〕

猎 zé　　矛屬。从矛，昔聲。讀若笮。〔士革切〕

【注釋】

　　段注：「《魯語》：猎魚鱉以為夏槁。韋云：猎，摵也。摵刺魚鱉以為槁儲也。按此猎字引申之義也。《周禮》作籍魚鱉，注云：謂杈刺泥中搏取之。《莊子》：擉鱉於江，《東京賦》：毒冒不蔟，皆音近義同者也。」

矜 qín / jīn　　矛柄也。从矛，今聲。〔居陵切〕，又〔巨巾切〕

【注釋】

　　本義是矛柄。常用義有謹慎、慎重，今有「矜持」；有憐憫，今有「矜恤」。有驕傲、誇耀，如「自矜其功」。另通鰥字，「鰥寡」，又寫作「矜寡」。

　　段注改作「矝」，云：「字從令聲，令聲古音在真部，故古叚矝為憐。《毛詩·鴻鴈》傳曰：矝，憐也。言叚借也。《釋言》曰：矝，苦也。从矛，令聲。各本篆作矜，解云今聲，今依漢石經《論語》《溧水校官碑》《魏受禪表》皆作矝正之。矛柄之字改而為種，云古作矝，他義字亦皆作矝，从今聲，又古今字形之大變也。徐鉉曰：居陵切，又巨巾切。此不達其原委之言也。」

　　段注已涉及到了「形隨音變」「音隨形變」等現象。

狃 niù　　刺也。从矛，丑聲。〔女久切〕

【注釋】

　　徐灝《說文解字注箋》：「今粵語謂執仗刺人曰狃。」鈕樹玉校錄：「狃，刺也。宋本作刾也。」

　　文六　重一

## 車部

車 車 chē（车）　　輿輪之總名。夏后時奚仲所造。象形。凡車之屬皆从車。〔尺遮切〕䡅籀文車。

### 【注釋】

车乃草書楷化字形，參「東」字之草書。

輿本義是車廂，車的主要構件是車廂和車輪，故稱輿輪之總名。今「輔車相依，脣亡齒寒」者，車謂牙床骨也，又叫牙車；輔謂面頰也。牙床骨乃牙所居之所，故謂之車。

段注：「車古音居，在五部（魚部），今尺遮切。《釋名》曰：古者曰車，聲如居，言行所以居人也。今曰車，車，舍也，行者所處若屋舍也。韋昭辯《釋名》曰：『古惟尺遮切，自漢以來始有居音。』按三國時尚有歌無麻，遮字只在魚歌韻內，非如今音也。」

軒 軒 xuān　　曲輈藩車。从車，干聲。〔虛言切〕

### 【注釋】

曲車轅，車廂後有圍蔽的車。

段注：「謂曲輈而有藩蔽之車也。曲輈者，戴先生曰：小車（馬車）謂之輈，大車（牛車）謂之轅。人所乘欲其安，故小車暢轂梁輈，大車任載而已，故短轂直轅。許於藩車上必云曲輈者，以輈穹曲而上，而後得言軒，凡軒舉之義引申於此。曲輈，所謂軒轅也。杜注《左傳》於軒皆曰大夫車。」

本義是大夫以上乘坐的車子，乃高級官員所乘。是一種有圍棚而前頂較高的車，泛指華美的車。冕，大夫以上戴的禮帽。「軒冕」者，乘軒服冕也，代指高官。

引申之，有窗戶的長廊或小室都叫軒，舊時多用來為書齋名或茶館酒店名，歸有光有《項脊軒志》。窗戶或門也叫軒，如「開軒面場圃」「憑軒涕泗流」。軒，車前高起的部分。輊，車後低下的部分。今有「不分軒輊」。引申為高，今有「器宇軒昂」。「軒翥」「軒舉」，高飛也。

輜 輜 zī　　軿車前，衣車後也。从車，甾聲。〔側持切〕

### 【注釋】

輜車是一種有帷蓋的車。車上裝的東西叫輜重，指外出時所帶的衣物，《老子》：

「是以聖人終日行不離輜重。」特指軍需物資。

輧 軿 píng　　輜車也。从車，并聲。〔薄丁切〕

【注釋】

古代一種有帷幔的車，多供婦女乘坐，如「不見當時翠輧女，今年陌上又花開」。

輼 輼 wēn　　臥車也。从車，𥁕聲。〔烏魂切〕

輬 輬 liáng　　臥車也。从車，京聲。〔呂張切〕

【注釋】

即輼輬車，有車窗，可調節溫度，後作為喪車。

段注：「《史記》：始皇崩於沙丘，不發喪，棺載輼涼車中，百官奏事，宦者輒从輼涼車中可其奏。《漢霍光傳》：載光屍柩以輼輬車。孟康曰：如衣車有窗牖，閉之則溫，開之則涼，故名之輼輬車也。

師古曰：『輼輬本安車，可以臥息，後因載喪，飾以柳翣，故遂為喪車耳。輼者密閉，輬者旁開窗牖，各別一乘，隨事為名。後人既專以載喪，又去其一，總為藩飾，而合二名呼之耳。』

按顏說是也。本是二車可偃息者，故許分解曰臥車。《始皇本紀》上渾言曰輼輬車，下言上輼車臭，以屍實在輼車，不在輬車也。古二車隨行，惟意所適。」

軺 軺 yáo　　小車也。从車，召聲。〔以招切〕

【注釋】

古代輕便的小馬車。「軺傳」，駕兩匹馬的驛車，常使者所乘。「軺車」，奉朝廷急命宣召者所乘的車。召聲，聲兼義也。苕，葦花也。沼，小池也。髫，小兒垂結也。

段注：「《漢·平帝紀》：立軺併馬。服虔曰：立軺，立乘小車也。」

輕 輕 qīng　　輕車也。从車，巠聲。〔去盈切〕

【注釋】

轻乃草書楷化字形。本義是輕車，引申為輕快義。段注：「輕本車名，故字从車，引申為凡輕重之輕。」

輶 𨎐 yóu　　輕車也。从車，酋聲。《詩》曰：輶車鸞鑣。〔以周切〕

【注釋】

輕車也，常使者所乘，叫「輶軒使者」。引申為輕義，《詩經》：「德輶如毛。」

段注：「輶車即輕車也，本是車名，引申為凡輕之稱。《大雅》：德輶如毛。箋云：輶，輕也。此引申之義也。」

軯 𨍎 péng　　兵車也。从車，朋聲。〔薄庚切〕

【注釋】

古代的一種戰車，也叫樓車。

段注：「樓車也。樓各本作兵，今正。《光武紀》：衝軯撞城。李賢引許慎云：軯，樓車也。李注《文選》亦曰樓車。前書《敘傳》注：鄧展作兵車。乃或用以改許書耳。」

軘 𨏳 tún　　兵車也。从車，屯聲。〔徒魂切〕

轒 𨎭 chōng　　陷陣車也。从車，童聲。〔尺容切〕

【注釋】

也叫衝車。

段注：「《大雅》：與爾臨衝。傳曰：臨，臨車也。衝，衝車也。《釋文》曰：《說文》作轒，陷陣車也。」

轈 𨏻 cháo　　兵高車加巢以望敵也。从車，巢聲。《春秋傳》曰：楚子登轈車。〔鉏交切〕

【注釋】

段注：「今《左傳》作巢車。杜曰：巢車，車上為櫓。此正言櫓似巢。」櫓，望樓也。巢有高義，《小爾雅》：「巢，高也。」

輿 𨏴 yú　　車輿也。从車，舁聲。〔以諸切〕

【注釋】

本義是車廂。

「肩輿」，即轎子也。引申有抬著義，《戰國策》：「百人輿瓢而趨，不如一人持瓢而走。」泛指車，《荀子》：「駕輿馬者，非利足也，而致千里。」今有「捨輿登舟」。

段注：「《考工記》：輿人為車。注曰：車輿也。按不言為輿而言為車者，輿為人所居，可獨得車名也。軾、較、軫、軹、轛皆輿事也。」今考古發掘所見，多為兵車之輿。

常用有眾多義，今有「輿論」「輿情」者，群眾之意見也。又有疆域義，「輿圖」，地圖也。「方輿」謂大地也，古代地理學著作有《讀史方輿紀要》、《輿地紀勝》。「堪輿術」謂風水術也。又有奴隸義，如「輿臺」，奴隸的兩個等級。輿與輦有別，輦本指人拉的車，漢以後指帝王所乘的車。輿本義是車廂，泛指車，也指轎子。

輯 輯 jí　　車和輯也。从車，咠聲。〔秦入切〕

【注釋】

段注改作「車輿也」，則輯之本義當是車廂。

常用義是聚斂，《韓非子》：「甲輯而兵聚。」今有「編輯」。引申有收斂義，《禮記》：「大夫於君前則輯杖。」又有和睦、安撫義，今有「輯睦」。《爾雅》：「輯，和也。」

段注：「輿之中無所不居，無所不載，因引申為斂義。《喪大記》《檀弓》之輯杖、輯履是也。又為和義，《爾雅》：輯，和也。《版》詩毛傳同，《公劉》傳曰：和睦也。引申義行，本義遂廢，淺人少見多怪，改易許書，此字从車之恉，遂不可得而聞矣。」

轄 轋 màn　　衣車蓋也。从車，曼聲。〔莫半切〕

【注釋】

從曼之字多有覆蓋義，見前「曼」字注。

軓 軓 fàn　　車軾前也。从車，凡聲。《周禮》曰：立當前軓。〔音範〕

【注釋】

該字大徐本未加反切注音。反切注音乃魏晉時產物，許慎著《說文》尚無，今《說文》中之反切乃宋代徐鉉據唐代孫愐《唐韻》所加。

本義是古代車箱前面的檔板。又作為「軌」之俗字，凡、九俗字不別故也。

段注：「《秦風》：陰靷鋈續。傳曰：陰，揜軓也。戴先生云：『車旁曰輢，式前曰軓，皆揜輿版也。軓以揜式前，故漢人亦呼曰揜軓，《詩》謂之陰。』」

**軾 𨍳** shì　　車前也。从車，式聲。〔賞職切〕

## 【注釋】

本義是古代車廂前面用作扶手的橫木，如「憑軾」。憑軾致敬也叫「軾」，如「魏文侯過其閭而軾之」。《尚書》：「軾商容閭。」見尊者一般要軾。

軾木可以是一根直的圓棍，橫於車前，也可前直而延曲於車兩旁。《左傳》：「登軾而望之。」於兵車遠望，可以一足立軾中，一足立軾旁。軾高只有三尺三寸，不及人半腰，故御者可憑軾而執轡，射者可憑靠而引弓。韁繩也可以拴在軾上，秦始皇陵一號銅車之軾正中即鑄縛結韁繩的靷爪和一卵形銅環。參《古代文化詞義集類辨考》。

段注：「此當作車輿前也。不言輿者，《輿人》為車，車即輿也。輿之在前者曰軾，在旁者曰輢，皆輿之體，非與輿二物也。戴先生曰：『軾與較皆車闌上之木，周於輿外，非橫在輿中。較有兩，在兩旁。軾有三面，故《說文》概言之曰車前。軾卑於較者，以便車前射御執兵，亦因之伏以式敬。』玉裁謂：『輿四圍，旁謂之輢，前謂之軾，軾卑於較二尺二寸。說詳先生《考工記圖》。』」

段氏與戴震觀點有別，分歧在於軾。段氏認為軾即輿的前面，輢是輿的兩邊，云：「軾與車輢皆以木一橫一直為方格成之，如今之大方格然。」戴震認為軾是輿前面高於其上的橫木。

今按：今一般取戴震的觀點。車廂前的欄板叫軓或軓，軓上面的橫木叫軾。車廂兩邊的擋板叫輢，輢上的橫木叫較，較又叫車耳。較上有彎曲的銅鉤，叫重較、重耳、金較。若輿四周用木格不用欄板作欄擋，則都稱為軨，又稱為軹。軨外用皮革蒙蓋遮蔽，謂之輧。跟車廂有關的名稱大致如此。見下「較」字注。

**輅 𨍳** lù　　車軨前橫木也。从車，各聲。〔臣鉉等曰：各，非聲，當從路省。〕〔洛故切〕

## 【注釋】

車軨，車欄也。輅本義是綁在車轅上用來牽挽的橫木。又指古代的大車，泛指車，如「乘殷之輅」。今「篳路藍縷」之本字也。古代天子或諸侯貴族所乘的車叫路車。

較 較 jué（較）　　車騎上曲銅也。从車，爻聲。〔古岳切〕

## 【注釋】

小徐本「騎」作「輢」，此段改所本。

後作較字。常用義比也，今有「比較」「較量」；有明顯也，今有「彰明較著」「較然不同」。「大較」者，大概也。見前「校」字注。史籍計較字亦用「覺」字，曹操云：「我才不及卿，乃覺三十里。」覺即較，差也。

曲銅，段注改作「曲鉤」。較本義是車箱兩旁輢上的橫木，類似今沙發上兩邊的扶手。較高於軾，用作供人憑依的橫把手。士大夫以上的乘車，較上飾有曲銅鉤，即金較。《說文》之「較」非「木較」，實為「金較」（也叫重較）也，故云「車輢上曲銅也」。

《論語・鄉黨》皇侃疏：「人皆於車中倚立，倚立難久，故於車廂上按一橫木，以手隱憑之，謂之為較。」馬瑞辰《毛詩傳箋通釋》：「較，車兩旁上出軾也。車輢上之木為較，較上更飾以曲鉤若重起者然，是為重較。」

從今考古發掘看，商車無較，周代始設較，並體現為奴隸制的等級：庶人乘的役車，因實板無輢，故無較。士乘棧車以上皆有一較，卿以上有重較。蓋周士車兩較，高於軾而無飾，邊棱似角。若較上再加銅飾，必曲邊翻出向外，是謂重較，故許云「車上曲鉤也」，合周制。今考古發掘之出土銅較即曲鉤狀，一端有孔，可插於輢之直柱。較主要見於上古，至漢，較發展為車輢，但文獻或仍稱為較。參《古代文化詞義集類辨考》。

孫詒讓《周禮正義・輿人》：「蓋周制庶人乘役車，方箱無較。士乘棧車以上皆有較。唯士車兩較出軾上者，正方無飾，則有較而不重也。大夫以上所乘之車，則於較上更為銅為飾，謂之曲銅鉤。其形圜句，邊緣捲曲，反出向外，故謂之軓。自前視之，則如角之句；自旁視之，則高出軾上，如人之耳，故謂之車耳。

凡車兩旁最下者為輢，輢下附軫，象耳下垂，故又謂之輒。較在輢上，則象耳之上聳，是則車耳者，較、輢之通名也。其較上更設曲銅鉤，向外反出，則是在較耳上重累為之，斯謂之重較、重耳矣。」孫氏之描述與秦始皇兵馬俑一號銅車馬復原圖基本一致。

段注：「較高五尺五寸，高於軾者二尺二寸也。戴先生曰：『左右兩較。故《衛風》曰：猗重較兮。毛傳：重較，卿士之車。因詩辭傅會耳，非禮制也。』然則較辨尊卑，自周已然。故劉熙曰：『較在箱上，為辜較也。重較，其較重，卿所乘也。』毛公謂重較卿士之車，必有所受之矣。惟較可辜推尊卑，故其引申為計較之較，亦作校，俗作

校。凡言校讎可用較字，史籍計較字亦用覺。」

**較 𨍋** fǎn　車耳反出也。从車，从反，反亦聲。〔府遠切〕

**【注釋】**

或作「轓」，即「較」也。可以障蔽塵泥，作用相當於今車輪上之泥瓦。較主要見於上古，至漢發展為車轓，但文獻或仍稱為較。

段注：「車耳即較也，其反出者謂之較。反出，謂圜角有邪倚向外者也。應劭曰：車耳反出，所以為之藩屏，翳塵泥也。」

**轛 𨍋** zhuì　車橫軨也。从車，對聲。《周禮》曰：參分軹圍，去一以為轛圍。〔追萃切〕

**【注釋】**

車輿前的欄板，因對著人，故名。也擴大指車廂後的欄板。

**輢 𨍋** yǐ　車旁也。从車，奇聲。〔於綺切〕

**【注釋】**

本義是車廂兩邊可供依靠的木板，即車輿之兩邊。

車廂兩旁的欄板，包括固板的立柱，人可依靠而稱為輢，兵車於此可插戈矛等長兵器。若無欄板而作軨格，則輢可指固定軨格的木柱，即輢柱。兵車的旌旗插於車後，故後欄板處往往設直筒或圓形角柱。參黃金貴《古代文化詞義集類辨考》。

段注：「謂車兩旁，式之後，較之下也。輢者，言人所倚也，旁者倚之，故曰輢。前者對之，故曰轛。兵車，戈、殳、矛皆插於車輢，輢之上曰較。」

**輒 𨍋** zhé　車兩輢也。从車，耴聲。〔陟葉切〕

**【注釋】**

本義是車兩邊的木板。

常用義是往往、就，今有「動輒得咎」。又有獨斷專行義，如「專輒」連用。孫詒讓《周禮正義》：「凡車兩旁最下者為輢，輢下附軫，象耴下垂，故又謂之輒。較在輢上，則象耳之上聳，是則車耳者，較、輢之通名也。」輒、輢、較都可叫車耳。

段注：「車兩輢謂之輒。按車必有兩輢，如人必有兩耳，故从耴，耴，耳垂也。

凡專輒用此字者，此引申之義。凡人有所倚恃而妄為之，如人在輿之倚於輢也。」「輒」下段注：「今人專輒字作輒，似當作輒為近之。」段注自相矛盾。見前「輒」字注。

耴聲，聲兼義也，耴謂人的兩耳下垂。春秋時鄭國公子輒，字子耳。「動輒得咎」，陸宗達先生謂「輒」通「耴」，《說文》：「耴，安也」，安即不動，「輒」不是連詞則，而是動詞不動義，「動輒」為並列結構，謂動與不動也。可備一說。

軘 軸 chūn　　車約軘也。从車，川聲。《周禮》曰：孤乘夏軘。一曰：下棺車曰軘。〔敕倫切〕

【注釋】

古代車箱上用來纏束格欄的物體。段注：「依許意，蓋謂輊、轎、軨等皆有物纏束之，謂之約軘。」

轖 轖 sè　　車籍交錯也。从車，嗇聲。〔所力切〕

【注釋】

車軨外用皮革蒙蓋遮蔽，謂之轖。

軨 軨 líng　　車轖間橫木。从車，令聲。〔郎丁切〕轞 軨，或从霝，司馬相如說。

【注釋】

車廂四周的木柵欄。車廂四周的護欄不用木板而用橫直交錯的木格，稱為軨，也叫軹。凡是車廂四周所圍木格，無論前後左右，總稱為軨。有軨之車均是士以上所乘較高級的車，低級的車圍欄是木板。

段注：「車轖間，蒙上文言之，猶言車輿間也。《木部》曰：橫，闌木也。車轖間橫木，謂車轖之直者、衡者也。軹與車轖皆以木一橫一直為方格成之，如今之大方格然。」

輑 輑 yǐn　　輑車前橫木也。从車，君聲。讀若帬，又讀若褌。〔牛尹切〕

軫 軫 zhěn　　車後橫木也。从車，参聲。〔之忍切〕

【注釋】

本義是車廂底部後面的橫木。

清戴震《考工記圖》：「輿下四面材合而收輿謂之軫，亦謂之收，獨以為輿後橫者，失其傳也。」戴震謂軫指車箱底部四周的橫木。孫詒讓：「軫之本義，專指車後橫木，以其為輿之本，言輿者多舉以言之，故輿牀及兩旁，通謂之軫矣。」

即擴大指車廂底部四周的橫木，四軫木構成車廂底部框架，中間再置縱橫交木，上鋪底板，即成車廂。故又代稱車廂，代稱車，《後漢書》：「往車隨折，而來軫方遒。」常用義是轉動，如「軫轉」。又指絃樂器上轉動弦線的軸。又悲痛義，《九章》：「出國門而軫懷兮。」「軫悼」，悲傷也。

段注：「《木部》：橫，闌木也。《輿人》注曰：軫，輿後橫者也。《方言》曰：軫謂之枕。《秦風》：小戎俴收。傳曰：收，軫也。近戴先生曰：輿下之材，合而成方，通名軫，故曰軫之方也，以象地也。鄭注專以輿後橫木為軫，以輢、式之所尌三面材為軓。

玉裁按，合輿下三面之材，與後橫木而正方，故謂之軫，亦謂之收。軫從参，密緻之言也。《中庸》：振河海而不泄。注曰：振猶收也。以振與軫同音而得其義，故曰猶。鄭未嘗不謂合四面為軫矣，六分車廣，以一為軫圍，輢、軾所尌之圍亦在其中矣。渾言之，四面曰軫。析言之，輢、軾所尌曰軓，輢後曰軫。」

輹 輹 bú　　車伏兔也。从車，复聲。《周禮》曰：加軫與輹焉。〔博木切〕

【注釋】

伏兔，車廂與車軸中間的枕木，類似伏兔，故稱。

轚 轚 mǐn　　車伏兔下革也。从車，昬聲。昬，古昏字。讀若閔。〔眉殞切〕

軸 軸 zhóu　　持輪也。从車，由聲。〔徐鍇曰：當从冑省。〕〔直六切〕

【注釋】

本義是車軸。「機軸」，機是發射的機關，軸與機都是重要的對象，故連用代指關鍵的處所或部門。又指想法、原理，如「二者機軸一也」。

段注：「軸所以持輪，引申為凡機樞之稱，若織機之持經者亦謂之軸，是也。《小雅》：杼軸其空。今本作柚，乃俗誤耳。若《方言》：土作謂之抒，木作謂之軸。亦是

引申之義。抒作杼，軸作柚，皆非也。《方言》抒軸與《大東》無涉。」

**輹 輹 fù**　　車軸縛也。从車，复聲。《易》曰：輿脫輹。〔芳六切〕

【注釋】

　　常指伏兔，本字是緮。即墊在車箱和車軸之間的木塊。上面承載車箱，下面呈弧形，架在軸上。

　　段注：「謂以革若絲之類纏束於軸，以固軸也。古者束輈曰棻，曰歷錄。束軸曰輹，亦曰鞏。約轂曰約軝，衣衡曰幊。皆所以為固，皆見於許書。輈束箸於外，故《詩》箸其數，軸束隱於輿下，故不知其數。」

**軔 軔 rèn**　　礙車也。从車，刃聲。〔而振切〕

【注釋】

　　阻止車輪轉動的工字形木頭，類似今之剎車，車開動時，則將其抽走。今有「發軔」，發，啟也，謂把軔拿開，喻開始也。「軔車」謂止住車。又有牢固義，通「韌」，《管子》：「攻堅則軔，乘瑕則神。」

**輮 輮 róu**　　車軔也。从車，柔聲。〔人九切〕

【注釋】

　　「車軔」當作車輞。即車圈也，又叫車牙，又叫車輞。今小轎車車圈仍有鋁輞、鋼輞之別，沿用古代稱謂。

　　段注：「按輮之言肉也，凡物邊為肉，中為好。車網者，輪邊圍繞如網然。《考工記》謂之牙，牙也者，以為固抱也。《釋名》曰：輞，罔也，罔羅周輪之外也。關西曰輮，言曲揉也。按牙亦作枒，《木部》枒下曰：一曰：車網會也。所以名牙者，合眾曲而為之，如雜佩之牙，亦曲體也。亦謂之渠，《尚書大傳》：大貝如車渠。是也。」

**䡏 䡏 qióng**　　車輮規也。一曰：一輪車。从車，熒省聲。讀若煢。〔渠營切〕

**轂 轂 gǔ**　　輻所湊也。从車，殼聲。〔古祿切〕

【注釋】

車輪中心，有洞可以插軸的部分。車的輻條一端接轂，一端接車圈。標準的車輪是三十根輻條，故《老子》：「三十輻共一轂。」借指車輪或車，《漢書》：「轉轂百數。」「轂下」謂輦轂之下，借指京城。「轂擊肩摩」，形容車馬行人眾多，來往十分擁擠。

古代戰車的輪徑很大，商周車輪直徑在 130〜140 釐米，車廂寬而進深短，又是單轅，為了加大它的穩定性，車轂必然要長。出土的西周戰車，車轂全長 40 釐米，加上軸頭的銅轊長 13.5 釐米，總長度大約 53.5 釐米，這就是從車廂側面到軸端的長度。故典籍中常見「暢轂」，即「長轂」。參楊泓《戰車與車戰》一文。

轂孔並不是直徑如一的普通圓柱形，而是做成錐形，軸頭（轂孔與軸套合的部分）也做成同樣錐形的錐體，使輪子轉動時不會內滑，起了止推作用。故轂有大孔、小孔之別。見「軹」字注。

輥𫐐 gǔn　轂齊等貌。从車，昆聲。《周禮》曰：望其轂，欲其輥。〔古本切〕

【注釋】

車轂整齊均勻的樣子。段注：「輥者，轂勻整之皃也。戴先生曰：齊等者，不橈減也，幹木圓甚。」

又指像車輪般很快轉動，如「滿城飛絮輥輕塵」。今指機器上圓柱形能旋轉的東西，如「輥軸」「皮輥」。昆，同也。聲兼義也。

軝𫐌 qí　長轂之軝也，以朱約之。从車，氏聲。《詩》曰：約軝錯衡。〔渠支切〕𩋑 軝，或从革。

【注釋】

車轂兩端有紅色皮革裝飾的部分。

段注：「長轂者，《小戎》所謂暢轂也。傳曰：暢轂，長轂也。大車轂長尺五寸，兵車、田車、乘車轂長三尺二寸。《考工記》此軹字，即《毛詩》之軝字，軹者同音段借字也。取此尺九寸二分者，以革約之而朱其革，《詩》所謂約軝也，軹即軝，說本歙程氏瑤田《通藝錄》。其說最確，於古音最合，而古無有言之者，孰謂今人不勝古人也。」

軹 軹 zhǐ　　車輪小穿也。从車，只聲。〔諸氏切〕

【注釋】

古代車轂外端貫穿車軸的小孔。又指車軸端，軸頭。軹常用義指古代車箱四周由方格組成的圍欄，即軨。

軎 軎 wèi（轊）　　車軸耑也。从車，象形。杜林說。〔徐鍇曰：指事。〕〔于歲切〕轊 軎，或从彗。

【注釋】

今通行重文轊，車軸露出於車轂外的部分。

戰車上常裝上刺刀，以增加殺傷力。轊又叫作軒，又叫軌。《詩經·邶風·匏有苦葉》：「濟盈不濡軌。」古人常乘車渡水，這是說濟水雖滿並沒有濕到車軸頭，意思是水位不到半輪高。

段注：「車軸之末見於轂外者曰軎。軎之言遂也，出也。如鄭說，轂末小穿曰軹，而軎出於此穿外。」

輻 輻 fú　　輪轑也。从車，畐聲。〔方六切〕

【注釋】

本義是車的輻條，《老子》：「三十輻共一轂。」標準的車輪是三十根輻條。今有「輻輳」「輻湊」，謂車輻聚於車轂也，喻人物聚集。引申出由中間向四周散開，如「輻射」。

轑 轑 lǎo　　蓋弓也。一曰：輻也。从車，寮聲。〔盧皓切〕

【注釋】

車蓋上的爪形骨架。橑是椽子，是房子的骨架，同源詞也。「一曰：輻也」，輻條與轑相似，輻輳如椽，故也得名轑。

段注：「輪人為蓋，蓋弓二十有八，以象恒星也。鄭注曰：『弓者，蓋橑也。』蓋弓曰轑，亦曰橑。橑者，椽也，形略相似也。重栱亦稱重轑，《張敞傳》：殿屋重轑。」

軝 軧 dì　　車輢也。从車，大聲。〔特計切〕

【注釋】

古代指車轂上包的鐵皮、銅皮。

輨 輨 guǎn　　轂耑沓也。从車，官聲。〔古滿切〕

【注釋】

古代指車轂上包的鐵皮、銅皮。

段注：「錔者，以金有所冒也。轂孔之裏，以金裏之，曰釭。轂孔之外，以金表之，曰輨。輨之言管也，《方言》曰：關之東西曰輨，南楚曰軑，趙魏之間曰煉鐗。」

轅 轅 yuán　　輈也。从車，袁聲。〔雨元切〕

【注釋】

「轅門」謂軍營之門，《三國演義》有「轅門射戟」，見「軍」字注。轅又指帝王或高級官吏出行住的地方，類似後之行宮，如「行轅」。「轅垣」謂官署也。「轅門」又指舊時軍政大官的衙門。

段注：「《考工記》：輈人為輈，車人為大車之轅。是輈與轅別也。許渾言之者，通稱則一也。轅之言如攀援而上也。」

輈 輈 zhōu　　轅也。从車，舟聲。〔張流切〕 𦊙 籀文輈。

【注釋】

輈、轅混言不分，析言有別。轅是直的，且成雙，應用於牛車，即大車。輈是單轅，是彎曲的，應用於馬車，即小車。舟聲，聲兼義。舟、周、洲皆有圓轉、彎義，故彎的車轅謂之輈。

輈分三部分：輿下部分，因其居輿底正中，貫前後以承中，故曰「任正」；輈尾交於後軫部分曰「踵」；輿前伸出駕馬部分曰「頸」。

曓 曓 jú　　直轅車曓也。从車，具聲。〔居玉切〕

【注釋】

大車（牛車）的直轅上纏繞的皮革。

軏 軏 yuè（軏）　　車轅耑持衡者。从車，元聲。〔魚厥切〕

## 【注釋】

即軏字。兀、元本一字，作偏旁常混用。即連接車轅與車衡的銷釘，輗、軏同類。《論語·為政》：「大車無輗，小車無軏，其何以行之哉？」

段注：「持衡者曰軏，則衡與轅端相接之關鍵也。戴先生曰：大車鬲（鬲即車輗，轅端駕牛領者）以駕牛，小車衡以駕馬。轅端持鬲，其關鍵名輗。輈端持衡，其關鍵名軏。輈轅所以引車，必施輗軏然後行。信之在人，亦交接相持之關鍵，故孔子以輗軏喻信。」

軛 軶 è　　轅前也。从車，厄聲。〔於革切〕

## 【注釋】

固定在衡上的套在馬脖子上的人字形曲木。扼、軛同源詞也。

分而言之，牛車的車轅是兩根直木，牛車的軛是固定在兩個轅端，所以牛車沒有車衡，一頭牛即可拉車。馬車的車轅是一根曲木，叫輈，車衡固定在輈端，車軛固定在衡上，馬車必須有兩匹馬拉車，見上「軏」字戴震注，非常精到。戴震觀點與舊注不同，見「鞙」字注。

段注：「曰轅前者，謂衡也。自其橫言之謂之衡，自其扼制馬言之謂之軛，隸省作軛。《毛詩·韓奕》作厄，《士喪禮》今文作厄，皆借字也。《車人》為大車作鬲，亦皆借字。《西京賦》作枙，《木部》曰：枙，大車枙也。枙當作軛。」

今按：「自其橫言之謂之衡，自其扼制馬言之謂之軛」多有不妥，牛車軛、衡或可合一，馬車軛、衡顯別，但絕不能看成一物。朱駿聲《定聲》：「輈端之衡，轅端之枙，皆名軛。」亦未善。

輲 輥 hún　　軛輐也。从車，軍聲。〔乎昆切〕

## 【注釋】

段注：「軛輐之異名曰輲也。輲之言圍也，下圍馬頸也。《廣韻》曰：還也，車相避也。與古義異。」

軥 軥 gòu　　軛下曲者。从車，句聲。〔古候切〕

## 【注釋】

軛的兩叉以夾牲口的部分。

　　《左傳·襄公十四年》載衛國內亂，庾公差、尹公佗追趕衛侯，他們的師傅公孫丁給衛侯趕車，「子魚（庾公差）曰：『射，為背師；不射，為戮。射為禮乎？』射兩軥而還」。古禮，射不求中，射軥而不中人、馬，既合古禮，又未違背追殺衛侯的命令。而以軥之微細又緊貼馬頸，又足以顯示其技術之高超。

　　段注：「軛木上平而下為兩坳，加於兩服馬之頸，是曰軥。《韓奕》毛傳曰：厄，烏噣也。《小爾雅》曰：『衡，扼也。扼下者謂之烏啄。』《釋名》曰：槅，扼也。所以扼牛頭也。馬曰烏啄，下向叉馬頸，似鳥開口向下啄物時也，噣、啄同字。軛與軥同體，《左傳》：射兩軥而還。服注：車軛兩邊叉馬頸者。」

　　**轙　轙** yǐ　　車衡載轡者。从車，義聲。〔魚綺切〕𨬡 轙，或从金，从獻。

## 【注釋】

　　車衡上貫穿轡繩的大環。

　　據秦始皇兵馬俑出土之四馬車復原圖，車衡上有嵌入的半圓形鐵環，內貫轡，環上有柱，柱頂有鑾鈴。共有四環，貫四轡，即服馬四轡。二內轡通過環繫於軓前，二外轡通過環抓於御者之手。驂馬二內轡不穿環，直接抓於御者之手，二外轡通過驂馬身上之游環抓於御者之手。與下郭璞注不合。

　　段注：「《釋器》曰：載轡謂之轙。郭云：『車軛上環，轡所貫也。四馬八轡，除驂馬內轡納於軓前之鑣，在手者惟六轡。驂馬外轡復有游環，以與服馬四轡同入軛上大環，以便總持，大環謂之轙。』」

　　**軜　軜** nà　　驂馬內轡繫軓前者。从車，內聲。《詩》曰：沃以觼軜。〔奴荅切〕

## 【注釋】

　　《詩》曰：「沃以觼軜。」「觼軜」，觼，有舌之環。軜，兩驂內側的轡繩。觼用以繫軜，因稱。見上「轙」字注。

　　四馬共八根轡繩，御者左手三根，右手三根，故《詩經》說「六轡在手」。另外兩根轡繩，據孫機、黃金貴說，四馬車的六轡繫結法，兩驂內轡繫於軓前，與《說文》合。但據秦始皇兵馬俑出土之四馬車的六轡繫結法，是兩服馬內轡繫於軓前，與《說文》不合。

　　張舜徽《約注》：「服馬四轡，與驂馬之外轡，皆御者執之。驂馬兩內轡，則係軓前觼中，因謂之軜。軜之言納也，納轡於此也。」

段注：「驂馬兩內轡為環系諸軾前，故御者只六轡在手。《秦風》毛傳曰：軜，驂內轡也。是則軜之言內，謂內轡也，其所入軾前之環曰觼。《角部》曰：觼，環之有舌者。是也。《詩》言觼軜者，言施觼於軜也。」

衝 㣔 juàn　　車搖也。从車，从行。一曰：衍省聲。〔古絢切〕

轟 ❒ chéng　　軺車後登也。从車，丞聲。讀若《易》「拚馬」之拚。〔署陵切〕

【注釋】

段注：「《廣韻‧十六蒸》《四十二拯》皆曰：轟，軺車後登，出《字林》。今按不言出《說文》，恐是呂氏後增之字，非許舊也。古車無不後登者。」

載 軷 zài　　乘也。从車，𢦏聲。〔作代切〕

【注釋】

本義即乘車。

《陌上桑》：「寧可共載不？」引申出泛指承載，如「載肉於俎」，謂盛肉也。引申出一年為一載，《爾雅》：「夏曰歲，商曰祀，周曰年，唐虞曰載。」引申出滿也，今有「怨聲載道」「風雨載途」。又始也，《詩經》：「春日載陽。」謂春天天氣開始暖和了。《爾雅》：「載，始也。」又作詞頭，今有「載歌載舞」，謂又歌又舞也，兩個動作同時進行。

段注：「引申之，謂所載之物曰載，如《詩》：載輸爾載。下載音才再反，是也。引申為凡載物之稱，如《詩》：泛泛楊舟，載沈載浮。《中庸》：天地之無不持載。又叚借之為始，才之叚借也。才者，草木之初也。夏曰載，亦謂四時終始也。又叚借為事，《詩》：上天之載。毛傳曰：載，事也。又叚為語詞，《詩》：載馳載驅。毛傳：載，辭也。春日載陽，箋云：載之言則也。」

才、載、事皆之部字，故可通假，段注可信。

軍 車 jūn　　圜圍也 [1]。四千人為軍 [2]。从車，从包省。軍，兵車也。〔舉云切〕

【注釋】

[1] 本義是包圍。作為軍隊的編制單位是後起義。引申出駐紮義，《史記》：「沛公

軍霸上。」朱芳圃《殷周文字釋叢》：「古者車戰，止即以車自圍。」

古代軍隊宿營時，兵車車轅向內形成一個圓形，士卒休息於內。留一出口，出口處兩兵車車轅豎立相向交接，形成一半圓形的門，故叫「轅門」，後代軍營的門就叫轅門，《三國演義》有呂布「轅門射戟」。豫劇《穆桂英掛帥》有「轅門外三聲炮」。

段注：「於字形得圓義，於字音得圍義，凡渾、輝、輝等軍聲之字皆兼取其義。」

[2] 古代一萬兩千五百人為軍，不同於許說。見前「伍」字注。段注：「王氏鳴盛說此句必訛，按唐釋玄應引《字林》：四千人為軍，是呂忱之誤也，許書當作萬有二千五百人為軍。」

**軷 軷 bá** 出，將有事於道，必先告其神，立壇四通，樹茅以依神，為軷。既祭軷，轢於牲而行，為範軷。《詩》曰：取羝以軷。從車，犮聲。〔蒲撥切〕

【注釋】

古代祭路神稱軷。祭後以車輪碾過祭牲，表示行道無艱險。軷即軷神，山行之神主。

段注：「《周禮·大馭》『犯軷』注曰：『行山曰軷，犯之者封土為山象，以菩芻棘柏為神主。既祭之，以車轢之而去，喻無險難也。』山行之神主曰軷，因之山行曰軷。《庸風》毛傳曰：草行曰跋，水行曰涉。即此山行曰軷也。凡言跋涉者，皆字之同音假借。鄭所引《春秋》傳本作軷涉山川，今人輒改之。」

**範 範 fàn（范）** 範軷也。從車，笵省聲。讀與犯同。〔音犯〕

【注釋】

即範軷儀式。范、笵、範之別，見前「范」字注。大徐本未加反切注音。

段注：「不曰讀若犯而曰與同者，其音義皆取犯，讀若則但言其音而已。然則《周易》範圍字當作軌，或作笵，而範其叚借字也。《釋文》曰：鄭曰：範，法也。馬、王肅、張作犯違。此亦範、犯同音通用之證也。」

**轙 轙 é** 載高貌。從車，钀省聲。〔五葛切〕

【注釋】

　　高聳貌。

　　段注：「轞轞，車載高兒。《爾雅》：蓁蓁、孽孽，戴也。亦載高之意也。《西京賦》：飛簷轞轞。」

　　　轄 輨 xiá　　　車聲也。从車，害聲。一曰：轄，鍵也。〔胡八切〕

【注釋】

　　本義是車轄，該義又作「鎋」，即車軸末端插的短鐵棍，防止車輪脫落，故引申出管轄義。今有「直轄市」。或謂《詩經》「間關車之轄兮」，轄指車聲。

　　段注：「轂與軸相切聲也。鍏下曰：車軸耑鍵也。然則鍏、轄二篆異字而同義同音。」

　　　轉 輬 zhuàn　　　運也。从車，專聲。〔知戀切〕

【注釋】

　　转乃草書楷化字形。本義是運轉。

　　　輸 輸 shū　　　委輸也。从車，俞聲。〔式朱切〕

【注釋】

　　委輸，運送也。本義是運送。

　　段注：「以車遷賄曰委輸，亦單言曰輸。引申之，凡傾寫皆曰輸。輸於彼，則彼贏而此不足，故勝負曰贏輸。不足則如墮壞然，故《春秋》：鄭人來輸平，《公羊》《穀梁》皆曰：輸者，墮也。《左傳》作渝。渝，變也。」

　　「輸平」猶毀約也。輸，敗也。敗，毀也。輸有毀壞、敗壞義，故引申出失敗義。今河南方言輸贏叫入贏，輸錢叫入錢，輸、入同步引申也。

　　　輈 輈 zhōu　　　重也。从車，周聲。〔職流切〕

【注釋】

　　車重。

　　段注：「謂車重也。《小雅》：戎車既安，如輊如軒。毛曰：輊，摯也。軒言車輕，輈言車重，引申為凡物之輕重。故《禮經》以之言矢，《周南》叚輈為朝字，故

毛傳曰：輈，朝也。而說《詩》者或以本義釋之。」

**輩 輩 bèi** 若軍發車，百兩為一輩。从車，非聲。〔補妹切〕

【注釋】

若，發語詞也。軍隊發的一百輛兵車叫一輩，此本義罕見。

常見義為等級、類別。輩者，群也，類也。《史記》：「馬有上、中、下輩。」謂馬有上、中、下三類也。「長輩」「晚輩」者，輩亦類也。今有「無能之輩」。輩又有批義，《史記》：「使者往十餘輩輒死。」今有「人材輩出」。

段注：「若軍發車百兩為輩，蓋用《司馬法》故言，故以若發聲，今《司馬法》存者尠矣。引申之為什伍同等之稱。」

**軋 軋 yà** 輾也。从車，乙聲。〔烏轄切〕

【注釋】

本義是輾軋，特指一種壓碎人骨節的酷刑，《史記》：「有罪，大者死，小者軋。」引申排擠義，今有「傾軋」。「軋軋」，象聲詞，如「纖纖擢素手，軋軋弄機杼」。

段注：「按本謂車之輾於路，引申之為勢相傾。从車，乙聲。此从甲乙為聲，非从燕乙也。」

**輾 輾 niǎn（輾、碾）** 轢也。从車，反聲。〔尼展切〕

【注釋】

俗字作輾，又作碾。輾，《廣韻》知演、女箭二切。

段注：「碾，其俗字也。軋从乙者，言其難乙乙也。輾从反者，言其易也。反者，柔皮也。」

**轢 轢 lì** 車所踐也。从車，樂聲。〔郎擊切〕

【注釋】

本義是碾壓。引申出欺壓、欺凌義，今有「陵轢」。

**軌 軌 guǐ** 車徹也。从車，九聲。〔居洧切〕

## 【注釋】

本義是兩輪間的距離。

引申為車轍，《孟子》:「城門之軌，兩馬之力與？」引申為軌道。今「濟盈不濡軌」之「軌」常指轊，即水滿不到車軸端，即不到車輪的一半。見「轊」字注。

秦始皇「書同文，車同軌」者，並不是規定道路要一樣寬，而是兩輪間距離一定也，是車輛標準化的舉措。引申為法則、法度義，《漢書》:「東平失軌。」今有「圖謀不軌」。引申遵守、符合義，《韓非子》:「言談者必軌於法。」

段注:「徹者，通也。車徹者，謂輿之下兩輪之間空中可通，故曰車徹，是謂之車軌。軌之名謂輿之下橢方空處。高誘注《呂氏春秋》曰：兩輪之間曰軌。毛公《匏有苦葉》傳曰：由輈以下曰軌。合此二語，知軌所在矣。上距輿，下距地，兩旁距輪，此之謂軌。」

**蹤 輚** zōng（蹤、踪）　　車跡也。从車，從省聲。〔臣鉉等曰：今俗別作蹤，非是。〕〔即容切〕

## 【注釋】

後作蹤，簡化字作踪，古另造之俗字也。引申出追隨、跟蹤義，如「繼蹤光烈」。

段注:「蹤之言從也，有所從來也，又可從是以求其質也。蹤古字只作從。《羔羊》傳曰：委蛇委蛇，行可從跡也。《君子偕老》傳曰：委委，行可委曲從跡也。俗變為蹤，再變為踪，固不若用許書蹤字矣。」

**軼 輬** yì　　車相出也。从車，失聲。〔夷質切〕

## 【注釋】

本義是後車超過前車，泛指超過，今有「超軼」「軼群」。常通作「逸」。引申有襲擊義，《左傳》:「懼其侵軼我也。」「軼犯」謂侵犯也。又有丟失、亡佚義，如「軼事」。

段注:「車之後者突出於前也。《楚辭》:軼迅風於清源。《禹貢》:沇水入於河，泆為滎。《漢志》作軼。鄭注《司刑》曰：過失若舉刃欲斫伐而軼中人者。皆本義之引申叚借也。」

**軝 輬** kēng　　車軝鈃也。从車，巠聲。讀若《論語》:鏗爾，舍瑟而作。又讀若擊。〔苦閑切〕

鑋 鑋 zhì　　抵也。从車，埶聲。〔陟利切〕

軭 軭 kuáng　　車戾也。从車，匡聲。〔巨王切〕

【注釋】

車輪扭曲。段注：「軭不專謂輪，凡偏戾皆是。」《廣雅》：「軭，戾也。」

輟 輟 chuò　　車小缺復合者。从車，叕聲。〔臣鉉等按：《网部》輟與畷同，此重出。〕〔陟劣切〕

【注釋】

車隊行進，稍稍間斷而又連綴起來。引申出停止義，今有「輟學」「停輟」。

𨏉 𨏉 qǐ　　礙也。从車，多聲。〔康禮切〕

【注釋】

《廣雅》：「𨏉，礙也。」

轚 轚 jí　　車轄相擊也。从車，从毄，毄亦聲。《周禮》曰：舟輿擊互者。〔古歷切〕

【注釋】

車轄相撞，引申為舟車相碰撞。

段注：「轄者，鍵也。鍵在害頭，謂車害相擊也，諸書亦言車轂相擊。」古代車轂連同外出之害很長，車轂很容易碰撞，見前「轂」字注。

𨎂 𨎂 shuàn　　治車軸也。从車，算聲。〔所眷切〕

軻 軻 kē　　接軸車也。从車，可聲。〔康我切〕

【注釋】

接車軸的車。孟子名軻，字子輿。常用作「轗軻」，通「坎坷」，路不平貌，又不得志貌。

段注：「軸所以持輪，而兩木相接則危矣。故引申之多遇曰轗軻。趙邠卿曰：孟

子名軻，字則未聞也。《廣韻》曰：孟子居貧轗軻，故名軻，字子居。」

聲 𨏥 kēng　　車堅也。从車，殸聲。〔口莖切〕

軵 𨍫 rǒng　　反推車，令有所付也。从車，从付。讀若胥。〔而隴切〕

【注釋】

本來音茸，段注：「讀若茸。茸，宋本、小徐本作胥，非也。然大約以付為形聲，是高時固有兩讀也。」則為音隨形變也。

輪 𨍨 lún　　有輻曰輪，無輻曰軨。从車，侖聲。〔力屯切〕

【注釋】

本義是車輪。

輪有縱義，「輪廣」謂長寬也。從侖之字多有條理、次序義，見前「倫」字注。「斫輪」謂斫木製造車輪。經驗豐富、技藝精湛的人謂之「斫輪手」，後常喻指詩文等方面的高手。

「輪扁」是春秋時齊國有名的造車工人，名扁，善作輪，後指藝精的名匠。古者貴族有姓氏，平民無，職業加名即其稱呼。優孟、庖丁、弈秋皆是也。

軨 軨 quán　　蕃車下庳輪也。一曰：無輻也。从車，全聲。讀若饌。〔市緣切〕

【注釋】

庳輪，低矮的車輪。常用義是沒有輻條的小車輪。引申小、淺薄義，今有「軨才」。

段注：「蕃當作藩，藩車見軒字下。藩車而下為卑輪，蓋所謂安車，輪卑則車安矣，未知是否。」

輗 輗 ní　　大車轅耑持衡者。从車，兒聲。〔五雞切〕輨 輨，或从宜。𣚃 輗，或从木。

【注釋】

見前「軶」字注。

軧 輕 dǐ　　大車後也。从車，氐聲。〔丁禮切〕

【注釋】

大車後面的欄。

徐灝《注箋》：「《釋名》曰：輜軝之形同，有邸曰輜，無邸曰軝。按：邸謂車後禁蔽也，軝蓋與邸同。」

輳 輜 zhēn　　大車簀也。从車，秦聲。讀若臻。〔側詵切〕

【注釋】

段注：「簀者，床棧也，大車之藉似之。小車謂之茵，車重席也，以虎皮者謂之文茵。大車謂之輳，竹木為之。」

轒 輬 fén　　淮陽名車穹隆轒。从車，賁聲。〔符分切〕

【注釋】

淮陽名車穹隆曰轒。

段注：「車穹隆，即車蓋弓也。郭云：即車弓也。」

輓 輨 yuān　　大車後壓也。从車，宛聲。〔於云切〕

輂 蕑 jú　　大車駕馬也。从車，共聲。〔居玉切〕

【注釋】

古代一種運貨的大馬車。又指古代一種運土的器具，土筐類。

段注：「云大車駕馬者，言者以別於駕牛也。古大車多駕牛，其駕馬者則謂之輂。」

輋 簞 chái　　連車也。一曰：卻車抵堂為輋。从車，差省聲。讀若遲。〔士皆切〕

輦 輦 niǎn　　輓車也。从車，从扶在車前引之。〔力展切〕

【注釋】

輓，同「挽」，拉也。

本義是人拉的車，漢以後專為帝王所用。如閻立本有《步輦圖》，「帝輦」「輦轂」代指皇帝的車輿，也代指京城。引申之，乘坐車馬謂之輦，杜牧《阿房宮賦》：「辭樓下殿，輦來於秦。」又引申為載運義。

段注：「《小司徒》：輦輦。注曰：輦，人挽行，所以載任器（任器，器具也）也。《司馬法》云：夏后氏謂輦曰余車，殷曰胡奴車，周曰輜輦。夏后氏二十人而輦，殷十八人而輦，周十五人而輦。《故書》輦作連，鄭司農云：連，讀為輦。按《夫部》：夫，並行也。輦字從此。輦設輅於車前，用索挽之，故從車、夫會意。」

**輓 輓 wǎn（挽）** 引之也。从車，免聲。〔無遠切〕

### 【注釋】

引車曰輓，引申之，凡引皆曰輓，俗作挽。

通作「晚」，「輓近」即晚近也。「輓聯」「輓歌」，古代送葬必執紼，送葬時唱的歌叫「輓歌」，後成為喪曲的代稱。引申出哀悼義，今有「哀挽」。輓、挽用法有別，挽袖子不作輓，挽不能通假晚。輓、挽是古今字，上古多用輓。

**軖 軖 kuáng** 紡車也。一曰：一輪車。从車，㟁聲。讀若狂。〔巨王切〕

### 【注釋】

段注：「此非車也，其稱車者何？其用同乎車也，其物有車名，故其字亦从車，故置《車部》後。」

**轘 轘 huán** 車裂人也。从車，瞏聲。《春秋傳》曰：轘諸栗門。〔臣鉉等曰：瞏，渠營切，非聲，當从還省。〕〔胡慣切〕

### 【注釋】

轘刑，即所謂五馬分屍也。

**斬 斬 zhǎn** 截也。从車，从斤。斬法車裂也。〔側減切〕

### 【注釋】

常用義是斷絕，如「君子之澤，五世而斬」，劉師培「四世傳經，及身而斬」，皆斷絕義。古代五服之一有「斬衰」，也取斷義，直接裁成不縫下邊也。

段注：「斬以鈇鉞，若今腰斬也。殺以刀刃，若今棄市也。本謂斬人，引申為凡

絕之稱。斬法車裂也，此說从車之意，蓋古用車裂，後人乃法車裂之意而用鈇鉞，故字亦从車。斤者，鈇鉞之類也。」

輀 **輀** ruǎn　　喪車也。从車，而聲。〔如之切〕

輔 **輔** fǔ　　人頰車也。从車，甫聲。〔扶雨切〕

【注釋】

　　頰車，牙床骨，即載齒的齶骨。《左傳》：「輔車相依，唇亡齒寒。」輔即面頰；車即牙床骨，也叫頰車、輔車。輔、頰單用是面頰，「輔車」「頰車」指牙床骨。

　　輔的本義是綁在車輪上，用以增加車輪的承載能力的木棍子。據段注，輔助的本字當作俌，人面頰的本字當作酺，用作輔，皆假借字也。古代京城附近的地區是對京城的輔助，故也稱輔，今有「畿輔」。「輔弼」謂輔佐皇帝的大臣，常指宰相，如「柱石之臣，宜居輔弼」。

　　段注：「合《詩》與《左傳》則車之有輔信矣，蓋如今人縛杖於輻以防輔車也。引申之義為凡相助之稱，今則借義行而本義廢，鮮有知輔為車之一物者矣。

　　《人部》曰：俌，輔也。以引申之義釋本義也。今則本字廢而借字行矣。《面部》曰：酺，頰也。面酺自有本字，《周易》作輔，亦字之假借也，今亦本字廢而借字行矣。《春秋傳》：輔車相依，許廁之於此者，所以說輔之本義也，所以說左氏也，謂輔與車必相依倚也。他家說左者以頰與牙車釋之，乃因下文之唇齒而傅會耳，固不若許說之善也。」

轟 **轟** hōng（轰）　　群車聲也。从三車。〔呼宏切〕

【注釋】

　　本義是群車行走的聲音。簡化字作轰，乃重文符號替代所形成之俗字。重文符號常作又，聶字同此。

　　文九十九　重八

輚 **輚** zhàn　　車名。从車，孱聲。〔士限切〕

轔 **轔** lín　　車聲。从車，粦聲。〔力珍切〕

## 【注釋】

車行走時的聲音。

杜甫《兵車行》:「車轔轔,馬蕭蕭。」轔常用有車輪義,如「轉轔」謂轉輪也。又有門檻義,《淮南子》:「亡馬不發戶轔。」《廣雅》:「轔,砌也。」砌指臺階,李煜詞:「雕欄玉砌應猶在。」又指車輪碾軋,如「轔藉」。

轍 轍 zhé    車跡也。从車,徹省聲。本通用徹,後人所加。〔直列切〕

## 【注釋】

本義是車轍,泛指轍。今方言「沒轍了」,猶言沒路了,沒有辦法了。

文三 新附

# 𠼛部

𠼛 𠼛 duī（堆）    小阜也。象形。凡𠼛之屬皆从𠼛。〔臣鉉等曰:今俗作堆。〕〔都回切〕

## 【注釋】

本義是小土山,後作堆。𠼛即堆之初文也。甲骨文、金文借𠼛為師。追從𠼛聲。

段注:「小阜曰𠼛,《國語》段借魁字為之,《周語》:夫高山而蕩以為魁陵糞土。賈逵、韋昭皆曰:小阜曰魁。即許之𠼛也。小阜曰𠼛,其字俗作堆,堆行而𠼛廢矣。」

峾 峾 niè    危高也。从𠼛,中聲。讀若臬。〔魚列切〕

官 官 guān    吏,事君也。从宀,从𠼛。𠼛,猶眾也。此與師同意。〔古丸切〕

## 【注釋】

官、吏有別,官是高官,吏是下級辦事人員。官在先秦指辦公機關,吏指人,即官吏。《荀子》裏有官人,即政府裏的人,官不是官吏。漢以後官、吏皆指人。

引申有管理、守職分義,《荀子》:「則萬物官矣。」化學上謂決定有機化合物性質的原子團為「官能團」,正是此義。引申有感覺器官義,因為感覺器官主管一感,今有「五官」。

俞樾《兒笘錄》：「官乃館之初文，以宀覆自，自猶眾也。」楊樹達《積微居小學述林》：「自象周廬列舍之形，謂臣吏所居，後乃引申為官職之稱。」

文三